Albert, Lothar

Der Wert des Lebens
Die historische und die biologische Evolution der Moral

Albert, Lothar

Der Wert des Lebens
Die historische und die biologische Evolution der Moral

ISBN: 978-3-86741-688-7
Auflage: 1
Erscheinungsjahr: 2011
Erscheinungsort: Bremen, Deutschland

© Europäischer Hochschulverlag GmbH & Co KG, Fahrenheitstr. 1, 28359 Bremen

www.eh-verlag.de

Albert, Lothar

Der Wert des Lebens

Inhaltsverzeichnis

Einleitung 1
I. Die historische Evolution der Moral 4
   1. Die aristokratische Moralvorstellung des Eigennutzes 5
   2. Die egalitäre Moral des Bürgertums 9
   3. Moral in der pluralischen Gesellschaft 16
      3.1 Pluralität – die Welt, in der wir leben 16
      3.2 Moralische Erziehung in der Pluralität 18
      3.3 Moral als Weltanschauung 20
      3.4 Moralische Emotion 22
      3.5 Moralisches Handeln aus innerem Antrieb 25
   4. Moralische Rettung durch Aristoteles? 27
      4.1 Die Tugendethik Aristoteles' als Strebensethik 27
      4.2 Die Sensibilität der Spezies Mensch 29
      4.3   Gibt es eine moralische Krise? 31
II. Die biologische Entwicklung der Moral 34
   1.   Die Doppelnatur des Menschen 34
   2.   Vorsprachliche Moral bei nichtmenschlichen Tieren und Menschen 35
      2.1   Der Mensch als Lebewesen 36
      2.2   Es gibt ein begründetes Handeln ohne Sprache 37
          2.2.1   Tiere haben vorsprachliche Meinungen und Handlungsgründe ... 38
          2.2.2   Tiere können denken 41
          2.2.3   Die vorsprachliche Beurteilung von richtig und falsch 42
          2.2.4   Auch unbestimmte Meinungen sind Meinungen 43
          2.2.5   Tiere können sich einlassen 44
          2.2.6   Zusammenfassung und Perspektiven 47
   3.   Die biologische Basis des Mitempfindens 48
      3.1.   Das verstehende Gehirn: Die Entdeckung der Spiegelneurone 48
      3.2.   Therapie mit dem Spiegelneuronensystem 50
      3.3   Angeborenes Spiegelreflexsystem beim Kleinkind 52
   3.4   Die biologische Erklärung des Mitempfindens von Emotionen 55
   3.5   Das gefühllose Herz 59
      3.6   Die Hemmung von Empathie 60
      3.7   Vorsprachliche Nachahmung, Lernen und Sprache 61
      3.8   Die Entwicklung der menschlichen Sprache 64
      3.9   Zusammenfassung und Perspektiven 70
   4.   Altruistische Primaten und die Evolution der Moral beim Menschen 73
      4.1   Biologischer und psychologischer Altruismus 74
      4.2   Gruppenselektion, Verwandtenselektion oder Individualselektion als mögliche Prinzipien evolutionärer Moral 78
      4.3   Reziproker Altruismus bei Menschen und bei Primaten 83
      4.4   Die Erklärung des Altruismus durch die evolutionäre Spieltheorie ... 87
          4.4.1   Spieltheoretische Modelle zur Erklärung des Altruismus bei nichtmenschlichen Tieren 87
          4.4.2   Das Gefangenen-Dilemma 89
          4.4.3   Zusammenfassung und Perspektiven 91

III.	Wertfühlen und der Wert des Lebens	95
1.	Vorsprachliche Moral	95
2.	Die materiale Wertethik Max Schelers	98
3.	Mitempfindung	102
4.	Subjekt, Person, Gesellschaft, Menschsein	107
5.	Altruismus, Egoismus und Personsein	109
6.	Moral im 21. Jahrhundert	113
	6.1 Leiborientierte Moral	113
	6.2 Person und Wert	117
	6.3 Die Wertewelt der pluralistischen Gesellschaft	123
	6.3.1 Moral der pluralistischen Gesellschaft als *Kommunikation über* Moral	123
	6.3.2 Jugendliche Gemeinschaften – das Fantum	128
7.	Zusammenfassung und Perspektiven	133
Literatur		137
Über den Autor		143

Einleitung

Moral hat in den Höhen einer idealen Gesellschaft mit idealen Mitgliedern, die sich ideal verhalten, einen guten Ruf. Im Alltag und im Sprachgebrauch hat der Hinweis auf moralisches Verhalten eher einen muffigen Geschmack. Moralisten, Moralpredigten, moralinsaures Gerede, das alles mögen wir nicht. Das klingt nach gestern, nach Pflicht, nach Ermahnung, nach Anständigkeit und nach Disziplin. Es lohnt dennoch, sich mit Moral zu befassen und die Rolle der Erziehung zu prüfen – gerade weil sie in der pluralistischen Gesellschaft an Geltung zu verlieren scheint, denn in dem Begriff Moral wird eine historische und eine biologische Evolution des Menschen sichtbar und wir können erkennen, wo wir gegenwärtig stehen.

Mit Moral werden Sitten und Gebräuche einer Gruppe, eines Standes, einer Nation, einer Kirche, einer Gesellschaft bezeichnet. Kinder wachsen auf und lernen früh, was richtig oder falsch, gut oder böse ist. Man würde jedoch den Eigensinn von Kindern verkennen, wenn man meinte, sie würden die Anstandsregeln ausschließlich so aufnehmen und in ihr Verhalten integrieren, wie sie ihnen von ihren Erziehern (Eltern, Lehrer, ältere Geschwister) angetragen werden. Kinder und Heranwachsende haben ihre eigene Welt. Sie lernen ab einem bestimmten Alter, sich diplomatisch zu verhalten, verstecken ihre eigenen Absichten hinter guter Miene und folgen ihren eigenen Antrieben. Mit den moralischen Regeln lernen Kinder auch, diese zu umgehen (Oelkers 2005, 101). Sie lernen den *Umgang* mit Moral und übernehmen diese nicht einfach. Das ist auch gut so, denn wenn die heteronome Moral der Erzieher von Kindern einfach „verinnerlicht" würde, wie noch heute manche Sozialisationstheoretiker behaupten, dann wäre zwar ein Regelkonformismus erreicht - aber mit einem geringen Grad an moralischer Autonomie und Entwicklung.

Wenn heute über Werte referiert oder der Wertewandel beklagt wird, ist die Basis unserer Wertegemeinschaft immer mit angesprochen: das Christentum. Die Zehn Gebote, die Moses angeblich von Gott empfing, bilden auch heute noch den Kern unserer Moral: Nicht töten, nicht stehlen, den Anderen wertschätzen, den Familienzusammenhalt stärken usw. Es handelt sich um Tugenden, die sich in allen Weltreligionen finden. Offensichtlich sind es jedoch *menschliche* Grundwerte, die sich in der Evolution der menschlichen Lebensform entwickelt haben und von den Religionen als Gebote des Glaubens übernommen wurden: Darüber war sich der Evolutionsforscher Darwin bereits klar: „Kein Stamm würde zusammenhalten können, bei welchem Mord, Räuberei, Verräterei usw. gewöhnlich wären" (Darwin 2006, 788). Wenn wir heute über die Grundlagen einer säkularen Moral diskutieren, dann findet in gewisser Weise eine Rückbesinnung auf menschliche Grundwerte statt, die wir in unserem Fühlen gewahr werden.

Wir sind es gewohnt, in Polaritäten zu denken. Ist Moral eine Sache der Vernunft oder des Gefühls oder beides? Handle ich solidarisch, hilfsbereit, friedfertig usw. aus uneigennützigem Edelmut oder bin ich im Grunde doch der Egoist, der vorgibt, ein moralischer Mensch zu sein und in Wahrheit seine ehrgeizigen Ziele verfolgt? Ist Moral ein Gefühl, von dem ich ergriffen werde, wie von Sympathie zu einem Menschen oder Liebe? Ist es so, dass Menschen Ungerechtigkeit nicht ertragen und von einem spontanen Gefühl der Gerechtigkeit erfasst werden, wenn sie gewalttätige oder inhumane Handlungen sehen? Springen wir ein, weil wir das Ideal der Hilfsbereitschaft verinnerlicht haben oder verweigern wir die Hilfe, weil wir negative Folgen fürchten. Die Liste der Gegensätzlichkeiten ließe sich fortsetzen. In der Polarität von „Individuum und Gesellschaft" haben sie ihren abstrakten Ausdruck gefunden.

Die Philosophie des „Abendlandes" wird durchzogen von dem vermeintlichen Gegensatz Egoismus oder Altruismus. Aus heutiger Sicht handelt es sich um eine Scheinalternative: Menschen haben immer in Gruppen gelebt und sich in deren Regeln, soziale Strukturen und Machtgefüge eingefügt, um wirkungsvoll handeln zu können. Der „Egoismus" des Einzelnen kann sich nur in einer gegebenen Ordnung entfalten. Einzelgänger sind wie im Tierreich isoliert und in ihrer Wirkung beschränkt und oft verloren. Eigenliebe ist jedoch die Quelle der Moral. Querdenker können wertvolle Impulse für die Ablösung einer veralteten Tradition geben. In diesem Buch wird herausgestellt, dass das Denken in der Polarität Egoismus oder Altruismus historisch überholt und es sinnvoll ist, den *Wert des Lebens* in den Mittelpunkt der Betrachtung zu stellen.

Wenn dem Leben eine so hohe Bedeutung zukommt, stellt sich die Frage, welche Rolle Moral in der Evolution des Lebens und des Menschen spielt. Wir sind durch einen langen kulturellen Hintergrund gewohnt, den *Unterschied* zum „Tier" zu sehen. Wenn wir heute unter anderem durch die Ergebnisse der biologischen, neurobiologischen sowie der Delfin- und Primatenforschung die evolutionären *Gemeinsamkeiten* von Tier und Mensch zum Ausgangspunkt unserer Überlegungen machen, ergeben sich neue Perspektiven. Untersucht wird in diesem Buch, gestützt unter anderem auf Ausführungen von Friedrich Nietzsche, die Frage:

Gibt es moralische Instinkte des Menschen, die aus der Tierwelt entstanden und verwandelt worden sind und heute als Antrieb des Menschen wirken?

Grundlage aller Moraldiskussionen der Vergangenheit war, dass Individuen sich den Zielen der Gesellschaft unterordnen sollen – eine Sollensethik bestimmte das Handeln. Diese Auffassung hat sich in der späten Moderne geändert. In der pluralistischen Gesellschaft erfährt die Moral eine Personalisierung. Das Verhältnis von Individuum und Gesellschaft, traditionell unter dem Gesichtspunkt der Aufrechterhaltung von Struktur und der Funktion der Gesellschaft erörtert, erfährt nun eine Umkehrung: Der Einzelne wird heute nicht mehr nur als Garant der Ordnung einer Gesellschaft gesehen. Er ist nicht mehr nur Träger, sondern in zunehmendem Maße auch der Schöpfer von Werten.

I. Die historische Evolution der Moral

Moralvorstellungen erwachsen aus der Struktur einer Gesellschaft. Die Moral der heutigen demokratischen Gesellschaft speist sich zu einem nicht unerheblichen Teil aus dem Ressentiment gegenüber Personen, die ihre Macht missbrauchen, indem sie willkürlich oder streitsüchtig auftreten, Lust an Zerstörungen zeigen sowie wollüstig, grausam und gewalttätig sind. Es handelt sich, wie Nietzsche in der Schrift „Zur Genealogie der Moral" nachweist, um ein Bild der Aristokratie, in welchem bewusst die negativen Züge dieser Gesellschaftsform nachgezeichnet werden. Es dürfte entstanden sein in einer Zeit, als das Bürgertum - Kaufleute und Handwerker sowie Leibeigene und Bauern - sich ohnmächtig gegenüber der Herrschsucht der Feudalherren fühlten. Die bürgerliche Moral versteht sich bewusst als Gegenentwurf solcher Untugenden, die nicht nur als schlecht, sondern als „böse" charakterisiert werden. Es handelt sich um eine negative Bestimmung, die ihr Gutsein zunächst als „Ich bin nicht so" versteht und mit den abstrakten Werten der Freiheit, Gleichheit und Gerechtigkeit sowie dem Bekenntnis zum Frieden ein positives Gegenmodell der Gleichwertigkeit der Gesellschaftsglieder zeichnet. Nicht gesehen wird in der Regel, dass die aristokratische Herrschaftsform in ihrem Grundverständnis eine Herrschaft der Vornehmen war. Sie basierte auf Willkür und dem absoluten Willen zur Macht, war aber zugleich getragen von einem mächtigen Gefühl des Ja-Sagens zur eigenen Person. „Böse " Menschen gab es für die Aristokraten in dem Sinne nicht, nur Gegner, Konkurrenten um die Macht usw. Wer nicht so lebte wie sie, führte ein „schlichtes Leben". Die Aristokratie kennt daher, wie Nietzsche in der „Genealogie" entwickelt, nicht den moralischen Gegensatz von „gut" und „böse", sondern von „gut" und „schlicht", aus dem sich die heutige Bedeutung von „schlecht" entwickelt hat.

In einer Untersuchung der historischen Evolution von Gesellschaftsformen muss deutlich werden, dass es sich um eine *Entwicklung* der menschlichen *Lebensform* handelt. Die Herausbildung einer Schicht, die sich selbst als „die Besten" (altgriechisch: aristoi) empfanden, kann als ein Entwicklungsgang gesehenen werden, der von der historisch nachfolgenden Gesellschaft aufgenommen und weiterentwickelt wurde. In dem Begriff des „Vornehmen" spiegelt sich diese Fortentwicklung.

„Moral" ist ein Begriff für Werte, Normen, Sitten und Gebräuche einer Gruppe, einer Institution oder Gesellschaft. So, wie sich diese ändern, entwickelt sich auch die Moral. Es macht wenig Sinn, einen Bogen von der Antike (Aristoteles, Platon) über das Christentum, Kant und Darwin zu ziehen, um daraus universale Wertabstraktionen abzuleiten. Genau dies geschieht aber erstaunlicherweise. Die meisten Moralphilosophen verstehen sich heute immer noch als Kantianer – ohne zu bedenken, in welcher Zeit Kant gelebt hat (Feudalismus, Entwicklung der Städte, Kaufleute und Handwerker, Erstarkung des Bürgertums – politische Forderungen nach mehr Rechten). Die heutige pluralistische Gesellschaft stellt an den Einzelnen völlig andere Forderungen als zu Kants Zeiten.

Noch denkwürdiger ist die Hinwendung zur Ethik Aristoteles', die seit nunmehr 25 Jahren in der Moralphilosophie beobachtet werden kann. Sie ist motiviert aus dem Bedürfnis, eine neue säkulare Grundlage der Moral nach dem Verblassen des christlichen moralischen Fundaments zu finden. Die Ethik Aristoteles' ist zunächst kein schlechter Rückgriff. Er erkennt, dass der Mensch Gutes in sich hat und ausbilden kann. Moral ist für ihn ein personaler Entwicklungsprozess, der zweckorientiert ist auf das Gemeinwesen, den griechischen Stadtstaat (Polis). Im Christentum kommt das Gute dagegen von Gott. Der sündhafte Mensch kann es nie erreichen. Die christliche Moral ist ein Ideal, das den Einzelnen zur Demut auffordert - zur Unterwerfung unter die Gebote Gottes. Die weltliche Ethik des Aristoteles bildet dem gegenüber einen Fortschritt. Noch ein Weiteres ist von Bedeutung: Aristoteles unterscheidet grundsätzlich Belebtes und Unbelebtes und ordnete die Spezies Menschen als Zoon politikon, d. h. als politisches *Lebewesen* ein. Moral hat damit eine Nähe zur biologischen Existenz des Menschen. Bedauerlicherweise werden diese Aspekte in der Re-Aristotelisierung nicht aufgegriffen. Es wird vielmehr versucht, dessen Ethik über den Begriff des Glücksstrebens (Eudaimonia) mit der von Kant zu vermischen - eine idealistische Verirrung. Der Grundfehler besteht darin, die historische Evolution der Moral und damit ihre *Entwicklung* zu verkennen.

1. Die aristokratische Moralvorstellung des Eigennutzes

Im Jahre 1777 erschien in den „Hamburgischen Adreßkomtoirnachrichten" ein Aufsatz mit der Überschrift: „Theophrons guter Rath für seinen Sohn, als dieser im Begriff war, in sein Leben einzutreten". Autor dieses Ratgebers war Joachim Heinrich Campe, einer der einflussreichsten philosophischen und pädagogischen Schriftsteller seiner Zeit. Der „Theophron" erschien 1783 als Buch, das sich mit pädagogischen Ratschlägen an alle jungen Leute wandte. Es war vielleicht auch deshalb ein großer Erfolg, weil Campe darin zwar den moralischen Standpunkt des Adels berücksichtigte, sich aber überwiegend und durchaus kritisch mit der Moral des aufstrebenden Standes der „Weltbürger", wie er das Bürgertum an verschiedenen Stellen nennt, beschäftigt.

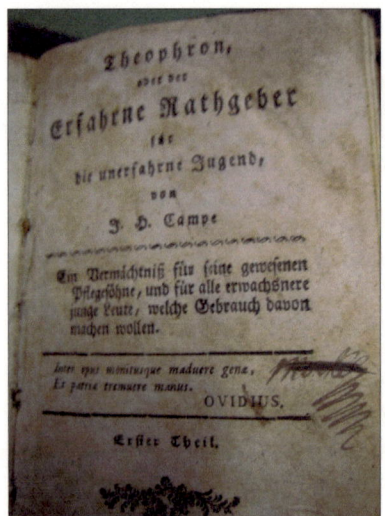

Das Handeln wird nach Campe durch Leidenschaften und Neigungen bestimmt. Er nennt unter anderem: Sinnlichkeit, Ehrtrieb, Geldgier, Herrschsucht und Frömmelei. Als sechsten „Trieb" nennt er eine Tugend, die zwar auch in gewisser Weise „nicht ganz uneigennützig" ist, aber doch „von jedem groben, d. i. sinnlichen Eigennutz geläutert (...)".In diesem sechsten „Trieb" erfährt das Handeln, das überall von einem Streben nach Genuss und damit von Eigennutz bestimmt ist, eine Veredelung. Es ist eine „edlere Art von Eigennutz". Dieser sechste Trieb hebt sich also aus dem aristokratischen Selbstverständnis des (moralischen) Handelns, welches durch Machtstreben und Genuss bestimmt ist, hervor. Er wird seiner Meinung nach durch die Begriffe „Uneigennützigkeit, Großmuth, Tugend" am besten beschrieben (Zitate nach Vowinckel 1999, 79/80).

Jede gute Aristokratie entwickelt als Ideal neben Luxus und Genuss das Gefühl der Verantwortlichkeit – nicht anderen Menschen und nicht einem von außen gegebenen Gesetz gegenüber, sondern sich selbst gegenüber, möge eine bestehende Aristokratie auch als falsch und faul" erscheinen (Nietzsche, zit. n. Simmel 1902/1990, 318). Aristokraten finden das Gute in ihrem eigenen Wesen – in der Vornehmheit ihres Selbst. Wer vornehm ist, ist von edler Abstammung, von höherem Stand. Sein Verhalten ist von edler, anständiger, großzügiger und hochherziger Gesinnung geprägt. Sein Auftreten in der Öffentlichkeit ist durch Eleganz und Geschmack gekennzeichnet. Vornehme haben Macht und üben diese aus. Sie sind Siegertypen, denen das Mitempfinden oder gar das Mitleid gegenüber Schwachen fremd ist. Aufgrund ihrer gesellschaftlichen Stellung entwickeln sie das Gefühl, aus einer weniger wichtigen oder wertvollen Menge herauszuragen. Sie *nehmen* sich wichtig, hauptsächlich, vorzüglich und ausgezeichnet. Aufgrund ihrer Machtstellung sind sie der Meinung, dass Menschen und Dinge ihnen dienen müssen und dass ihre Stellung gottgegeben ist.

Aristokraten lieben den Reichtum und den Genuss. Sie praktizierend die Eigenliebe als Extrem: selbstherrlich, ichbezogen, rücksichtslos und egozentrisch. Für sie ist es keine Frage, dass der Eigennutz an erster Stelle steht. Sie haben die Macht, müssen Güter verwalten und sie wollen ihren Reichtum mehren.

Ihre durch den Reichtum geförderte Kultur weist sie andererseits als Gönner und Förderer aus, die den Zeitgeschmack treffen.

Das Wort „Aristokrat" ist aus dem Altgriechischen „Aristos" abgeleitet und bedeutet dem Wortsinn nach „der Beste". Im antiken Griechenland war damit eine Tugend umschrieben, die zweckorientiert auf die Gemeinschaft der Polis, den griechischen Stadtstaat gerichtet war. Als „Bester" fühlte der Adel sich zunächst aufgrund seiner Machtposition. Gleichzeitig war der Adel Kulturträger bzw. Förderer von Innen- und Außenarchitektur, der Entwicklung von Märkten und Städten sowie aller Art höfischer Kultur in Kleidung, Musik, Malerei, Kulinarischem usw. Üblicherweise werden heute eher die negativen Aspekte der Herrschaft des Adels, die Unterdrückung, die Ausschweifung, die Verschwendung sowie die Überziehung des Landes mit Krieg usw. hervorgehoben. Daneben sollte jedoch nicht vergessen werden, dass die Burgen und Höfe der Grafen, Fürsten und Könige die besten Handwerker, Pferdezüchter, Köche und Konditoren, Porzellanhersteller und -maler, Verwaltungsfachleute, Künstler usw. anzogen und deren Entwicklung förderten. Dass dies zulasten der freien Bauern und Leibeigenen geschah, ist eine traurige Wahrheit, schmälert aber nicht die historischen Leistungen des Adels in der Hinsicht, die Besten („aristoi") – natürlich zu ihrem eigenen Nutzen! – zu fördern.

Es ist Friedrich Nietzsche, der diesen Zusammenhang unermüdlich beschreibt. Angetrieben wird er von einem Argwohn und einer tiefen Skepsis gegenüber den Werten der bürgerlich demokratischen Bewegung, die in seiner Zeit hochkam, und die er als Werte des Mitleids, der Selbstverleugnung und der Selbstaufopferungsinstinkte wahrnahm (Nietzsche, Moral, Vorrede, 5,5). Er vermutet, dass die Wahrheit eher umgekehrt ist: Das Urteil „gut" rührt nicht, wie wir heute meinen, von Güte, Demut und Unterwerfung unter Sollwerte, d. h. nicht von denen, welchen „Güte" erwiesen wird.

> „Vielmehr sind es ‚die Guten' selber gewesen, das heißt die Vornehmen, Mächtigen, Höhergestellten und Hochgesinnten, welche sich selbst und ihr Thun als gut, nämlich als ersten Ranges empfanden und ansetzten, im Gegensatz zu allem Niedrigen, Niedrig-Gesinnten, Gemeinen und Pöbelhaften". (Nietzsche, Moral, I, 15).

Das Wort „gut" hat demnach seinen Ursprung eher im Herrenrecht, das heißt dem Recht, das sich Herrschende anmaßten, und weniger im Altruismus des Bürgertums. Erst mit dem Niedergang des Adels kommt es zum Gegensatz von egoistisch und selbstlos. Die Vornehmen kennen diese Unterscheidung nicht.

Seine These kann Nietzsche durch eine etymologische Untersuchung der Worte „gut" und „schlecht" untermauern. In der Sprache wird die Bezeichnung des „Guten" überall mit „vornehm", „edel" im ständischen Sinne und später als seelisch privilegiert, seelisch hoch geartet gedeutet. Dieser Selbstwahrnehmung der Aristokraten als „edel" stand immer der Begriff „schlecht" gegenüber, der etymologisch aus dem Wort „schlicht" abgeleitet ist. Dieser Wortgebrauch war ursprünglich ohne moralische Hintergedanken. Der schlichte Gemeine stand einfach im Gegensatz zum mächtigen Vornehmen. Erst um die Zeit des Dreißigjährigen Kriegs verschiebt sich die Bedeutung im Sinne des heute Gebräuchlichen „schlecht".

„Gut" fühlten sich die Vornehmen als Menschen höheren Rangs in erster Linie aufgrund ihrer überlegenen Machtstellung. Sie waren die Mächtigen, die Herrschenden, die Gebietenden. Sie sprachen persönlich Recht. Die ritterlich-aristokratischen Werturteile schöpfen aus der kraftvollen Leiblichkeit, einer blühenden, reichen, gelegentlich überschäumenden Gesundheit und aus dem, was ihrer Erhaltung dient, Krieg, Abenteuer, Jagd, Tanz Kampfspiele (Nietzsche, Moral I, 7). In einigen indogermanischen Sprachen wird der Aspekt ihres Reichtums hervorgehoben, der sie als Besitzende kennzeichnet. Im antiken Griechenland bezeichnete sich der Adel als „die Wahrhaftigen", abgeleitet von dem griechischen Wort „estlos", das dem Wortsinn nach bedeutet; „einer, der ist, der die Realität hat, der wirklich und wahr ist" (Nietzsche, Moral, I, 5).

Dieses positive Selbstverständnis des Adels als die Vornehmen, Guten, Schönen, Glücklichen und Wirklichen wurde nicht aus einem Kontrast oder gar einem Feindbild zu den gemeinen Leuten entwickelt, sondern, wie Nietzsche ausführt, aus geringer Kenntnis vom Leben der schlichten Leute. Zweifellos waren beim Adel Gefühle der Verachtung, des Herabblickens und der Überlegenheit vorhanden und zweifellos wurden viele Grausamkeiten gegenüber den unterlegenen und unteren Schichten verübt. In der Bewertung des einfachen Volks schwangen jedoch auch Gefühle mit, die einer Art Bedauern, Nachsicht oder Rücksicht gegenüber den Unglücklichen und Bedauernswerten widerspiegelten. Die altgriechische Sprache weist eine große Zahl von Wörtern auf, welche diesen Aspekt hervorheben.

> „Die Wohlgeborenen fühlten sich eben als die 'Glücklichen'; sie hatten ihr Glück nicht erst durch einen Blick auf ihre Feinde künstlich zu construiren, unter Umständen einzureden, einzulügen" (Nietzsche, Moral, I, 10).

Sie waren in ihrer Selbstwahrnehmung aktive Menschen – aber unbewusst mischten sich in ihre Tätigkeiten auch Instinkte oder eine gewisse Unklugheit, die sich als tapferes aber ungestümes Drauflosgehen auf eine Gefahr oder einen Feind oder als emotionales Aufbrausen im Zorn oder als schwärmerische Plötzlichkeit von Liebe, Ehrfurcht, Dankbarkeit oder Rache zeigte. In diesem dionysischen Übermut erkennen sich nach Nietzsche vornehme Seelen zu allen Zeiten wieder – und zweifellos rechnet er sich selbst dazu.

Die „Guten" waren aber auch die Schlimmen. Ihre Kühnheit, das Unberechenbare ihrer Unternehmungen, die Gleichgültigkeit, ja ihre Verachtung gegen Sicherheit, Leib, Leben und Behaglichkeit ihrer Untergebenen, ihre beängstigende Heiterkeit, die Lust am Zerstören, ihre Grausamkeit ließ sie in den Augen derjenigen, die daran litten und sie fürchten mussten, als „böse" erscheinen. Die Guten wurden die Bösen.

2. Die egalitäre Moral des Bürgertums

Den Wandel der Moral von einer selbstherrlichen zu einer am Glück orientierten Zielvorstellung hat bereits Darwin gesehen. In den Schlussbemerkungen des vierten Kapitels „Die Abstammung oder der Ursprung des Menschen" verweist er auf eine „Schule der Moralisten", die früher annahmen, dass der Grund der Moralität „in einer Art von Selbstsucht läge" (Darwin 2006, 791), womit er vermutlich die aristokratische Moral kennzeichnen wollte. Und er fügt hinzu: „Neuerdings ist aber das Prinzip des größten Glücks in den Vordergrund gebracht worden", womit er vermutlich die in seiner Zeit vorherrschende bürgerliche Moral beschrieb.

Für das Bürgertum gelten nicht die Vorrechte von adeliger Geburt, Macht, Reichtum und Vornehmheit. Bürger strebten nicht nach gesellschaftlicher Vorrangstellung, sondern nach Freiheit und Gleichheit, um ihr Handwerk bzw. ihre Geschäfte als Kaufleute zu betreiben. Die gesellschaftlich gültigen Lebensformen des 18. Jahrhunderts standen im Gegensatz zu den materiellen und geistigen Produktivkräften dieser Zeit und kamen den Individuen als unerträgliche Einschränkung ihrer Energien zu Bewusstsein. Die oberen Stände lebten vom Zehnten oder der Pacht von Leibeigenen und Freien. Gegenüber den Städten übten sie eine despotische Kontrolle des Handels aus und engten die Stadtverfassungen zu ihrem Vorteil ein. Zölle wurden nach Belieben erhoben. Die mächtigen Zünfte schränkten Innovationen des Handwerks ein. Die Kirche und die Klöster teilten sich die Macht mit den säkularen Fürsten und übten eine unduldsame Herrschaft aus. Aus diesen bedrückten Verhältnissen entstand das Ideal der Freiheit des Individuums.

Freiheit wurde als „natürlicher" Zustand gesehen. Dieses gefühlte Bedürfnis nach Freiheit stieß jedoch in der Verwirklichung auf einen grundsätzlichen Widerspruch: Freiheit meint, dass die Gesellschaft aus lauter gleich starken autonomen Individuen besteht. Diese Bedingung ist jedoch nirgendwo erfüllt. In Wirklichkeit setzen sich die *Ungleichen*, d. h. diejenigen, die über ökonomische, soziale, politische, persönliche oder körperliche Macht verfügen, gegenüber denjenigen durch, die diese Potentiale nicht haben. Ganz grundsätzlich ist es sogar so, dass bei der Verschiedenheit der Menschen die Klugen sich gegenüber den Dummen, die Starken gegenüber den Schwachen und die Zugreifenden über die Schüchternen und allgemein die persönlich Überlegenen gegenüber den weniger Begünstigten durchsetzen (Simmel 1917/1999, 130). Die Ungleichheit der Menschen führt bei gleichen Bedingungen zu einer Akkumulation der Macht bei den Bevorzugten.

In den Freiheitsbestrebungen des 18. Jahrhunderts wurde die menschliche Natur jedoch nicht als ungleich, sondern als gleich gesehen. Unmissverständlich kommt dies in der amerikanischen Verfassung zum Ausdruck: „We hold these truths to bei self evident: that all people are created eqal..." In dieser naturalistischen Auffassung verschwinden die eigentliche Individualität sowie das Unvergleichliche des menschlichen Seins. Im Interessenmittelpunkt steht stattdessen der allgemeine Mensch, der Mensch überhaupt und nicht der historische gegebene, reale, subjektive sozial und genetisch verschiedene Mensch. Nur wenn das *Allgemeinmenschliche* den naturgesetzlichen Kern jedes Menschen ausmacht, kann neben dem *Recht auf Freiheit* auch das *Recht auf Gleichheit* formuliert werden.

Die Idee dieser Zeit war, dass die Befreiung *des Menschen* von den Einengungen und Abhängigkeiten des Feudalismus automatisch einen Zustand von Gleichheit hervorbringen würde. Die Ereignisse der Französischen Revolution, bei denen sich die Wortführer bald gegenseitig unter die Guillotine brachten, entzauberte diese Vorstellung schnell. Dennoch lebt sie weiter in der Fiktion demokratischer Verfassungen, dass alle Menschen gleich sind. Sie drückt sich in der Überzeugung aus, dass die allgemeine Menschennatur in jedem existiert, dass sie das Wesentliche und Unverlierbare in jedem ausmacht und von ihm nur aufgedeckt und aufgefunden zu werden braucht, um in die Vollkommenheit zu gelangen.

Die real vorhandene Ungleichheit der Menschen wird durch die Behauptung eines allen gleichen menschlichen „Kerns" von der Wurzel abgeschnitten. Moral erscheint unter dieser paradoxen Sichtweise einerseits als inneres Bestreben des Menschen, zu seinem „Kern" zu gelangen und andererseits auf die subjektiven Bedürfnisse des Selbst zu verzichten (Simmel 1917/1999, 133). In der Kantschen Philosophie findet dieses Anliegen seinen höchsten Ausdruck. Er sieht das sittliche *Gesetz* in uns und fordert auf, uns auf diesen Kern zu besinnen und ihn bei allen Handlungen anzustreben. Moral wird dadurch etwas, das unabhängig von der Person in jedem Individuum existiert. Individuen sollen sich mit Achtung begegnen, da sie im Prinzip alle gleich sind. Die natürliche Verschiedenheit von Menschen wird durch die idealistische Naturvorstellung „des Menschen" zu einem vereinheitlichenden Begriff. Das Abstraktum einer angeblich bei allen Menschen gleichen Natur bildet den höchsten *Wert* der bürgerlichen Moral. In einem Zitat von Schiller kommt diese Idealisierung besonders deutlich zum Ausdruck:

„Jeder individuelle Mensch trägt, der Anlage und Bestimmung nach, einen reinen, idealischen Menschen in sich, mit dessen unveränderlicher Einheit in allen seinen Abwechslungen übereinzustimmen, die große Aufgabe des Daseins ist. Dieser reine Mensch gibt sich, mehr oder weniger deutlich, in jedem Subjekt zu erkennen" (zit. n. Simmel 1917/1999, 136).

Der Kategorische Imperativ Kants geht von der idealisierten Individualität eines „reinen Menschen" aus: Handle so, dass die Maxime deines Willens zugleich als Prinzip einer allgemeinen Gesetzgebung gelten kann. Hier wird das Ideal der Gleichheit in ein Sollensideal einbezogen. Für Kant ist alle Moral nur in der Überwindung unserer niederen, sinnlichen Wesensteile denkbar (Simmel 1906, 2). Der moralische *Wert* soll alle persönlichen Bestrebungen in den Hintergrund drängen. Solange wir verstrickt sind in Wünsche, Neigungen, subjektive Absichten, Bedürfnisse und Leidenschaften, sind wir „so wenig 'Wert' wie die ziehende Wolke oder das verwitternde Gestein" (Simmel 1917/1999, 136).

Menschen sind sinnlich begehrende Wesen. Sie können nicht „gut" sein. Erst die Vorstellung einer idealen, allen gemeinsamen universalen Menschennatur konnte als Zielvorstellung Gutmenschen erfinden. Nur vor einem gedachten Gesetz des Guten in uns können Menschen schuldig werden oder aber sittlichen Wert erlangen. Das erfordert eine ständige Auseinandersetzung mit den realen Bestrebungen, Begierden, Leidenschaften oder Neigungen der Person. Der Wert der Persönlichkeit ist für Kant daher durch Leiden, Schmerzen und durch Aufopferung gekennzeichnet (Simmel 1906, 3).

Vor allem den Kaufleuten kamen die abstrakten Gleichheitsvorstellungen gelegen. Als Kaufmann will ich etwas für meine Ware haben. Ich erwarte von dem anderen, dass er mir ein Äquivalent, etwas Gleiches zurückgibt. Ich gebe, um zu nehmen. Das System des Tauschs kann als Idee das ganze Leben umfassen. Wenn ich freundlich zu Menschen bin, erwarte ich Entgegenkommen. Wenn ich fleißig bin, erwarte ich Anerkennung. So wird die Welt für mich berechenbar. Insgeheim ist auch mein religiöses Gefühl nach Kaufmannsart strukturiert: Wenn ich Gutes tue, bin ich Gott wohlgefällig und werde den Menschen als Vorbild im Gedächtnis bleiben. Wer so kalkuliert, ist weniger an der Evolution des Lebens interessiert, als an der Ausdehnung der Freiheit des Handels.

Kaufleute haben ihr persönliches Sein durch ihre äußere Geschäftigkeit überfremdet. Sie treten mit einem Ausdruck von Karl Marx als „Charaktermaske des Kapitals" auf – in diesem Falle als Charaktermaske des Handels. Sie glauben, im Licht zu stehen, weil sie Erfolg vorweisen können, aber sie führen in Wirklichkeit ein Schattendasein, denn sie sind die Personifikation ihrer Waren. Sie handeln aus Gewohnheit. Der äußerliche Erfolg scheint ihnen Recht zu geben, aber sie schauen nicht hinter die Oberfläche ihrer Geschäftigkeit. Unwissenheit über die wirklichen Zusammenhänge des Lebens bestimmt ihr Sein, aber sie wissen es nicht. Erst, wenn sie die negativen Seiten ihres Risikoverhaltens persönlich spüren und die Schattenseiten ihres Handelns deutlich werden, wird klar, dass sie sich von ihren natürlichen Gefühlen entfernt haben. Kaufmännisch denkende Menschen haben ihr Gefühl für die Perspektive des Lebens verloren. Der Markt ist ihre Welt und das Marktgeschrei füllt ihren Kopf und bindet ihre Gefühle an Objekte des Handels – und letztlich an das allgemeine Äquivalent, das Geld.

In Europa mussten Kaufleute und Handwerker einige Hundert Jahre unter dem Feudalismus leben und sich behaupten. Ihre Moralvorstellungen bezogen sie aus den christlichen Idealen: Selbstlosigkeit, Demut, Entsagung, Sich-Hingeben bildeten die Kontraideale zur Aristokratie. Es sind Ideale, die einer Gefühlspädagogik in Deutschland den Boden geebnet haben. Der Egoismus der Aristokratie wird von Friedrich Schiller zum „Erbfeind aller Moralität" gestempelt (zit. n. Vowinckel 2005, 80). Moralität und Eigennutz werden vom Bürgertum als Gegensätze empfunden. Es handelte sich um einen Paradigmenwechsel im Verständnis der Moral. An die Stelle einer selbstbewussten Moral der Vornehmen trat eine christlich inspirierte und gefühlsbetonte Demutsmoral. Die gegenwärtige Debatte über den Dualismus „Egoismus oder Altruismus" hat hier ihre Wurzeln.

Der entscheidende Paradigmenwechsel von der aristokratischen zur bürgerlich-elitären Moral kann in dem Wechsel von der *direkten Emotion* und Leidenschaft des Herrn, die sich in seinem Zorn, in Schreien, Poltern und Knirschen äußern konnte, zur Verdeckung gerade dieser Emotionen in der bürgerlichen Moral durch eine *Fassade* „einer sanften Taubengüte, durch Girren und Lächeln" beschrieben werden (Campe 1783, 89).

Johann Heinrich Campe kennzeichnet diesen Paradigmenwechsel in seinem 1783 herausgegeben Ratgeber an die Jugend „Theophron" an vielen Stellen treffend. Er mahnt, nicht auf den äußeren Schein hereinzufallen, mit welchem viele Bürger „den inneren schen mit allen seinen Unarten, Leidenschaften und Mängeln" zu verbergen trachteten „und dagegen Empfindungen, nungen und Vollkommenheiten zu lügen, welche man selbst nicht in sich fühlt" (Campe 1783, 81). Neid als aristokratischer Trieb, der in der Aristokratie „hager, blassgelb und in hohläugiger Gestalt" daherkam „trägt nunmehr die Rosenfarbe und die gefälligen Symbolen des freudigsten Mitgefühls". Der häusliche Tyrann „scheint auf der Bühne der Gesellschaften der zärtlichste Gatte, der liebreichste Vater, der gütigste und nachsichtsvollste Hausherr unter der Sonne zu sein". Und auch die Frau als „die häusliche Quälerin ihres Gatten, die eingefleischte Furie in der Küche und im Schlafgemach" tritt auf der Bühne der Öffentlichkeit „mit der sanften nachgebenden Miene einer frommen Duldnerinn und mit der überschwenglichen ehelichen Zärtlichkeit einer zweiten Penelope auf" (Campe 1783, 89).

Die christlich fundierte Moral hat ihren Ursprung im jüdischen Volk, das gegen starke Nachbarn, vor allem das übermächtige Imperium Ägypten, aus einer Religion Kraft schöpfte, in welcher die Ohnmächtigen und Niedrigen die Guten - und die Vornehmen und Gewalttätigen die Bösen sind. Die Grausamen, die Unersättlichen und die Lüsternen, d. h. die von Gott verlassenen, sind gottlos (Nietzsche, Moral I, 7). Diese Religion stellt eine Umkehrung der aristokratischen Moral dar. Die Elenden sind jetzt die Guten, die Hochgestellten die Bösen. Die Leidenden, die Entbehrenden, die Kranken und Hässlichen sind allein die Guten. Sie sind die Gottseligen, d. h. für sie allein gibt es die Gottseligkeit - allerdings erst im Jenseits. Auf die Hoffähigen und Gewalttätigen wartet die Verdammnis. Das Alte Testament spart nicht mit Hinweisen, wie die Rache Gottes gegenüber den Hochmütigen und Anmaßenden ausfällt. Diese neue monotheistische Religion war geeignet, das kleine israelische Volk im gemeinsamen Glauben zu festigen, von Gott erwählt zu sein. Die Binnenorientierung der Selbstlosigkeit als Ausdruck einer gottesfürchtigen Haltung war geeignet, eine starke Außenwirkung gegenüber den übermächtigen Nachbarn hervorzurufen, die mit ihren Tiergottheiten, dem Sonnengott oder Göttern mit halb menschlicher, halb tierischer Erscheinung keine wirklich überzeugende religiöse Macht entgegen zu stellen vermochten.

Im Neuen Testament wird der rächende Gott durch die Liebe Gottes zu den Menschen ersetzt. Jesus bringt den Armen und Kranken, den Sündern und allen, die an seine Mission glauben die frohe Botschaft, dass sie „Erlösung" erfahren können. Das hatte noch keine Religion zuvor versprochen. In dieser Verheißung lag eine große Anziehungskraft der neuen Religion. Eine weitere Attraktion entstand aus dem Versprechen, dass alle Menschen vor Gott gleich sind – alle, bis auf die Gottlosen. Wenn alle gleich sind, muss und darf niemand das Haupt heben, um gleicher als alle Gleichen zu sein. Diese Festlegung betrachtet Nietzsche als eine Verkleinerung des Menschen, als eine unnötige Einengung und als eine Gefahr. Die Aristokraten haben die Welt bewegt mit ihrer Kühnheit, ihrem Wagemut, ihrer robusten Leiblichkeit – und mit ihrer Grausamkeit, welche gelegentlich Aufstände der Unterdrückten hervorrief, die ihrerseits Bewegung hervorbrachten. Die demütig nach Gleichheit strebenden Bürger sind sich selbst genug.

Menschlichkeit verbindet – so ist jedenfalls das bürgerlich-christliche Ideal. Dass dies in unserer Leistungsgesellschaft keineswegs die Realität ist, spürt jeder von Arbeitsstress, Lohndumping, Mobbing oder Arbeitslosigkeit Betroffene. Unsere Gesellschaftsform, die Soziale Marktwirtschaft, kennt wie andere Gesellschaftsformen zuvor, öffentliche Schau-Spiele, in welchen aristokratische Tugenden die Massen begeistern. Der Fußball-Nationalspieler Miroslav Klose glaubt nicht, dass die Bundesliga nach dem Selbstmord des Torhüters Robert Enke menschlicher geworden ist. „Für Menschlichkeit ist auf dem Platz kein Platz" sagte er in einem Interview. Das System Fußball verlangt Leistung, Auslese, Sieger und Verlierer (Neue Presse Hannover vom 12.01.2010, S. 12). Diese Tugenden sind ohne Weiteres auf die Wirtschaftskonkurrenz übertragbar. „Mensch sein" ist ein dünnes Tuch des Idealismus, das sich über die Realität spannt, welche den Privatnutzen zur Tugend erhebt und aristokratische Verdienstlichkeiten, wie Durchsetzungsfähigkeit, Leistung, Führungsqualitäten und Mut zu Vortrefflichkeiten der Konkurrenzwirtschaft aufwertet. In der Leistungsgesellschaft werden alle Tugenden einer Persönlichkeit als Energiequelle für das Unternehmenswohl genutzt.

Gleichheit wird als Moral für die Niedrigen gepredigt, während die Ungleichheit die Realität der Höhergestellten, der Reichen ist. Als Ideal, Höheres anzustreben, ist diese Moral nicht geeignet. Gleichheit macht müde und bringt nichts hervor als wieder Gleichheit.

> „Wir sehen heute Nichts, das grösser werden will, wir ahnen, dass es immer noch abwärts, abwärts geht, ins Dünnere, Guthmütigere, Klügere, Behaglichere, Mittelmäßigere, Chinesischere, Christlichere – der Mensch, es ist kein Zweifel, wird immer „besser" (Nietzsche, Moral I, 12).

Woran glauben die Schwachen? Worauf richtet sich ihre Liebe, was erhoffen sie? Die Schwachen wollen irgendwann Starke sein. Die christliche Religion hat auch dafür eine Verheißung: Irgendwann wird ihr Reich kommen – das Reich Gottes, das ewige Leben – allerdings erst im Jenseits. Diese Prophezeiung wirkt mäßigend. Man kann sich mit dem Wenigen zufrieden geben, wenn man gottgefällig lebt.

Der Zusammenschluss der Gleichgesinnten gegen die Mächtigen erzeugt nach Nietzsches Auffassung eine Moral der „Herde". Dem Gemeinwohl nützliche Tugenden, wie Solidarität, Mitgefühl, Rücksicht, Fleiß, Mäßigung und Bescheidenheit sowie Nachsicht und Mitleiden, werden als „menschliche" Vollkommenheiten verallgemeinert. Moral wird vom Bürgertum mit Menschlichkeit gleichgesetzt. Diese Moral fordert vom Einzelnen, dass er sich unterordnet unter die gemeinsamen Werte, Normen, Regeln und Gebräuche. Für Abweichler bleibt nicht viel Raum. Alles, was den Einzelnen heraushebt aus der Normalität, macht dem Anderen Angst und gilt als böse.

Glück hat in dem Wertgefüge der Gleichheit, einem Goethewort folgend, auf die Dauer nur der Tüchtige. Dem entspricht eine Persönlichkeitsauffassung, die Brezinka „Lebenstüchtigkeit" nennt (Brezinka 1999, 130) und die früher und seltener auch heute als „Tugend" bezeichnet wurde/wird. In der bürgerlichen Gesellschaft hat der Tugendhafte kein Interesse an Abenteuer und Krieg. Glück erscheint ihm als das Glück des Friedens, des Ausruhens, der Ungestörtheit, der Anerkennung, des Wohlbefindens und der Leistung. Die Moral des Bürgertums ist eine Moral des Mittelmaßes. Sie ist dem Anspruch nach unegoistisch. Bei genauerer Betrachtung nimmt eine solche Moral, die sich an alle wendet, dem Einzelnen den Enthusiasmus, seinen Geschmack, seine Meinung und seine Energie auszuleben. Er wird verführt, unter der Maske der Menschenfreundlichkeit Dinge zu unterlassen, die er als selbstbewusstes „vornehmes" Individuum tun würde.

Gerechtigkeit ist in diesem Verständnis kein Ereignis mehr, das mir persönlich widerfährt, sondern sie gilt für alle. Es ist jedoch *unmoralisch* zu sagen, „was dem einen recht ist, ist dem Anderen billig" meint Nietzsche an einer Stelle (Nietzsche, Jenseits, 221). Diese Auffassung hat zumindest viel Plausibilität. Gerecht ist, wenn ich jemand fördere, der es meiner Meinung nach *verdient* – ich muss und kann nicht alle begünstigen. Gerecht ist, wenn eine Mutter einem Kind eine besondere, auch materielle Zuwendung zuteil werden lässt, um es zu fördern – sie kann nicht alle Kinder gleichbehandeln. Ist es wirklich gerecht, wenn eine Großmutter jedem Enkelkind zum Geburtstag 50 € schenkt? Der Einzelfall entscheidet.

Das Mitleid – die Mitempfindung, die Anteilnahme, die Barmherzigkeit, das Mitgefühl – ist ein grundlegendes Element der bürgerlichen Moral. Im Christentum rangiert es als Nächstenliebe an erster Stelle. Aber bereits die Deutung dieser Zuwendung als „Selbstlosigkeit" weist auf ein Problem hin, das im „Helfersyndrom" zum Begriff geworden ist: Wer mit anderen leidet, ist oft mit sich selbst unzufrieden. Im Anderen findet er das, was er bei sich nicht entdeckt. Von dem Anderen erfährt er die Achtung, die er sich selbst nicht entgegen bringt. Mitleid in diesem Spiegel betrachtet ist Selbst-Verachtung. Ich wähle einen anderen, der leidet, als Opfer meines Mitleids, um von ihm die Achtung zu erfahren, die ich mir selbst nicht geben kann. Diese Moral der Opferbereitschaft, um Opfer zu erzeugen, ist keineswegs so selten, wie man meinen könnte. 1994 veröffentlichte die Zeitschrift „Good Housekeeping" Ergebnisse ihres Wettbewerbs für glückliche Ehen. Das Ehepaar Bayes gewann mit diesen Versen (Habenicht: 2004, 24):

Wir gaben, als wir nehmen **wollten**.

Wir dienten, als wir feiern **wollten**.

Wir teilten, als wir behalten **wollten**.

Wir hörten zu, als wir reden **wollten**.

Wir ordneten und unter, als wir herrschen **wollten**.

Wir vergaben, als wir uns erinnern **wollten**.

Wir blieben, als wir gehen **wollten**.

Soviel Edelmut macht sprachlos – vermittelt aber auch den Eindruck von Langeweile. Man hätte doch gerne mal gehört: „Wir bleiben nicht lange zu Gast, denn wir haben noch etwas vor", oder: „Wir feiern gerne bei euch", oder: „Mit unserer Meinung halten wir nicht hinterm Berg". Wahrscheinlich wären sie damit in dieser Umfrage – in Amerika – nicht die Gewinner geworden, aber sich selbst treu geblieben.

Der Mitleidende schöpft seine Handlungsimpulse nicht aus seiner Intuition, seinem Gefühl, seinem Antrieb, der Kraft seines Geistes, sondern aus einem Sammelsurium von Gefühlen, in welchen die Eitelkeit vorherrscht. Dies ist sicherlich ein Grund, warum sich Prominente darin gefallen, sich in Hilfeprojekten zu engagieren – und dies auch öffentlich wirksam zu propagieren. Es fördert das Ansehen, wenn jemand die Maske der Menschenfreundlichkeit aufsetzt. Abgesehen davon kann er natürlich unter dieser Maske auch einen Teil des von vielen als ungerecht empfundenen hohen Einkommens für die Armen abgeben. Wurde früher der Zehnte von Bauern und Leibeigenen abgepresst für die Wohlfahrt von Gutsherren, Fürsten Königen, Bischöfen und Klöstern, können heute umgekehrt millionenschwere Prominente 10 % (im Höchstfall!) *freiwillig* für die „Menschlichkeit" erübrigen. Eine Perspektive für das Menschsein ist damit nicht gewonnen – im anderen Falle schon: Fürsten und Klöster konnten von dem Zehnten ein vornehmes Leben führen.

3. Moral in der pluralischen Gesellschaft

3.1 Pluralität – die Welt, in der wir leben

Die pluralistische Gesellschaft, kurz: Die Moderne ist die Welt, in der wir leben. Wir sind angekommen in einer Gesellschaft, in welcher das autonome Individuum beiderlei Geschlechts grenzenlose *Freiheiten* genießt: Wahlfreiheit in allen Bereichen des Lebens: Konsum, Bildung, Beruf, Partnerschaft und Freunde, Sex, Religionsfreiheit, politische Vertretung, Wohnung, Geldanlage – einfach alles steht zur Verfügung, man muss nur wollen. *Gerechter* kann kein Staat sein: Selbst wer ohne Einkünfte ist, bekommt die Wohnung, die Heizung und Geld für den Lebensunterhalt gestellt. Wir leben in *Frieden*. Jeder kann sich *selbst verwirklichen*. Die *Würde* unserer Persönlichkeit ist geschützt. Die Kinder wachsen frei und ohne Zwang auf. Wir begegnen einander mit *Respekt* und *Achtung*. In unseren behaglich geheizten Wohnungen oder Häusern leben wir besser als frühere Grafen und Fürsten in ihren kalten Burganlagen oder Palästen. Wir sind Könige in allen wichtigen Bereichen des Lebens: Die hygienischen und medizinischen Bedingungen sind hervorragend, fürs Alter ist gesorgt. Es ist die Welt, in welcher ein Zehnjähriger auf die Frage nach seinem Geburtstagswunsch sagt: „Weiß nicht, ich hab´ doch alles". Die Kommunikation ist dank der Digitalisierung leicht und vielfältig und als Konsumenten steht uns ein Reichtum an erschwinglichen und verfügbaren Waren gegenüber, von dem Adelige und selbst Könige in früheren Zeiten nicht einmal träumen konnten. Die Pluralisierung ist zweifellos eine Errungenschaft menschlicher Humanisierung.

Diese Beschreibung ist kein Zerrbild. Sie entspricht unserer Realität – Abweichungen bilden, wie in jeder Gesellschaft, die Ausnahme. Und doch rumort es in uns. Wir sind unzufrieden. Wir sprechen vom Konsum- und Medienterror. Die Leistungsgesellschaft macht krank. Die Konkurrenz fördert den Egoismus, die Gier und das Machtstreben. Unsere Politiker sind unfähig, Perspektiven zu eröffnen. Die Kinder haben keine Vorbilder mehr. Die Institutionen Familie und Schule sind schwach. Der Leistungsdruck nimmt kontinuierlich zu und wird seit einigen Jahren bereits in Kindergärten auf Kinder ab drei Jahren ausgedehnt. Die Verbindungen unter den Menschen sind nicht mehr von Schicksalen geprägt. Unsere Beziehungen sind flach, höflich und müde geworden. Es herrscht ein Klima schleichender Gleichgültigkeit. Was also ist unsere wahre Welt? Beide Bilder entstammen unserer Realität. Ein Dilemma?

Der Pluralismus fordert uns auf, das Andere, Fremde wahrzunehmen, schätzen zu lernen und zu akzeptieren. Wir werden vertraut mit dem, was nicht das Eigene ist. So lernen wir nicht nur das Andere, sondern auch uns neu kennen. Wir gewinnen Profil, weil wir werten, beurteilen und begründen müssen. Wir fragen nach Qualität und Wahrheit. Vermutlich wurde die Sinnfrage nie so häufig gestellt, wie in der heutigen Zeit. Nie gab es so viele Experten-Antworten über Gesundheit, inneren Frieden, Glauben und Moral. Wir lernen zu differenzieren und denken über eine faire und gerechte Betätigung nach, mit welcher wir unser Menschsein verwirklichen können (Schmitt, 2004, 59). Das ist unsere Mikrowelt.

Die Makrotendenzen der Gesellschaft gehen in eine andere Richtung. Die Ziele der Konkurrenz- und Leistungswirtschaft, stetiges Wachstum und Prosperität, beherrschen sämtliche Bereiche des Lebens. Niemand kann sich den ökonomischen Gesetzmäßigkeiten entziehen. Wir richten fast unsere gesamte Aufmerksamkeit auf die *Mittel* der Lebensverwirklichung - und nicht auf das Leben selbst. Alle gesellschaftlichen Institutionen und Kräfte werden von den wirtschaftlichen Gegebenheiten vereinnahmt. Das gilt in erster Linie für die Politik, aber auch für die Kultur und die Verwirklichung des Sozialen. „Sozial ist, was Kaufkraft schafft" kann der Verdi-Chef Frank Bsirske daher zum Auftakt der Tarifverhandlungen des öffentlichen Dienstes 2010 sagen (Der Tagesspiegel vom 11. Januar 2010, S. 15).

Der Einzelne findet sich immer weiter in den Privatbereich abgedrängt. Von klein auf werden ihm Anpassungsleistungen an die Regeln des Marktes abverlangt. Es bleibt ihm gar nichts anderes übrig, als seinen eigenen Wert und den Wert anderer über den Markt zu definieren. Seine Bereitschaft zu Konsum und Genuss wird ständig wach gehalten und im wahrsten Sinne des Wortes „gefüttert" und gesteigert (Schmitt 2004, 60). Spätestens ab der Grundschule wird von ihm ständig Leistung verlangt. Er wird im Konkurrenzdenken trainiert. Geld und Ansehen spielen bereits in jungen Jahren eine wichtige Rolle. Wer in diesem System von Leistung und Konkurrenz nicht mithalten kann, „bleibt auf der Strecke" – ein Bild, das vermutlich aus der Jägersprache stammt und an eine Treibjagd erinnert, wo die Fasane, Rebhühner und Hasen, die nicht flink genug waren, den Jägern zum Opfer fielen.

Auf diese Weise privatisiert, wird der Einzelne zum Adressaten wirtschaftlicher Interessen. Er ist Konsument. Da er selbst die unendliche Vielfalt der Angebote niemals wirklich erfassen kann, wird er von den Medien gedrängt, die richtige Entscheidung zu treffen – richtig letztlich immer im Interesse des Handels. Die Erkenntnisfähigkeit des Einzelnen reicht nicht aus, um Strukturen der gesellschaftlichen Macht und der Interessen zu durchschauen oder zu ändern. Seine Gestaltungskraft bleibt auf den Privatbereich beschränkt. Hier hat sich eine Vielfalt von Lebensstilen, Lebensentwürfen und Lebensformen entwickelt. Hier darf er sich emotional ausleben und seine Gefühlswelt als „authentisch" empfinden. Hier entscheidet er selbst, was er glaubt, welche Weltanschauung ihm zusagt und wie er seine Kinder erzieht - während die Globalisierung, Digitalisierung und Monopolisierung der Gesellschaft ein noch undurchdringlicheres Netz von Abhängigkeiten schafft, deren Krisen er erleben muss wie ein Naturschauspiel.

3.2 Moralische Erziehung in der Pluralität

Welche Rolle kann eine Erziehung zur Moral in einer Welt spielen, in welcher „die Ästhetisierung des Bösen" in filmischen Horrorszenarien und Science-Fiction als kultige Erlebnisse stilisiert werden? Die Moralerziehung läuft Gefahr, zahlreiche Warnschilder aufzustellen, in welchen das moderne Dasein in der Leistungs- und Konsumgesellschaft als unsozial verdächtigt und durch Ideale ersetzt wird. Eine solche Moralerziehung macht hauptsächlich Angst, statt zur Reflexion der Realitäten anzuregen. Sie ist fixiert auf ein mögliches Fehlverhalten und versäumt es, positive Bemühungen kreativ aufzubauen. Sie basiert auf Misstrauen. Sie hat kein Vertrauen in die Gestaltungskraft und -freude des heranwachsenden Menschen oder des Menschen überhaupt und setzt dem Entwicklungsdrang unnötig Grenzen (Schmitt 2004, 62). Eine Moralerziehung, die Ideale gegen die Lebensrealität setzt, neigt zum Fundamentalismus. Sie bringt am Ende das hervor, was sie bekämpfen will: Praxisferne, Unmündigkeit und mangelnde Selbsterfahrung.

Dieses Dilemma ist in der Moraldiskussion durchaus erkannt worden, klammert man diejenigen Beiträge aus, die an der Moral als Gott gegeben festhalten, wie zum Beispiel die Amerikanerin Donna J. Habenicht, die bereits auf der Titelseite ihres Buches: „Wie man Kindern Werte vermittelt" einen Wertebaum inhaltsleerer christlicher Tugenden präsentiert: Gottvertrauen, Respekt, Dankbarkeit, Mitgefühl, Ehrlichkeit, Ausdauer, Zufriedenheit, Treue. Es sind Werte, die von der Grundstimmung der Entsagung und Opferbereitschaft geprägt sind. Sie sind nicht geeignet, das Differenzierungsvermögen und die Urteilskraft von Kindern und Heranwachsenden in der pluralistischen Gesellschaft zu stärken. Die christlichen Werte haben einen guten Klang, weil in der Geschichte der Menschheit Treue, Ausdauer und Mitgefühl eine große Bedeutung für die Bindungen der Menschen hatten. Es waren aber auch Zeiträume, die durch schwere Schicksale und Not geprägt waren. Diese Zeiten waren vom Vertrauen in die Personalität getragen. Der Treueschwur – bei dem sich im mittelalterlichen England zum Beispiel der König und der Erzbischof auf den Mund küssen mussten, fehlte dieser Kuss, war die Treue nicht vollzogen – war bindend für die Mächtigen. Ausdauer war in schwierigen Zeiten das Kennzeichen großer Persönlichkeiten, die ihr Ziel über viele Erniedrigungen, Erfolge und Schicksalsschläge unbeirrt verfolgten. In unserer Zeit des Wohlstands können wir von diesen Zeiten träumen und rührende oder erschütternde Heldensagen nachlesen: Die Tugenden dieser Epochen werden uns kaum ergreifen, da in unserer Zeit andere Vortrefflichkeiten entwickelt werden müssen.

Moral bestimmt in unserer Gesellschaft nicht mehr die Machtfragen – vielleicht war das nie der Fall. Sie ist am Entwurf eines guten Lebens orientiert, das aus der Personalität des Individuums hervorgeht (Werner 2002, 22). Der Staat mischt sich nicht in das moralische Leben des Einzelnen ein. Er schreibt nicht vor, welcher Religion dieser angehört, ob er eine Familie gründet oder nicht, ob er in Partnerschaften und Freundschaften vertrauenswürdig handelt, ob er standesgemäß lebt und entsprechende Höflichkeiten befolgt. Der Staat überlässt die Sinnstiftung menschlicher Existenz vollkommen dem Individuum und seinem Gewissen. Diese staatliche Zurückhaltung hat allerdings eine Grenze. Ohne ein Minimum an Rücksichtnahme bzw. an sozialverträglichem Verhalten kann auch die pluralistische Gesellschaft nicht bestehen. Die meisten dieser Grenzen sind inzwischen gesetzlich geregelt. Wo dies (noch) nicht der Fall ist, verlässt man sich auf die Handlungsmaxime Kants, dass jeder sein Glück auf die Art suchen darf, die ihm zusagt, sofern er nicht die Freiheit des anderen, dies ebenfalls zu tun, verletzt. Das ist gut gesagt und für die Zeit Kants sicherlich zutreffend. Die Konkurrenz- und Leistungsgesellschaft engt die Handlungsfreiheit der abhängigen Menschen jedoch fortwährend ein durch Arbeitsstress, Mobbing, Arbeitslosigkeit, Konsumzwang und die Digitalisierung zahlreicher Dienstleistungen (Telefon-Hotlines, Bahn-Computer, Scannerkassen in Supermärkten, digitalisierte Paketstationen sowie DVD-Beamer in Schulklassen usw.). Der respektvolle Umgang von Personen wird durch Automaten ersetzt. Von Kindern Achtung einzufordern ist zweifellos nach wie vor ein wichtiges Ziel der Moralerziehung, findet aber immer weniger Anwendung in der digitalisierten Welt.

3.3 Moral als Weltanschauung

Die ungeordnete Vielfalt der Einflüsse der pluralistischen Gesellschaft kann besonders auf junge Leute verwirrend wirken. Die daraus resultierende Orientierungslosigkeit wird von zahlreichen Autoren beschrieben. Als Resultat wird ein „Verlust der Tugend" konstatiert (McIntyre 1984, 20). Junge Menschen beurteilen demnach Moral nicht durch begründete Argumente, sondern nach *Gefühlslagen*. Auch Brezinka fordert eine Moralerziehung, die auf Emotionen beruht. Seine Überlegungen leitet er ab aus der Gegenüberstellung traditioneller und moderner Gesellschaftsformen. In traditionellen Gesellschaften war demnach die Erziehung zur Moral einfach und oft gar kein Thema. Die Kinder und Heranwachsenden wurden durch die dauerhafte Zugehörigkeit zu einer Lebensgemeinschaft als Bauern Städter oder Mönche früh daran gewöhnt, das Gute zu tun und das Schlechte zu unterlassen. Dafür wurde ihnen Geborgenheit und soziale Anerkennung gewährt. Die moralische Eintracht bzw. die Ähnlichkeit der normativen Überzeugungen wurde von allen Mitgliedern getragen. Die Lebensordnung der Menschen wies eine relative Beständigkeit auf. Es gab Vorbilder und gehaltvolle bzw. anständige Beschäftigungen, aus welchen Berufsstolz entwickelt werden konnte (Brezinka 1999, 132).

Diese Verhältnisse sind in der unstabilen und stark differenzierten pluralistischen Gesellschaft seiner Meinung nach nicht mehr vorhanden. Die dauerhafte Zugehörigkeit zu einer Lebensgemeinschaft ist in der Regel nicht mehr gegeben. Die Familien sieht Brezinka als „klein, schwach, isoliert; häufig unvollständig, krisenhaft und diskontinuierlich; banal, egozentrisch und konsumsüchtig" (ebenda, S. 133). Die moralische Eintracht ist bis auf wenige Kernelemente reduziert, auf Menschenrechte, Grundfreiheiten und die Ablehnung von Kriminalität. Über positive Normen der richtigen Lebensführung herrscht Uneinigkeit. Religion, Sexualität, Ehe und Kindererziehung sind Privatsache. Es fehlt an Vorbildern.

Man spürt in diesen Formulierungen geradezu, dass Brezinka die ganze Entwicklung nicht passt. Regelrecht hasserfüllt gilt seine Abwertung der Patchwork-Familie, die er so nicht nennt, als „banal, konsumsüchtig und egozentrisch". Diese Beschreibung passt eher auf Individuen als auf Familien. Entsprechend ist die „Lösung", die er anbietet. Zunächst stellt er fest, dass die direkte Erziehung, die von vielen nach wie vor gefordert wird und die sich der Mittel der rationalen Überzeugung und Kritik bedient, also Unterricht, Belehrung, Beratung, Anleitung zur Werteklärung moralischer Urteile usw. in *formalen* Übungen besteht, welche die intellektuellen Fähigkeiten der zu Erziehenden ansprechen sollen. Die eher akademische Hinführung zu einem moralischen Wissen kann nicht die *Lebensweise* ersetzen, in welcher diese Tugenden ein tragendes Fundament waren. Diese können erst dann wieder aufleben, „wo eine *Gemeinschaft* sicher zu wissen glaubt, was für sie gut und schlecht ist, statt unentschieden beliebig viele Ideale und Gegen-Ideale gelten zu lassen" ('Brezinka 1999, 135, Hervorhebung d. d. V.).

Die Vielfalt ist Brezinka ein Dorn im Auge. Er setzt dagegen gewachsene Glaubensüberzeugungen und Gesinnungen. Wo findet man heute noch Glaubensgenossen? Brezinka entdeckt sie nicht im Großen, bei den christlichen Kirchen. Deren Einfluss sinkt. Er befürwortet daher „weltanschauliche Sondergruppen", welche in der partikularen Welt als Einzige noch einen einheitlichen Lebenssinn vermitteln könnten. Gleichzeitig verwahrt er sich gegen die Diffamierung solcher „Gemeinschaften mit Sonderidealen" als „Sekten". Woran denkt er? Scientology könnte durchaus unter diese Definition passen oder die Hara Krishna Sekte oder eine esoterische buddhistische Gemeinschaft. Ein gutes Beispiel wäre vielleicht die Waldorfschule, in welcher den Kindern ein harmonisches und naturnahes Weltbild vermittelt wird. Zweifellos haben solche Kollektive in einem pluralistischen Staat eine Existenzberechtigung, wenn sie nicht die Würde der Person verletzen, was man zumindest bei der zuerst genannten Sekte befürchten muss. Ob sie aber die Lebenstüchtigkeit einer Person und „ein Minimum an Tugenden", die ja für die Selbstbehauptung in der pluralistischen Gesellschaft taugen sollen, vermitteln, kann bezweifelt werden, da Glaubensgemeinschaften ihre Mitglieder in einer Weise an eine heteronome Moral binden, die eine notwendige Offenheit für die Entwicklungen der Späten Moderne schwächt.

3.4 Moralische Emotion

In der Tradition Kants, welche in der Vergangenheit vorwiegend die Erkenntnis ansprach, hat sich eine Richtung etabliert, welche das Doppelte des von Kant angesprochenen moralischen Wollens und darin besonders die *moralische Emotion* hervorhebt. Kant hatte als Antrieb der Moral das moralische Gefühl erkannt. Wir sprechen heute von Motivation. Ein solches Gefühl kann seiner Auffassung nach jedoch erst entstehen, wenn die Regeln des moralischen Verhaltens bekannt sind. Umgekehrt reicht die Kenntnis moralischer Standards nicht aus. Erst die konkrete Motivation lässt eine reale Handlungsmoral entstehen. Gründe oder Ideale sind als Ziele des Handelns zwar notwendig, aber kein hinreichender Anlass, danach zu handeln. Die Motivation muss hinzukommen.

Nach dieser Auffassung von der Dualität der Moral fallen einige Verhaltensweisen, die einen moralischen Anstrich haben, denen aber entweder die Erkenntnis bzw. das Ziel oder die Motivation fehlen, streng gesehen nicht unter das, was Kant und seine modernen Nachfolger unter moralischem Handeln verstehen. Herr X, der den Wert „Schutz des Lebens" vertritt, gleichwohl aber seiner Partnerin zur Abtreibung rät, handelt in diesem Sinne unmoralisch. Frau Y, die einen kranken Familienangehörigen allein deshalb pflegt, weil sie das Geld aus der Pflegeversicherung benötigt, handelt demnach ebenfalls unmoralisch (vgl. Billmann Mahecha/Horster 2005, 194). Die Familienministerin würde den Fall vermutlich anders sehen, denn das Geld wird ja gerade bereitgestellt, damit Angehörige bei der Pflege unterstützt werden. Und auch Herr X handelt nur als katholischer Christ unmoralisch, weil der Papst Abtreibung verurteilt. In der säkularen Gesellschaft ist das Recht auf Abtreibung zwar heftig umstritten, aber nicht grundsätzlich unmoralisch. Die Dinge sind kompliziert. Letztlich kann nur der Einzelne entscheiden, was – aus seiner Sicht, in seinem Gefühl – moralisch ist.

Oft entscheidet sich im spontanen Handeln, was jemand für unmoralisch oder ungerecht hält. Man kann sagen: Er wird von der Gerechtigkeit oder der Empörung über eine Ungerechtigkeit ergriffen, so, wie man von der Liebe ergriffen wird oder so, wie der 50-Jährige Münchener Unternehmer, der im Herbst 2009 zwei Mädchen vor rüpelhaften Jungen in der U-Bahn schützen wollte und außerhalb der Bahn von diesen dann attackiert wurde, wobei er zu Tode kam. Er handelte zweifellos aus einem Impuls des Gerechtigkeitsempfindens und wurde posthum mit dem Bundesverdienstkreuz ausgezeichnet. Ob seine Handlung klug war, sei dahin gestellt.

Billmann Mahecha/Horster stellen in der Tradition Kants folgende Behauptung auf:

„Wenn moralische Motivation vorliegt, setzt sie immer Regelbewusstsein voraus, denn es wäre ein logischer Widerspruch, die Motivation zu haben, nach einer Regel zu handeln, die man nicht kennt." (Billmann Mahecha/Horster 2005, 194).

Dieser Grundsatz dient ihnen im Folgenden für das Design einer empirischen Untersuchung, in welcher bei Kindern geforscht wird, wann sie über ein moralisches Regelbewusstsein verfügen, das aber noch keine Konsequenzen für ihr Verhalten hat und ab welchem Alter sie eine Motivation entwickeln, so zu handeln, wie eine Regel oder ein Wert (zum Beispiel der Wert Freundschaft) es fordern. Die Autoren unterscheiden zwischen Motiv und Motivation, wobei Ersteres als „relativ stabile personale Disposition" bezeichnet wird, während die Motivation „eine Tendenz und/oder den Prozess bezeichnet, in Motiv anregenden Situationen entsprechend zu handeln" (ebenda, S. 197). Der Unternehmer in der Münchener U-Bahn oder der Baggerführer, der bei dem plötzlichen Hochwasser im August 2010 in Osnabrück einfach den Bagger aus seinem überschwemmten Unternehmen fuhr und anderswo unermüdlich gegen die Fluten kämpfte, wären Beispiele, da beide in einer „Motiv anregenden Situation" handelten. Die Autoren sagen zwar, dass solche Handlungen „weitgehend unbewusst oder vorbewusst" oder auch „spontan" oder „rein gefühlsmäßig" zustande kommen, wollen aber nicht auf ihren Grundsatz verzichten, dass darin immer auch eine „kognitive Komponente" steckt, da eine Person in solchen Situationen immer auch vergleicht und urteilt. Da ihnen aber für den Untersuchungsverlauf diese Doppelung zu komplex erscheint, beschränken sie sich, wie sie sagen, auf einen Teilbereich der moralischen Motivation, den sie für weniger komplex halten, die moralische *Emotion* bzw. das moralische *Gefühl*. Sie geben dann aber gleich wieder zu, dass auch das moralische Gefühl ähnlich komplex ist wie die moralische Motivation (vgl. ebenda, S. 198).

Was nun? Fragt sich der geduldige Leser. Im nächsten Absatz wird es noch komplizierter. Moralische Gefühle werden nun als „die wichtigsten *psychischen Indikatoren* für die moralische Orientierungen einer Person" ausgegeben. Indikatoren von was? „Sie sagen etwas über das Wertesystem" einer Person aus, heißt es weiter. Davon war bisher noch nicht die Rede. Der Begriff „Wertesystem" wird üblicherweise in der traditionellen Erziehung gebraucht, in welcher gewissermaßen eine 1:1-Wertevermittlung einer Generation auf die nächste erfolgt (Scherb 2005, 36/37). In dieser Auffassung sind Tugenden, wie Zuverlässigkeit, Freundlichkeit, Ehrlichkeit, Loyalität, Großzügigkeit, Hilfsbereitschaft, Engagement usw. direkt lehrbar. Es handelt sich um Charaktererziehung. Das Kind wird bei dieser Auffassung als „Tabula rasa" gesehen, dessen innere Struktur gänzlich durch die zu übermittelnden Werte bestimmt wird. Kennzeichnend für diese Auffassung der Werte-Übertragung ist sein zeitloser Gedanke. Der Erziehungsprozess wird als von seinem konkreten gesellschaftlich-politischem Prozess abgelöst betrachtet. Disziplin und Ordnung stehen bei dieser Art Erziehung an erster Stelle (Scherb, ebenda).

Wenn die Autoren diese Einpflanzung von Werten meinen, sollen sie es sagen. Dann handelt es sich um eine traditionelle Auffassung moralischer Wertvermittlung. Da sie sich dazu nicht bekennen und im Übrigen kantisch aufgeklärt argumentieren, meinen sie vielleicht die moralische Handlungsbereitschaft („Disposition"). Eine (Handlungs-)Disposition ist jedoch kein „Wertesystem". Die Verwirrung hat noch kein Ende. Schließlich wird deutlich, dass gar nicht die Gefühle als solche gemeint sind, sondern das Gewissen: „Unter moralischen Gefühlen werden vorrangig *Schuld- und Schamgefühle* sowie *Empörung* angesichts der Übertretung einer moralischen Regel verstanden" (ebenda). Genannt werden dann noch weitere Gefühle, wie Mitgefühl und Mitleid oder Niedergeschlagenheit, Verzweiflung und das Gefühl der Hilflosigkeit, ferner Stolz und Dankbarkeit. Ein eingepflanztes Gewissen der *heteronomen Moral* der Erwachsenen (Piaget) ist etwas anderes, als die *moralische Autonomie* bei Kindern (ebenfalls Piaget), welche auf erlebten, aus dem *Antrieb* eines Kindes/einer Person herrührenden Gefühlen beruht. Die Autoren machen den grundsätzlichen Fehler, dass sie nur die Kantsche Doppelung von Erkenntnis (bei Kindern: Lernen der Moral, Einpflanzung von Gewissen) und Motivation (Umsetzung bzw. Anwendung der erlernten Moral, Aktivierung des Gewissens) gelten lassen. Es gibt aber noch ein Drittes: eine *Antriebs- bzw. Strebensethik* (vgl. 3.3.6).

Auf dieser fragwürdigen theoretischen Basis veranstalteten die Autoren in 34 Kindergruppen im Alter von 8-12 Jahren Gruppendiskussionen über das moralische Dilemma: Diebstahl meines Freundes in einem Kaufhaus. Die Gruppendiskussionen wurden als Abbild alltäglicher Interaktionen angesehen. Die Untersuchung kam zu folgenden Ergebnissen(Billmann-Mahecha/Horster 2005, 206):

> (1) Die acht- bis neunjährigen Kinder kennen die Regeln und Konsequenzen von Regelverstößen. Sie stellen diese jedoch nicht infrage und orientieren sich an den Ver- und Geboten der Erwachsenen. Sie möchten am liebsten eine erwachsene Person informieren, welche die Angelegenheit in Ordnung bringen soll.
>
> (2) Neun- bis zwölfjährige Kinder kennen die Regeln ebenfalls. Für sie ist Stehlen aber nicht unmöglich. Sie denken über Ausnahmen nach. Die Autoren vermuten, dass die Kinder die Verführung des Warenangebots aus eigener Erfahrung kennen und „mildernde Umstände" gelten lassen.
>
> (3) Jungen und Mädchen stimmten in allen Gruppen darin überein, dass sie den besten Freund nicht verpetzen wollten. Die Mädchen geben auffallend mehr „moralische Statements" ab.

Mit den Punkten 1-2 hat sich die Hypothese der Autoren bestätigt, dass sich die moralische *Motivation* „auf der Basis der Regelkenntnis" erst später entwickelt. Zu diesem Ergebnis war in einer ähnlichen Studie bereits Nunner-Winkler gekommen (Nunner-Winkler 2005, 187 ff.). Auch nach ihrer Auffassung ist die moralische Entwicklung als zweistufiger Lernprozess zu begreifen (vgl. Hopf/Nunner-Winkler 2007, 12). Die Autorinnen zitieren zwar Tugendhat, der zwischen autonomer und traditioneller Moral unterscheidet, sprechen im Folgenden dann aber merkwürdigerweise von Normen. Normen sind ein Regelsystem gesellschaftlich erwarteten bzw. akzeptierten Rollenverhaltens. Wenn „Normen" und „Moral" austauschbar gebraucht werden – „In einer autonomen Moral (...) gründen Normen 'in unserer aller Wollen'" (Hopf/Nunner-Winkler 2007, 12) – fehlt die Unterscheidungsmöglichkeit zwischen dem, was die Autoren selber ansprechen: Einer *autonomen* Moral, die von Personen selbstständig und aus eigenem Antrieb entwickelt wird und der Habitualisierung von Normen als *heteronome* Regeln des Verhaltens.

Kinder erwerben schon früh – mit 4-5 Jahren - universell ein Wissen um moralische Normen. Spätestens mit 8-9 Jahren glauben die meisten, dass man in bestimmten Situationen teilen oder helfen sollte (Nunner-Winkler 2005, 180). Bis zum Alter von 10-11 Jahren ist dieses Wissen um Normen verlässlich aufgebaut.

Diese Erkenntnisse sind nicht neu. Jean Piaget hatte sie bereits 1932 in einer Untersuchung über das moralische Urteil beim Kinde erörtert (Piaget 1981) und dabei wesentlich differenziertere Anschauungen entwickelt. Es entsteht der Eindruck, dass zumindest Teile der heutigen pädagogischen Forschung über den Diskussionsstand vor 80 Jahren nicht hinaus gekommen sind – oder sogar noch hinterher hinken.

3.5 Moralisches Handeln aus innerem Antrieb

Ich komme zum Ausgangspunkt zurück. Die Behauptung der Doppelung moralischen Handelns – Erkenntnis und Motivation – wird von den Autoren Billmann-Mahecha/Horster als „logisch" bezeichnet. Man könne nicht eine Motivation haben, ohne die Regel zu kennen. Kann man doch! Die Autoren selber bezweifeln ihre Behauptung, indem sie von unbewusstem oder vorbewussten sowie spontanen oder gefühlsmäßigem Handeln sprechen. Sie vermuten, dass dem ein „Wertesystem" zugrunde liegt. Erste Frage: Handelt es sich um Regeln oder um Werte? Ein „System" besteht üblicherweise aus „Regeln". Zweite Frage: Wie kommt das „Werte-System" in die Person? Durch Lernen? – Dann könnte es kaum *unbewusst* das Handeln beeinflussen. Durch „Verinnerlichung"? Dann befänden wir uns in einer traditionellen Gesellschaft, was nicht der Fall ist.

Verhaltens*normen* können anerzogen werden – doch woher nehmen manche Menschen den Mut zur Zivilcourage, die Spontaneität des Helfens, die Empörung gegen Ungerechtigkeit, die Energie zu sportlichen Höchstleistungen oder die Begeisterung für Abenteuer? Natürlich betreiben einige diese Dinge, um Aufmerksamkeit auf sich zu lenken. Wo sie allerdings aus eigenem Antrieb so handeln, sind sie Getriebene in eigener Sache. Hauke Trinks, Physiker, Professor, ehemaliger Universitätspräsident, Vater von drei Kindern und elf Enkelkindern, Rentner, fährt nach wie vor jedes Jahr in die Barentssee oder nach Spitzbergen und lebt dort unter einfachsten Bedingungen (vgl. Der Tagesspiegel vom 17. Januar 2010, S5). Er ist fasziniert von der Idee, dass das Leben aus dem Eis entstanden ist – keine zu weit her geholte Idee, denn vor 700 Millionen Jahren, als die Erde von ein Kilometer dicken Eispanzer umschlossen war, überlebten Einzeller Millionen von Jahren in dem Eis. Gäbe es diese Einzeller nicht, gäbe es nicht den Menschen. Was treibt den Mann dorthin, der in seinem gemütlichen Haus in der Lüneburger Heide einen angenehmen Lebensabend verbringen könnte? Er weiß es nicht. Als Antwort sagt er lächelnd: „Weshalb fliegt die Küstenseeschwalbe jedes Jahr vom Südpol zum Nordpol und zurück?" Irgendwie fühle er sich mit diesem Vogel verbunden oder mit der Eiderente, die Jahr für Jahr viele Gefahren auf sich nehme, ohne die Reise als Mühsal zu begreifen. Evolutionär gesehen, sagt Trinks, sei ein tief sitzendes Prinzip, eine ständige Unruhe in ihm nicht weniger als in dem Federvieh (ebenda). Es ist menschlicher Instinkt.

Mich kann Liebe ergreifen. Das ist Instinkt. Auch Zivilcourage, Kühnheit, Furchtlosigkeit, Tapferkeit, Mut sind weniger eine Sache des Kopfes als des herzhaften Eingreifens. Niemand kann mir das anerziehen – und wenn doch: Ich würde nicht so funktionieren. Bei der Moral handelt es sich in Wirklichkeit nicht um Vorschriften und Regeln – entsprechende Codizes wurden immer wieder verworfen und durch neue ersetzt – sondern um *Antriebe*, die von Individuum zu Individuum variieren. Abenteurer bin ich nicht, weil ich dazu aufgefordert wurde, sondern aus eigenem Antrieb, weil ich es will. Kinder werden geboren, nicht weil die Gesellschaft Kinder braucht („demografischer Wandel"), sondern aus dem tiefen Verlangen der Eltern, Leben weiter zu geben. Kinder werden aufgezogen, nicht weil es sich um Elternpflichten handelt, sondern weil der Schutz und die Fürsorge für Neugeborene in der gesamten Tierwelt und so auch beim Menschen instinktiv vorhanden sind.

Bei der Diskussion über Moral, die sich im Spannungsfeld zwischen Individuum und Gesellschaft abspielt, kommt die Sorge um den Bestand und die Zukunft der Gesellschaft zum Ausdruck, die sich in dem Begriff „Altruismus" manifestiert. Das Individuum soll der *Gesellschaft* durch Tugenden dienen. Wenn der Antriebs-Charakter der Moral hervorgehoben wird, dreht sich das Verhältnis jedoch um. Die Frage ist dann, wie die Gesellschaft mit den Qualitäten, Talenten, Gefühlen und Perspektiven des *Einzelnen* umgeht. Wie geht die Gesellschaft mit mir um, mit meinem Leben und meiner Qualität? Ist nicht die Gesellschaft der größere Egoist, indem sie das gesamte Bildungssystem und zunehmend auch die Kindertagesstätten auf das Ziel ausrichtet, spezialisiertes Leistungsstreben für den Privatnutzen (das Wachstum) von Unternehmen zu schaffen? Wenn man in erster Linie die Sicht des Individuums und erst in zweiter Linie die der Gesellschaft vertritt, dreht sich auch die Frage der Ungewissheit für die Neugeborenen um: Nicht, was aus ihnen werden *soll*, sondern wie ich seinen Antrieben und Talenten begegne, nicht was der gegenwärtigen Gesellschaft nützt (und damit ihm auch), sondern welche Persönlichkeit, welcher *Kraft* in ihm erkennbar und wie dieser zu fördern ist, erhält dann den ersten Rang der Betrachtung.

Kant schließt Vorlieben, Neigungen oder Affekte als Grundlage des moralischen Handelns aus. Damit gerät er in den Widerspruch, dass sehr wohl moralische Handlungen affektiv und spontan stattfinden, d. h. ohne lange Überlegung (Erkenntnis). Sie im Nachhinein zu disqualifizieren, weil sie nicht tugendhaft „gemeint" waren, ist eine moralisierende Torheit und Besserwisserei. Wer bestimmen möchte, was als „moralisch" oder „unmoralisch" gelten soll, will andere von sich, seiner Meinung, seinem „Wertesystem" abhängig machen. Er möchte andere zum Gehorsam auffordern. Moral kann heute letztlich nur vom Einzelnen, aus seinem Empfinden für „richtig" und „falsch" entschieden werden. Der Hauptteil der Moral, der dem Erhalt des Systems der Gesellschaft dient, ist durch Gesetze, Arbeitsvorschriften und Regelansprüche festgelegt.

4. Moralische Rettung durch Aristoteles?

4.1 Die Tugendethik Aristoteles´ als Strebensethik

In den letzten Jahrzehnten ist in der Moraldiskussion eine verstärkte Hinwendung zur Antike, vor allem zu Aristoteles zu beobachten, wobei dieser oft im Gegensatz aber auch als Ergänzung zu Kant gesehen wird. Ausgangspunkt ist die Erkenntnis, dass das Christentum aufgrund seines schwindenden Einflusses nicht mehr die tragende Basis der Moral sein kann. Aristoteles geht in seiner Ethik grundsätzlich vom Guten im Menschen aus, während im Christentum aus der Grundtatsache der Erbsünde das Gute von Gott kommt – für die Menschen unerreichbar. Eine Rückkehr zu Aristoteles bietet den Vorteil, das Streben der Menschen in der Konsumgesellschaft nach Glück und Erfolg als ein moralisches Hauptziel aufzuwerten. Erwartet wird, dass mit Aristoteles die Fragen des Glücks und des guten Lebens, der Stellenwert der moralischen Gefühle und die Frage der moralischen Handlungsmotivation besser beantwortet werden können (Thimm 2007, 7).

Aristoteles gilt zugleich als Garant der Grundeinstellung vieler Autoren, unter denen Ernst Tugendhat besonders bekannt geworden ist, dass moralisches Denken, Fühlen und Handeln nicht a priori gegeben ist. Damit kommt der Erziehung eine große Bedeutung zu – sicherlich *ein* Motiv dieser erstaunlichen Antike-Begeisterung „moderner" Moraldiskussion. Dennoch liegt hier ein Missverständnis vor, das MacIntyre, der mit seinem Buch: „Der Verlust der Tugend. Zur moralischen Krise der Gegenwart" aus dem Jahre 1984 den Anstoß für die konservative „Rearistotelisierung" gegeben hatte, 20 Jahre später selbstkritisch aufdeckte: Den Menschen ordnet Aristoteles mit seiner Einteilung in Belebtes – Unbelebtes den Tieren zu. Diese biologische Einordnung – Aristoteles spricht vom politischen *Lebewesen* - wird in der Ethikdiskussion nicht beachtet (MacIntyre 2001, 7).

Moralisch oder tugendhaft zu handeln, ist für Aristoteles eine Frage des Tätigseins und nicht eines Prinzips oder eines rationalen Urteils. Ethik zeigt sich für ihn in einer guten Praxis der Lebensführung. Diese wird von ihm nicht als Mittel zum Zweck, sondern selbst als Ziel gesehen. „Der Mensch strebt nach einem Leben, das in sich selbst sinnvoll ist" (Thimm 2007, 14). Allerdings ist der historische Rahmen immer mitzudenken: Ein gutes Leben kann sich für Aristoteles nur in der Polis, dem antiken griechischen Stadtstaat erfüllen. Wer sich diesem politischen Ziel entzieht, ist für Aristoteles „kein Mensch" (Thimm, ebenda). Werte sind für ihn objektbezogen. Die autonome Moral eines autonomen Individuums kennt er nicht. Ethik ist für ihn immer zweckdienlich, wobei der letzte und umfassende Zweck für ihn immer die Autarkie des Stadtstaates bleibt (Scheler 1954, 20).

Für Aristoteles sind „gute Gefühle" eine eigenständige Form der Willensbekundung, die sich aus der Mischung von Vorstellungen darüber, was sich ziemt und einem entsprechenden Streben in diese Richtung ergeben. Sie entstehen aus der Neigung, Extreme zu vermeiden und zum richtigen Zeitpunkt das Richtige zu tun (Kairos). Der aristotelische Begriff der Tugend steht für die Einheit von praktischer Vernunft und Gefühl. Ethische Tugenden sind für ihn optimale Zustände einer Seele, deren Affekte teilhaben an der Vernunft. Vernunft und Neigung, bei Kant getrennt, sind bei Aristoteles verbunden. Aus dieser Mischung können Handlungsgründe entstehen, die bei einer reinen Urteilsbegründung, wie sie Kant vorsieht, offenbleiben, denn ein moralisches Urteil erzeugt noch nicht die Motivation, auch entsprechend moralisch zu handeln.

Gründe des Handelns sind für Aristoteles immer mit einer emotionalen Komponente verbunden, mit Lust oder Unlust. Emotionen entstehen als Reaktion auf Erlebnisse, die als lustvoll oder unbehaglich bewertet werden. Aus dem Gefühl der Lust resultiert allerdings ebenso wenig ein Handeln, wie aus einem Urteil. Diese ist lediglich Teil eines Motivkomplexes, das ein konkretes Begehren erzeugen kann. Aus der Rationalisierung von Neigungen entstehen „rationale Affekte". Zusammenfassend kann man daher feststellen, dass dem von Kant formulierten Gegensatz von Vernunft und Neigung bei Aristoteles der dialektische Bezug beider gegenübersteht.

Was macht diese 2500 Jahre alte Ethikauffassung für heutige Moralphilosophen attraktiv? Sie erscheint ein bisschen wie die Suche nach dem verlorenen Sinn. In der Diskussion taucht immer wieder das Thema „Glück" auf. Tugenden sollen in der Strebensethik Aristoteles' nicht Pflichten und Sollensansprüchen genügen. Sie sollen nicht „Normalität" der interagierenden Subjekte erzeugen, sondern dem genügen, wonach jeder strebt: das Glück in einem guten Leben. „Eudämonie", das griechische Wort für dieses Streben, ist ein traditionelles Gut aufgeklärter Erziehung und Bildung. Nicolai Hartmann widmet ihm ein ganzes Kapitel (9. Kapitel in: Hartmann 1949, 78 ff.). Den Stellenwert dieser Rückbesinnung für die Moderne kann man nur erraten: Dem Einzelnen, der nicht auf eine tradierte Lebensgemeinschaft blicken kann, der nicht durch Religion geführt und gestützt wird, der also keinem vorgegebenen Sinnhorizont folgt, aber gleichwohl nach Glück bzw. einem gelungen Leben strebt, könnte diese Zielvariable als Kompass für sein Leben dienen. Warum man allerdings auf Aristoteles zurückgreifen muss, bleibt rätselhaft. Dessen Lebensumstände waren so verschieden von denen der Moderne, dass die Diskussion um seine Ethik unvermeidlich abstrakt idealistisch verlaufen muss.

4.2 Die Sensibilität der Spezies Mensch

Eine Gesellschaft lebt von den Tugenden ihrer Bürger. In der Sozialen Marktwirtschaft sind vor allem die Arbeitstugenden gefordert. Deren Werte sind nach wie vor hoch gesteckt. „Freiheit und Verantwortung" nennt sich eine Initiative der Spitzenverbände der deutschen Wirtschaft, die gesellschaftliches Engagement von Unternehmen fördert (BDA 2002). Die Strukturen der modernen Industrie erfordern Mitarbeiter, die „eigenständig denken und verantwortlich handeln. Selbständigkeit und Offenheit, Lern- und Leistungsbereitschaft, Zuverlässigkeit und Gemeinsinn, Verantwortungsbewusstsein und Rücksichtnahme sind Tugenden, die in den Betrieben unverzichtbar sind", heißt es in der Broschüre (BDA 2002, 9). In Jobangeboten werden diese Tugenden regelmäßig von Bewerbern abgefordert. Und die Angesprochenen antworten in der Regel routinemäßig: „Ich bin..." und wiederholen alle geforderten Qualitäten als zutreffend für ihre Person. Die Tugenden verblassen in der Anonymität. Was wirklich ist, zeigt sich bei der Arbeit und in der Kommunikation. Gewünscht sind Haltungen oder Seinsweisen, die dem kategorischen Imperativ Kants entsprechen: Ich soll mich so verhalten, wie es aus der Perspektive eines Beliebigen (hier: des Industriebetriebs) gewollt wird. Adam

Smith, der berühmte Philosoph und Wirtschaftstheoretiker des 19. Jahrhunderts, hat diesen Anspruch an die Charakterdisposition eines Mitarbeiters im Wirtschaftsgeschehen – erweitert auf die gesamte Gesellschaft – mit den Eigenschaften *Sensibilität* und *Selbstbeherrschung* umschrieben:

> „(...) und was jeder von den anderen will, ist eben nicht nur, daß er nicht geschädigt wird, dass ihm gegenüber Wort gehalten und dass ihm bei Bedarf geholfen wird, sondern ebenso, dass man ihm sensibel begegnet und sich seinerseits so gibt (selbstbeherrscht), dass man ihm sensibel begegnen kann" (Adam Smith, The Theory of Moral Sentiments, zit. n. Thimm 2007, 83).

Diese ausgewogene Offenheit kennzeichnet nach Ansicht der „Rearistoteliker" auch dessen Ethik. Verbunden mit einem „reflexiven Eudämonismus" (Thimm, 84) könnten nach Ansicht einiger Autoren die Themen eines guten und gerechten Lebens am Sinnhorizont einer säkularen Moral fixiert werden. Sensibilität und Selbstbeherrschung am Arbeitsplatz und dafür als Versprechen Glück (Karriere?) und die Aussicht auf ein gutes Leben als gerechter Lohn, so etwa könnte man diese „Ethik" verstehen. Sie wird von Tugendhat in die wohlklingende Formel einer „autonomen Moral" gekleidet, wobei dieser Begriff keineswegs neu ist, sondern von Jean Piaget bereits in den 30er Jahren des vorigen Jahrhunderts als Gegensatz der heteronomen Moral eingeführt wurde.

Tugendhat bezieht sich auf Kant, kritisiert aber, dass sich Autonomie bei Kant nur auf die Vernunft bezieht und nicht auf die empirische Person und ihr empirisches Wollen. Moralisch ist etwas, was ich selbst will. Gelingen kann mein Anspruch erst, wenn ich ihn in Bezug auf den Anderen realisieren kann. In der modernen Moralphilosophie wird die Richtung, in welcher sowohl ich wie auch der Andere in ihrer Autonomie akzeptiert werden, als moralischer Kontraktualismus beschrieben (Morals by Agreement). Diese Richtung will zeigen, dass es im Sinne (fast) aller Menschen liegt, eine Moral zu wollen. Tugendhat schwebt dabei ein *egalitärer Kontraktualismus* vor, in welchem jedes Individuum seine Autonomie wahren kann. In der Realität sorgt sozialer Druck dafür, dass ein Mitglied spürt, wenn es (nach Ansicht anderer) gegen die gemeinsam akzeptierten Normen verstößt. Dieser Druck kann sich als Empörung oder Entrüstung äußern.

Tugendhat ist der Meinung, dass sich die Verinnerlichung der wechselseitig akzeptierten Normen in moralischen Gefühlen äußert und schließt dann weiter, dass die Fähigkeit, solche Gefühle zu entwickeln, sich evolutionär durchgesetzt hat und einen Vorteil bedeutet (Tugendhat 2006, 25). Warum es nur die *Fähigkeit* und nicht das *Fühlen selbst* ist, welches sich in der Evolution des Menschen gebildet hat, bleibt offen. Ebenso unklar ist, wieso es sich um einen Vorteil handeln muss: Es *entspricht* der Spezies Mensch, sich durch Interpretation und eine bestimmte Art von Fühlen ein Bild von einem Ding, einer Person oder einer Situation zu machen („Ein-Bildung"). Tiere haben andere Systeme der Orientierung, die für sie von Vorteil sind.

4.3 Gibt es eine moralische Krise?

Werte und Normen sind als codierte, überwiegend in Gesetzesform gefasste Regeln einer Gesellschaft, die von der überwiegenden Zahl der Mitglieder als „normal" empfunden und im Handeln verwirklicht werden. Normalität in diesem Sinne zu erlangen, ist durchaus ein gesundes Bestreben von Menschen, da sie nützt, sich zu orientieren bzw. an der Wertediskussion, wenn auch im Stillen, teilzunehmen. Die Diskussion von Moral findet täglich statt. Um ein aktuelles Beispiel zu nennen: Ist es moralisch, eine Liste von mutmaßlichen deutschen Steuersündern zu kaufen, die in der Schweiz geheime Konten führen und natürlich zu den „Reichen„ gehören (Anfang Februar 2010)? Der Anbieter hat die Daten gestohlen und eine Straftat begangen. Außerdem will er sich bereichern. Soll der Staat mit einem Kriminellen Geschäfte machen und sich damit gewissermaßen als Hehler betätigen? Die Moral ist gefragt und jeder kann sich eine Meinung bilden. Ein Beispiel von vielen.

Die Gesellschaft ist vor den Individuen da. Wir werden in sie hineingeboren und lernen von Kind auf die Erwartungen, Regeln und Sanktionen kennen. Das „Du sollst" ist ein ständiger Begleiter jedes Handelns, besonders bei Kindern. Die Moralphilosophie rundet die Normalität einer Gesellschaft ab, indem sie Brauch, Sitte und Norm der Tradition mit den Veränderungen der Moderne zu vermitteln versucht – in der Erwartung, dass sich aus der jeweiligen Moderne eine neue Tradition bildet. Neues wird oftmals als „Krise" ausgelegt. Befinden wir uns in einer moralischen Krise oder in moralischer Desorientierung? Keineswegs! sagt der Philosoph und ehemalige Kulturminister Julian Nida-Rümelin in einem Aufsatz (2006), in welchem er sich mit den Äußerungen Ernst Tugendhats (Tugendhat 2006) kritisch auseinandersetzt. Tugendhat hatte das Dilemma, welches er empfand, folgendermaßen formuliert: „Obwohl die meisten durchaus bestimmte moralische Überzeugungen haben, können sie doch gewöhnlich nicht sagen, worauf sie beruhen" (Tugendhat 2006, 13). Nida-Rümelin behauptet das Gegenteil: Die Tatsache, dass die meisten zwar bestimmte moralische Überzeugungen haben, ohne sagen zu können, worauf diese beruhen, muss uns nicht beunruhigen. Es gibt keine moralische Desorientierung (Nida-Rümelin 2006, 33).

In irgendeiner Weise beschäftigen sich die Menschen heute wie in allen Zeiten mit den Fragen der Moral – aber sie müssen nicht wissen, auf welchem Fundament die Moral beruht, welche Begründung, welche Prinzipien, welche Ideen oder welche „Gesetze" des Handelns dem zugrunde liegen. Menschen haben heute wie in früheren Zeiten und Kulturen Vorstellungen darüber, was richtig und was falsch, was gut oder böse ist, was sie tun oder lassen sollten und was ein angemessener oder unangemessener Umgang miteinander ist. Es gab immer abweichendes und konformes Verhalten – andere Zeiten, andere Sitten. Noch bevor die großen Weltreligionen Gebote des Handelns aufstellten, die angeblich von Gott kamen, hatten die Menschen – alle Menschen! – aus einem inneren Gefühl heraus vermutlich das Bestreben, bestimmte Redlichkeiten des Gemeinschaftslebens zu beherzigen: Versprechen einzuhalten, ein Treueverhältnis auch in widrigen Verhältnissen nicht zu brechen, den Familienzusammenhalt zu stärken, Verstöße wie Stehlen oder gar Töten streng zu bestrafen usw. Man kann Nida-Rümelin daher zustimmen, der die Vermutung aufstellt, dass es „ein genetisches Primat der Moral gegenüber der Religion gibt" (Nida-Rümelin 2006, 35).

Das Normative ist immer schon da, wo Menschen gemeinsam eine ihnen gemäße Lebensform eingehen. Menschen lernen, welche sozialen Pflichten sie haben, wenn sie in eine Gemeinschaft/Gesellschaft hineingeboren werden und Mitglieder der moralischen Gemeinschaft werden. Das war früher so und das ist heute so. Insofern gibt es keine moralische Krise. Im Gegenteil, die Fülle der moralischen Entscheidungen, die wir täglich zu treffen haben, hat enorm zugenommen gegenüber einer traditionellen Gesellschaft, in welcher es gar keine Frage gab, was als moralisch anzusehen war, weil die Religion und die Tradition keinen Zweifel aufkommen ließen. Wir geben Versprechen ab in der Absicht, sie zu halten. Wir bemühen uns, respektvoll zu sein, selbst wenn es schwer fällt. Wir sind der Ansicht, dass Hilfsbedürftigen geholfen wird, dass Folter und Völkermord zu verurteilen sind, dass es eine Verantwortung gegenüber den nachkommenden Generationen gibt, was Atomkraft und Klima angeht. Wir verurteilen das Abholzen des Regenwalds und die Vernichtung „primitiver" Kulturen – um nur weniges zu nennen. Es kann keine Rede davon sein, dass wir uns in einer moralischen Krise befinden – das Gegenteil ist offensichtlich der Fall. Wer die moralische Krise herbeiredet, träumt offensichtlich von einem irgendwie gearteten Ersatz der Religion als „Hüter" der Moral im säkularen Zeitalter. Allerdings gilt das hier Gesagte nur für uns als Privatpersonen. Die Finanzkrise 2009 hat gezeigt, dass die Gier von Einzelpersonen des Finanzsektors aber auch die Gier zahlreicher Anleger nach exorbitanten Gewinnen zu einer moralischen Krise des Finanzkapitals geführt hat. Wieweit diese eine Wirkung nach unten auf jeden Einzelnen haben wird, ist nicht abzusehen.

Menschen hatten zu allen Zeiten gute Gründe, etwas zu glauben oder gute Gründe, etwas zu tun oder zu unterlassen. Sie waren überzeugt, das Richtige zu tun – oder im Fall von Gesetzesbrechern, Anti-Traditionalisten, „Ketzern" oder in anderer Weise Abweichenden das für sie subjektiv Richtige, mehrheitlich aber als falsch angesehene, ebenfalls mit Überzeugung zu tun. So ist überhaupt Entwicklung nur vorstellbar. Menschen sind durch ihre Anlagen und durch die Umwelt, in welcher sie leben, verschieden. In der Regel tun sie, was ihren Interessen und Befähigungen entspricht. Sie haben im *Gefühl*, was gut oder schlecht ist. Man muss ihnen nicht sagen, dass „Glück" und ein „gutes Leben" erstrebenswerte Ziele sind: Das wissen sie, weil sie Menschen sind.

Menschen wollen in ihrem Leben etwas erreichen und sie können es am besten in Gemeinschaft. Da diese Regeln des Zusammenlebens erfordert, entsteht „Moral" – Sitten, Gebräuchen Verhaltensregeln, Erwartungen. Man muss heute nicht „autonome Moral" als neue Norm deklarieren: Autonomie des (moralischen) Handelns ist in der Moderne eine *Notwendigkeit* für jeden. Sie ergibt sich aus dem Pluralismus der Lebensformen, Lebensstile und moralischen Anforderungen. Die Rückbesinnung auf Aristoteles, die in der Moralphilosophie nun schon seit 25 Jahren anhält, lenkt von diesen anthropologischen Bedingungen ab, die sich zu jeder Zeit und jeden Tag neu stellen. In einer Weise sind wir heute Aristoteles nahe, weil dieser das *Streben* nach Glück und einem guten Leben in der politischen Gemeinschaft zur Grundlage seiner Ethik gemacht hatte und im Gegensatz zur christlichen Kirche vom Guten im Menschen ausging. Wir benötigen jedoch keinen idealen, säkularen und antiken Retter der Moral, denn wir treffen *täglich* viele moralische Entscheidungen, die weit entfernt sind von den überschaubaren Verhältnissen eines griechischen Stadtstaates vor 2500 Jahren.

In den Millionen Jahren der menschlichen Entwicklung hat sich ein System der Interpretation von Wahrnehmungen herausgebildet, das in den sogenannten „Spiegelneuronen" genetisch fixiert ist und sich aus dem grundlegenden Gefühl der Furcht und aus der Unsicherheit der fragilen menschlichen Leiblichkeit ausgebildet hat. Wenn sich diese Entdeckung bewahrheitet, löst sie den Dualismus Kants auf, zugunsten einer Höherbewertung des *instinktiven* Antriebs, der nicht zu verwechseln ist mit aktueller „Motivation". Es handelt sich dabei natürlich nicht um ein Entweder-Oder, Bauch oder Kopf, sondern eher um eine Bestätigung der Tatsache, dass die Intuition einen wichtigen Platz in der Deutung und Bewertung der Dinge hat. Moralisches Handeln muss bei dieser Erwägung nicht mehr nur auf ein erlerntes System von Werten und eine rationale Abwägung von Gründen reduziert, sondern kann auch auf die *leibliche* Situation zurückgeführt werden, in welcher der Mensch sich befand und befindet, als/indem er seine Lebensform aus dem Tierreich heraus entwickelt (hat). Moral wird damit "*material*" unter dem Aspekt der menschlichen *Entwicklung* gesehen.

II. Die biologische Entwicklung der Moral

1. Die Doppelnatur des Menschen

Tausende Jahre wurde über das Verhältnis von Mensch und Tier philosophiert. Nicht immer wurde es als Gegensatz verstanden. In assyrischen Reliefs, die im irakischen Nationalmuseum in Bagdad und im Louvre in Paris zu bewundern sind, werden Herrscher als halb Mensch, halb Tier dargestellt. Ähnliches begegnet uns in der minoischen Stierverherrlichung der alten Kreter (Minotaurus). In den mehrere Tausend Jahre währenden Dynastien des alten Ägypten wurden die Herrscher als Gottkönige verehrt und gleichzeitig vergötterten die Ägypter die Vortrefflichkeiten einzelner Tiere - z. B. Falke und Hyäne - so, dass sie ihnen ebenfalls göttlichen Status verliehen. Nach biblischer Auffassung kam der Mensch in seiner heutigen Gestalt in die fertige Schöpfung eines Gottes. Der Mensch wird als der Herr auf der Erde eingesetzt. Pflanzen und Tiere gehören zwar nicht ihm, er ist ihnen aber nach christlicher Auffassung vor- und übergeordnet. „Herrschaft" in diesem Sinne bedeutete Inbesitznahme, Zucht, Zähmung, Indienststellung, Nutzbarmachung und Nutznießung. Dieses Bild entsprach dem Weltbild der damals üblichen Sklavenhaltergesellschaft, in welcher die Bürger oder Herren wie selbstverständlich ihre Herrschaft über Niedere ausübten. Während in der Antike Assyriens oder Ägyptens die Verbindung und gegenseitige Durchdringung von Mensch, Tier und Gottheit dargestellt wird, entrückt der alleinige Gott des Christentums in die Transzendenz. Auf der Erde lässt er die animalische Kreatur und den Menschen in einem Herrschaftsverhältnis zurück.

Herrschaft war nie grenzenlos. Sie bedeutete immer auch Verantwortung. In der damals vorherrschenden Wirtschaftsform der Landwirtschaft schloss dies Menschen und Tiere ein. Im alten Testament finden sich Hinweise, in welchen an die Verantwortlichkeit des Menschen gegenüber den ihm anvertrauten Tieren appelliert wird. In den Sprüchen Salomos heißt es unter anderem: „Der Gerechte hat Verständnis für das Verlangen seines Viehs, aber das Herz des Gottlosen ist grausam" (zit. n. einer Predigt von Harald Zagar, Braunschweig, 5.9.1993, 2. In: www. predigt.de). Beim Prediger Salomo finden sich erstaunliche Worte, in welcher eine Gleichstellung des Lebens von Mensch und Tier nachvollzogen wird: „Das Geschick der Menschenkinder ist gleich dem Geschick des Tieres. Ein Geschick haben sie beide. Wie dieses stirbt, so sterben auch jene. Und einen Odem haben sie alle" (ebenda, 3). Diese Textstelle geht über die Verantwortung des Menschen, die sich aus seinem Herr-Sein ergibt, hinaus und erinnert daran, dass sowohl in nichtmenschlichen Tieren wie im Mensch das Leben wirkt. In diesem Appell wird der Mensch aufgefordert,

Gleichgültigkeit, Willkür, Härte und Unvernunft gegenüber Tieren zu vermeiden. Es wird von ihm Respekt vor der Schöpfung verlangt.

2. Vorsprachliche Moral bei nichtmenschlichen Tieren und Menschen

Das Glaubensbekenntnis der Kantianer lautet: Ein moralisches Bewusstsein ist nicht angeboren. Es ist nicht genetisch vorgegeben und ist auch nicht aus der Evolution des Menschen ableitbar. Charakteristisch für die menschliche Moral ist,

> „daß sie über *sprachliche* Normen läuft, über wechselseitige generalisierte Imperative, die, weil sie *begründet* werden müssen (...), eine Flexibilität implizieren, die gegenüber festen genetischen Programmen einen evolutionären Vorteil darstellt. Was daher bei Menschen vorgegeben scheint, ist nicht ein bestimmtes Moralbewußtsein, sondern die Fähigkeit, moralische Normen zu *lernen* und wechselseitig nach ihrer Begründung fragen zu können." (Tugendhat 2006, 14, Hervorhebungen d. d. Verf.)

Diese oder ähnliche Ansichten werden in vielen philosophischen Beiträgen zur Moral vorgetragen. Tragender Pfeiler der Argumentation ist die menschliche *Sprache*. Mit ihr scheint der entscheidende *Unterschied* zu Tieren gegeben zu sein. Das Sprachvermögen scheint die Moral hervorzubringen, denn: (1) Moral verlangt nach Begründung. Diese kann *sprachlich* gegeben werden. (2) Moral richtet sich nach Normen (Imperativen). Diese sind religiös oder kulturell als Gesetze, Vorschriften, Sitte und Brauch – über die *Sprache* - vorgegeben. (3) Die – über *Sprache* - begründete Flexibilität menschlichen Moralverhaltens ist ein genetischer Vorteil gegenüber genetisch festgelegten tierischen Instinkten. (4) Moral kann gelernt werden – durch die *sprachliche* Vermittlung.

Nicht gefragt wird, welche *Gemeinsamkeiten* der Mensch, der seine Entwicklung aus einer Tierart genommen hat und eine spezifische Lebensform entwickelte, mit bestimmten intelligenten Tieren hat. Nicht gefragt wird nach den (moralischen) Aussichten des Menschen in seiner *Leiborientiertheit*. Und nicht gefragt wird danach, wie tierische *Instinkte* vom Menschen durch seine besondere leibliche Konstitution verwandelt wurden und im Laufe der Millionen Jahre menschlicher Existenz den menschlichen Instinkt ausgebildet haben könnten. Durch die Ausklammerung dieser evolutionären Betrachtung wird vor allem eines nicht gesehen: Dass die Moral, die den Menschen zum Menschen macht, als *Entwicklung* gesehen werden muss, die *Aussichten* hat. „Der Mensch ist etwas, das überwunden werden soll", sagt Nietzsche im Zarathustra. Gemeint ist, dass die Gesellschaftsform, in welcher wir leben und der durch technische Mittel bestimmte Mensch nicht als Endstadium der Menschheitsentwicklung begriffen werden müssen. Wenn wir in den engen Grenzen von „Individuum und Gesellschaft" denken, betrachten wir unsere Existenz als von

Gegensätzen und Konflikten geprägt. Wenn wir dagegen „Person und Menschheit" in einen theoretischen Zusammenhang bringen, sehen wir unser Leben in einer bestimmten Stufe der Entwicklung. Wir können dann auch die vorsprachlichen Wurzeln unserer Moral erkennen und Perspektiven für den Wert des Lebens sehen.

2.1 Der Mensch als Lebewesen

Im 21. Jahrhundert etabliert sich eine Richtung der Moralphilosophie, die den Abschied von der Vorstellung einer Sonderstellung des Menschen als Forschungsziel thematisiert: Die „evolutionäre Ethik". Diese stützt sich unter anderem auf Erkenntnisse des holländischen Primatenforschers Frans de Waal, der Forschungsergebnisse über Affen als Vorläufer oder Parallelen menschlicher Entwicklung interpretiert, ferner auf die Ergebnisse von Giacomo Rizzolatti und seine Mitarbeiter, die in Affenexperimenten das Spiegelneuronensystem entdeckt haben sowie auf den Neurowissenschaftler Joachim Bauer, der die Entdeckung des „kooperativen Gens" populärwissenschaftlich mit einer biologisch fundierten Ethik verbindet. Forschungsergebnisse führender deutscher Wissenschaftler wurden am 10. März 2010 in der Akademie der Wissenschaften Berlin-Brandenburg unter dem Thema: „Können Tiere denken" vorgetragen (vgl. http://jahresthema.bbaw.de)

Dieser Zeitgeist des noch jungen 21. Jahrhunderts, Moral biologisch aus der Entwicklung der menschlichen Spezies zu betrachten, erfasst jetzt offensichtlich auch konservative Moralphilosophen. Der schottisch-amerikanische Philosoph MacIntyre, hatte in seinem 1984 veröffentlichten Buch: „Der Verlust der Tugend" (After Virtue) scharfsinnig das Vakuum der Moralphilosophie erkannt, indem er utilitaristische Theorien und Vertragsmodelle für Moral als subjektiv bzw. abstrakt ablehnte. Moralisches Handeln war für ihn nur aus Eigenschaften zu begründen. In der Tugendethik des Aristoteles suchte er nach einer Basis für die Erneuerung der Ethik der Moderne nach dem Verlust des christlichen Fundaments.

In seinem 15 Jahre später erschienen Buch (MacIntyre 1999/2001) nimmt MacIntyre im Vorwort selbstkritisch Stellung zu seinem Versuch, die, wie er damals sagte, „metaphysische Biologie" der aristotelischen Tugenden in seiner Darstellung aus dem Biologischen abzukoppeln und nur die Tugenden „an sich" zu betrachten. Er erkennt nun an, dass Aristoteles vom Menschen als einem *Lebewesen* (Zoon) spricht und sucht im Tierreich Beispiele für die *Gemeinsamkeiten* von Mensch und Tier. Es ist ihm ein Anliegen, mit einer Vorannahme aufzuräumen, die die philosophische Tradition über viele Generationen bis in die Moderne als nicht hinterfragbare Gegebenheit zugrunde legte. Diese Vorannahme ist das Vorurteil, dass Menschen sich in ihrer Wesensart *grundsätzlich* von nichtmenschlichen Tieren unterscheiden. Ein konservativer Moralphilosoph spürt der *biologischen* Begründung der Moral nach: eine Sensation!

Aristoteles schöpfte wertvolle Erkenntnisse über menschliche Tugenden aus seinen Beobachtungen im Tierreich, vor allem bei Delfinen. Die Zuordnung des Menschen zum Tierreich, bei ihm noch selbstverständlich, ist uns durch eine lange abendländisch-christliche Kultur fremd geworden. Wir sind es gewohnt, die *Unterscheidung* dessen, was uns vom Tier trennt, in den Vordergrund zu rücken, statt die spezifische Entwicklung des Menschen als Lebewesen zu betrachten. Die rationalistische philosophische Richtung, die durch die Namen Wittgenstein, Heidegger, Gadamer, Habermas und Tugendhat charakterisiert ist, vertieft die Kluft zu anderen Tiergattungen dadurch, dass sie die *Sprache* als die Besonderheit des menschlichen Seins in den Mittelpunkt stellt, die von keinem Tier auch nur annähernd erreicht wird.

Wie kommt ein konservativer Philosoph – MacIntyre -, der sich in die philosophischen Untersuchungen von Aristoteles und Thomas von Aquin versenkt hat, zu der Auffassung, die *Biologie* des Menschen als Grundlage der Ethik zu untersuchen? Er selbst nennt zwei Gründe. (1) Entscheidend ist für ihn der *Entwicklungsgedanke*. Wenn wir Annahmen darüber anstellen, wie Güter, Regeln und Tugenden unser moralisches Leben bestimmen, müssen wir mindestens im Ansatz klären, wie eine solche Lebensform für Lebewesen mit unserer biologischen Ausstattung überhaupt möglich ist. Die Theorie muss darlegen, wie wir uns aus unseren ursprünglichen animalischen Lebensbedingungen *in die Lebensform „Mensch" hinein entwickelt* haben. (2) Im Vergleich zwischen unseren Lebensbedingungen und denen anderer intelligenter Tiergattungen können wir spezifische Merkmale unseres Lebens und damit auch unserer Moral erkennen, zum Beispiel unsere gebrechliche körperliche Verfassung (ebenda).

2.2 Es gibt ein begründetes Handeln ohne Sprache

Wir sind durch unsere kulturelle Tradition gewohnt, die *Sprache* als Unterscheidungsmerkmal zu nichtmenschlichen Tieren hervorzuheben. Die Überlegung verläuft meist folgendermaßen (vgl. MacIntyre 2001, 23): Eine besondere menschliche Fähigkeit bildet den Ausgangspunkt der Betrachtung. Üblicherweise wird die Fähigkeit des Menschen angeführt, *Gedanken* und *Meinungen* zu haben oder einen *Willen* auszubilden oder das Vermögen, *Begriffe* zu bilden usw. Dann wird bewusst, dass diese Fähigkeiten die Sprache als Voraussetzung haben. Daraus wird dann geschlossen, dass nichtmenschliche Tiere, die über keine oder zumindest nicht die für diese Fähigkeiten erforderliche Sprache verfügen, auch keine Meinungen oder Gedanken haben können, keinen Willen ausbilden und auch ihre Erfahrung nicht in Begriffe fassen können. Unbestritten ist zwar, dass nichtmenschliche Tiere Wahrnehmungen, Gefühle und in einem bestimmten Ausmaß auch Intelligenz besitzen. Diese Ähnlichkeiten und Analogien werden in der Regel jedoch nicht weiter beachtet, da Tieren das Entscheidende fehlt: die Sprache. Wenn der Beweis gelingt, dass Tiere begründet handeln, *ohne* eine differenzierte Sprache auszubilden, wäre ein wichtiges Bindeglied zwischen menschlicher und tierischer Moral gefunden. Dieser Aufgabe widmet sich MacIntyre (2001).

2.2.1 Tiere haben vorsprachliche Meinungen und Handlungsgründe

MacIntyre beschreibt einige beobachtete Tatsachen über Angehörige einer besonders intelligenten nichtmenschlichen Spezies. Es handelt sich um verschiedene Delfinarten, vor allem um Tursiops truncatus, den Großen Tümmler oder Flaschennasendelfin und um Delfinus delphis, den gemeinen Delfin. Dabei beruft er sich auf Delfin-Trainer und Forscher, die bei ihren Interaktionen mit diesen intelligenten Tieren zu der Auffassung gelangt sind, dass deren Handlungen Meinungen, Gedanken und Empfindungen zugrunde liegen und dass sie in der Lage sind, Begriffe zu erlernen, so, wie man es von ausgebildeten Hunden gewohnt ist, welche die Intention der Befehle „sitz!" oder „fass!" erkennen und entsprechend reagieren (MacIntyre 2001,30).

Delfine leben in Gruppen und Herden mit deutlich ausgeprägten sozialen Strukturen. Sie verständigen sich mit Pfeif- und Quietschlauten und können hervorragend Laute lernen und auf verschiedene Weise miteinander kommunizieren. Sie gehen soziale Bindungen ein und zeigen sowohl Gemütsbewegungen wie Leidenschaften. Sie kennen Furcht und Stress, sind zielstrebig und verspielt. Sie lieben die Jagd, lassen sich gern auf Menschen ein und ergreifen sogar die Initiative. Delfine lernen aus Erfahrung. Aus diesen und anderen Beobachtungen kann man auf zugrunde liegende Fähigkeiten schließen (MacIntyre 2001, 33). Sie haben die Fähigkeit, Wahrgenommenes wiederzuerkennen bzw. etwas aufmerksam wahrzunehmen. Sie verfügen über zahlreiche Reaktionen und unterschiedliche emotionale Ausdrucksformen. Tätigkeiten, bei denen ihre Kräfte und Fertigkeiten zum Einsatz kommen, bereiten Delfinen offensichtlich Lust. Darin gleichen sie Menschen. Delfine zeigen ein ausgeprägtes Neugierverhalten. Ist ihre Neugier erst einmal geweckt, richtet sich die Aufmerksamkeit erst auf diesen, dann auf jenen Aspekt des Objekts oder verschiedener Objekte, je nachdem, ob sie Nahrung entdeckt haben oder Gelegenheit zum spielerischen Umgang suchen. Den Individuen der eigenen Art begegnen sie mit einem Verhalten, das Zuneigung ausdrückt, bei räuberischen Arten zeigen sie Angst. Sie können ihre gemeinsamen Handlungen hervorragend koordinieren, z. B. bei der hochintelligenten Jagd auf einen Fischschwarm.

Für den Menschen, der sich aus dem Tierreich entwickelt hat, gilt entsprechend, dass das Vermögen, über Gründe nachzudenken, bereits voraussetzt,

> „dass wir <u>schon vor der Reflexion</u> Gründe haben, über die wir nachdenken können. Und weil wir Menschen schon vor jeder Reflexion Gründe für unser Handeln haben, die Art von Gründen nämlich, die wir mit Delfinen und Schimpansen teilen, besitzen wir <u>eine ursprüngliche Materie des Nachdenkens</u>, einen Ausgangspunkt für jenen Übergang zur Vernunft, der durch die Beherrschung einer komplexen Sprachverwendung ermöglicht wird. Teilten wir solche Gründe nicht mit Delfinen und Schimpansen, wären wir nicht zu diesem Ausgangspunkt gelangt und das Bestreiten solcher Gründe würde den Übergang zu einer spezifisch menschlichen Rationalität unverständlich werden lassen" (MacIntyre 2001, 69, Hervorhebungen d. d. Verf.)

- **Delfine fällen Urteile und gehen zweckorientiert vor**

Delfine gehen zielgerichtet vor. Wenn Kundschafter einen Fischschwarm ausfindig gemacht haben, teilen sie dies der Herde mit. Die Herde ändert daraufhin ihren Kurs, schließt sich den Kundschaftern an und eröffnet die Jagd. Trainer, die näheren Kontakt mit Delfinen haben, berichten von einer ganzen Bandbreite von Vermögen: Delfine können Wünsche und Gefühle zeigen, sie fällen Urteile, richten ihr Handeln auf Zwecke, die ihr Wohlergehen fördern und haben Gründe für ihr Handeln. Fasst man diese Fähigkeiten zusammen, so kann man ihnen vermutlich auch Gedanken und Meinungen zusprechen. Sie verfügen eventuell auch über Begriffe und wenden diese an. Wer es gewohnt ist, die menschliche Sprache als die einzige Möglichkeit anzusehen, Begriffe, Meinungen und Urteile zu bilden, wird heftig bestreiten, dass Tiere, in diesem Falle Delfine, dazu ebenfalls in der Lage sind – natürlich auf ihre Art (MacIntyre 2001,37/38). Um diesen Sachverhalt zu prüfen, muss daher geklärt werden, was das Vermögen „Sprache" leistet.

Kinder haben wie Delfine vorsprachliche Gründe für ihr Handeln. Sobald sie anfangen, die Sprache zu gebrauchen und reflektieren, wachsen sie über die Fähigkeiten der Delfine hinaus. Das ist nach Prof. Roth, Bremen, ungefähr im Alter von zweieinhalb Jahren der Fall (vgl. http://jahresthema.bbaw.de). Diese Erkenntnis gibt Veranlassung, sich den Vorbedingungen der menschlichen Rationalität bei Delfinen und Schimpansen zuzuwenden, von denen man viel lernen kann, statt eine Trennungslinie zwischen höher entwickelten Tieren und Mensch aufzubauen. Unsere Verwandtschaft mit Delfinen und Schimpansen bezieht sich nicht nur auf biologische Merkmale, sondern auch auf die *Lebensformen*. Mittlerweile gibt es umfangreiche Forschungen dazu, die quantitativ mit denen der Sozial und Kulturanthropologen vergleichbar sein dürften.

Delfine beurteilen manchmal etwas falsch. Sie halten z. B. etwas für einen Räuber, was kein Räuber ist. Diese Art Wahrnehmung dürfte auch typisch für

Menschen in der Frühzeit gewesen sein, die aufgrund ihrer fragilen Leiblichkeit auf Interpretationen angewiesen waren und im Zweifelsfall lieber davonliefen, wenn sie ein Rascheln hörten oder eine ihnen Furcht einflößende Bewegung bemerkten, als abzuwarten. Nach dem Erwerb der Sprachbeherrschung hat sich daran nicht viel geändert. Nunmehr sind Menschen fähig, über Gründe zu reflektieren, die für das Verhalten ausschlaggebend werden können. Das Muster der *vorsprachlichen Interpretation* der Situation ist jedoch gleich: Intuitiv werden Gründe angenommen, in einer bestimmten Situation eher dieser als jener Überlegung zu folgen. Heute handelt es sich nicht mehr um die Flucht vor einem Löwen, dessen funkelnde Augen der Frühmensch im Gebüsch wahrgenommen hatte oder glaubte, wahrzunehmen, sondern um alltägliche Dinge in unserer sozialen Umgebung. Wir erschrecken, zucken zusammen, fangen an zu zittern, werden blass oder rot, geraten in Panik, weil wir etwas wahrnehmen oder glauben, etwas wahrgenommen zu haben oder unsere Phantasie uns einen Streich spielt und unsere Angst uns in den Körper fährt.

- „Gewöhnliche Tiere" haben Handlungsintentionen

Viele Autoren erkennen an, dass die menschliche Spezies sich aus dem Tierreich entwickelt hat – es bleibt ihnen angesichts 150 Jahre Evolutionslehre auch kaum etwas anderes übrig. Es wird dann aber oft ein Erklärungsdualismus aufgebaut, der sich auch bei Freud findet und sich als Denkmuster eingeprägt hat: Die animalische Natur des Menschen, die sich angeblich noch im Kinde findet, wird im Verlaufe des Erwachsenenlebens durch Sprache und Denken überformt, sodass intentionales Handeln, d. h. Handeln nach guten Gründen sich erst in diesem Stadium findet. Bei der Geburt ist der Mensch demzufolge noch ein „gewöhnliches Tier" (McDowell zit. n. MacIntyre 2001, 73). Diese Formulierung verkennt, dass „gewöhnliche Tiere" sich instinktiv von praktischen Überlegungen leiten lassen. Auch das Kind orientiert sich in der vorsprachlichen Phase gefühlsmäßig. Insofern erfüllen Delfine, Gorillas und einige Angehörige anderer Spezies einige Voraussetzungen dessen, was man menschliche Rationalität nennt, wenn man sich vor Augen hält, dass diese nicht losgelöst von Emotionen, Antrieben, Wünschen und gefühlten Interpretationen zu verstehen ist.

Formulierungen wie „animalisch" oder „gewöhnliche Tiere" oder „nur ein Tier" *verabsolutieren* den wichtigen Unterschied zwischen nichtmenschlichen Tieren und Menschen, die Sprache. Sie verkennen, dass einige Tiere Beziehungen nicht nur zu Angehörigen ihrer Art, sondern auch zu Menschen aufzunehmen, wobei sie zu erkennen geben, dass sie bestimmte Intentionen des Menschen erfassen und darauf reagieren und auch ihre eigenen Intentionen und Zwecke verfolgen, was besonders bei Hunden beobachtet werden kann, aber nicht nur bei diesen. Aufgrund dieser Überlegungen ist es zulässig, vor allem die folgende Analogie hervorzuheben:

Menschen und nicht-menschliche Tiere „verfolgen ihre jeweiligen Güter in Gemeinschaft und Zusammenarbeit" (MacIntyre 2001, 74). Sie handeln zweckorientiert.

2.2.2 Tiere können denken

Am 10. März 2010 fand in der Berlin-Brandenburgischen Akademie der Wissenschaften eine Vortragsreihe mit Podiumsdiskussion statt zu dem Thema: „Denkende Tiere: Diskussion zur Evolution des Gehirns". Ein Hirnforscher, ein Neurobiologe, ein Biologe sowie ein Psychologe äußerten sich darüber, wie sich das Denken in der Evolution entwickelt hat. „Wie denkt der Mensch, wie Tintenfische, Insekten, Vögel"? (http://jahresthema.bbaw.de). Die Vorträge weisen auf die zunehmende Tendenz im 21. Jahrhundert hin, das Denken auch bei Tieren zu erforschen. Scheinbar ausschließlich dem Menschen vorbehaltene Dinge, wie „Denken" und „Emotion" werden bei nichtmenschlichen Tieren ebenfalls gesehen. Zum Ausgangspunkt der Untersuchung werden mehr die Entwicklung und der Zusammenhang als die Kluft zwischen nichtmenschlichen Tieren und Mensch gewählt. Die Unterschiede der menschlichen und nichtmenschlichen Lebensformen werden graduell und als Kontinuum gesehen und nicht mehr grundsätzlich und unüberbrückbar.

Es besteht kein Zweifel, dass Delfine über ein ausgereiftes Kommunikationssystem verfügen – wie Schimpansen, Gorillas und andere auch. Wieweit die Laute, mit denen sie sich verständigen, Sprache sind bzw. ob Delfine über etwas verfügen, das der menschlichen Sprache ähnelt, lässt sich beim gegenwärtigen Stand der Forschung nicht beurteilen. Zumindest haben sie die Fähigkeit für einen bestimmten Typus Sprache entwickelt. Im Training sind sie in der Lage, einfache akustische Signale zu verstehen und darauf zu reagieren, auch wenn diese syntaktisch vom Standard abweichen oder in veränderten Wortfolgen formuliert werden. Ein Vergleich mit Merkmalen der menschlichen Sprachauffassung ist nicht leicht, aber in einigen Fällen möglich. Beim Menschen ist die Verwendung der Sprache immer in eine soziale Praxis eingebettet. Begriffe wie „Tausch", „Geschenk", „Preis" usw. können in verschiedenen Kulturen eine völlig andere Bedeutung haben. Auch für nicht-menschliche Tiere – Delfine, ein Rudel Wölfe oder Löwen usw. - gilt, dass die Mitteilung von Meinungen in eine *soziale Praxis* eingebettet ist.

Bisher herrschte die Meinung vor, dass Tiere nicht denken können, weil sie keine Schlüsse ziehen können oder prägnanter ausgedrückt: Wo es keine Sprache gibt, kann es auch keine Gedanken und kein Denken geben (Justus

Harnack, zit. n. MacIntyre 2001, 44). Als Beispiel wird ein Hund angeführt, der eine Katze auf einen Baum gejagt hat und nun erwartungsvoll am Fuße des Baums sitzt. Man könnte sagen, er denkt, dass die Katze auf dem Baum sitzt. Wir können nicht sagen, dass der Hund einen entsprechenden *Gedanken* formuliert. Es ist jedoch möglich zu sagen, dass der Hund irgendwie glaubt, dass die Katze auf dem Baum ist. Schließlich wartet er vor dem Baum und schaut eventuell nach oben, was die Katze macht. Um diese Meinung auszudrücken, braucht er keine Sprache (MacIntyre 2001,44). Das gilt übrigens auch für Menschen. Wir benötigen keine Sprache, um viele unserer Meinungen auszudrücken. Oft genügen ein Stirnrunzeln, ein hoffnungsvolles Anschauen oder ein panischer Blick als Signal. In Fassbinders Film „Angst essen Seele auf" blicken sich Emma und Ali minutenlang an, um herauszufinden, ob ihre Beziehung zu retten ist. Ali hält dem herausfordernden Blick von Emma stand. Sie wendet ihren Kopf schließlich ab und blickt zu Boden. Sie hat verstanden, dass im Moment keine Änderung möglich ist. Dazu brauchte sie keine Sprache. Sie musste keine Schlussfolgerungen verbaler Art ziehen. Im Blick entschied sich, wie es weiter geht.

2.2.3 Die vorsprachliche Beurteilung von richtig und falsch

Philosophen neigen dazu, die Besonderheit des menschlichen Sprachverhaltens absolut zu setzen und daraus die Unmöglichkeit abzuleiten, dass Tiere Meinungen haben. So wird behauptet, dass Meinungen nur haben kann, wer in der Lage ist als Interpret der Sprache eines anderen aufzutreten. Eine Meinung kann demnach nur haben, wer einen *Begriff* davon hat, was eine Meinung ist. Die Sprache befähigt uns, über Wahrheit oder Falschheit unserer Meinung nachzudenken. Aber man benötigt keine Sprache, um die elementare Feststellung zu treffen, ob etwas wahr ist. Meinungen zu haben bedeutet, zu wählen und zu urteilen. Wenn der Hund aufhört, vor dem Baum zu bellen und stattdessen in den Nachbargarten läuft, hat er vermutlich beobachtet oder gerochen, dass die Katze dorthin entwichen ist. Tiere sind also in der Lage, ihre Meinungen je nach Veränderung der Situation zu korrigieren - vielleicht schneller und besser als Menschen. Der Hund benötigt keine Sprache, um die Wahrheit festzustellen, dass die Katze im Garten des Nachbarn ist.

Was für nichtmenschliche Tiere gilt, trifft auch auf die Spezies Mensch zu. Auch beim Menschen finden sich elementare vorsprachliche Unterscheidungen zwischen wahr und falsch. Das ist bei Meinungsänderungen der Fall, die sich unmittelbar aus der Wahrnehmung von Veränderungen der Umwelt ergeben und zu einem Wechsel im Handeln führen: Wenn ein Auto auf mich zurast, springe ich beiseite. Wenn eine Meute Hunde auf meine Begleiterin zustürmt, greife ich beherzt ein, ohne lange zu überlegen. Wir bedienen uns zwar der

Sprache. Das geschieht jedoch in der Regel vor oder nach einer Handlung. Wenn wir nicht das *Gefühl* für richtig und falsch hätten, wären wir handlungsunfähig und könnten unsere Handlungsabsichten auch nicht sprachlich ausdrücken. Die Sprache befähigt uns, zu differenzieren und unsere Intentionen auszudrücken. Sie ist jedoch kein von unseren Handlungen losgelöstes System, sondern eine Übersetzung *vorsprachlicher* Absichten und Schlussfolgerungen über Objekte, Ereignisse, Situationen und Beziehungen (Damasio 2002, 133).

2.2.4 Auch unbestimmte Meinungen sind Meinungen

Aus diesen Überlegungen ergibt sich, dass es nicht abwegig ist, das Verhalten von Delfinen, Gorillas, Schimpansen, Hunden usw. eher als *vorsprachlich*, statt als *nichtsprachlich* zu bezeichnen (MacIntyre 2001,49). Ein Kind orientiert sich vorsprachlich, solange es nicht gelernt hat, die Sprache zu beherrschen. Auch Erwachsene bilden sich Vorstellungen von Wahrheit oder Falschheit auf vorsprachlicher Ebene – anders könnten wir gar nicht sprachlich darüber reflektieren. Die vorsprachliche Wahrnehmung und Unterscheidung liefert uns den Stoff, aus dem sich sprachliche Bestimmungen ableiten. Die Bedeutung vorsprachlicher Erfahrung bei nicht-menschlichen Tieren führt MacIntyre am Beispiel einer Katze aus, die eine Spitzmaus für eine Maus hält und diese fängt und verschlingt. Das führt zu einer heftigen Erkrankung der Katze und sie wird in Zukunft einen großen Bogen um diese Tierart machen. Sie hat gelernt, nicht dasselbe von Spitzmäusen zu glauben, wie von Mäusen. Es hat ein Meinungswechsel stattgefunden. Da sie vermutlich keine Begriffe bildet, bleibt *unbestimmt*, was genau sich in ihrem Kopf abspielt, aber wir können durchaus Vergleiche ziehen zu ähnlichen Situationen, in denen Kleinkinder sich in der vorsprachlichen Phase ihrer Entwicklung befinden.

> Unbestimmte Meinungen sind jedoch auch Meinungen und ein Wandel unbestimmter Meinungen ist auch ein Meinungswandel (MacIntyre 2001,51).

Die Meinungen von Menschen sind oft unbestimmt. Ein Kind, das eine heiße Herdplatte berührt und den Schmerz erfährt, wird dies vermutlich nicht wieder tun. Beispiele von Vermeidungsverhalten bei Erwachsenen sind zahlreich: Bei Reisen (Flugangst), beim Essen (Verweigerung bestimmter Nahrungsmittel), bei Begegnungen mit Menschen aus anderen Kulturen usw. Welche Meinung wir dabei haben, dürfte oft so ungeklärt sein, wie bei der Katze. Vielleicht sagen wir: „Ich weiß auch nicht, warum ich Angst habe" oder: „Ich mag das einfach nicht!" Unsere Wahrnehmung funktioniert oft nach demselben Muster: Wir erforschen ein Objekt, von dem wir nicht genau wissen, was es ist – so wie ein kleines Kind, das noch nicht spricht, seine Umwelt erforscht, auf Dinge aufmerksam wird, sie wiedererkennt, unterscheidet usw. Dieses Kind bildet sich in seinem Forschungsdrang *unbestimmte Meinungen*. Wir können diese Meinungen des Kindes, die wir an seinem Verhalten ablesen, mit unseren sprachlich differenzierten Meinungen vergleichen und dasselbe können wir mit Tieren machen, deren Verhalten zeigt, dass sie vorsprachliche Meinungen haben. Wenn das Kind die Sprache erlernt hat, ersetzt es nach und nach seine unbestimmten Meinungen durch bestimmte. Das können Tiere vermutlich nicht.

Als sprachbegabte Wesen sind wir es gewohnt, unsere Wahrnehmungen zu reflektieren und wohlgeformte Sätze zu bilden. Dabei stützen wir uns aber nach wie vor auf unser Gefühl, d. h. auf die Art des Gebrauchs der Wahrnehmung *vor* unserer Sprachfähigkeit. Unsere Vorstellungen und Meinungen sind Ausdruck dieser *vorsprachlichen Empfindung* – wie bei nicht-menschlichen Tieren auch. Diese Ähnlichkeit wird verwischt, wenn wir der überwiegenden Mehrheit der Philosophen beipflichten, dass Lebewesen ohne Sprache keine Meinung haben. Große Tümmler sind nach einem Training in der Lage die akustische Sprache ihres Trainers zu verstehen, wie z. B.: „Bring das Surfbrett zur Frisbeescheibe!" oder: „Bring die Frisbeescheibe zum Surfbrett!" oder andere Anweisungen. Die Fähigkeit zur akustischen Wahrnehmung hat sie nach Ansicht MacIntyres „an die Schwelle zum Verstehen der Sprache geführt" (MacIntyre 2001,51).

2.2.5 Tiere können sich einlassen

Der Philosoph Martin Heidegger spricht Tieren die Fähigkeit des Sicheinlassens ab. Während der Mensch durch Sprache und Verstehen existierend in der Lichtung des Seins stehe, seien Tiere in ihrer „Benommenheit" und artspezifischen Fixierung in ihre Umwelt eingespannt und von der Möglichkeitsfülle des Menschen ausgeschlossen (Heidegger 1979, § 58b). Von diesem Animalischen ist der Mensch nach Meinung Heideggers wie von einem Abgrund geschieden. Während Tiere und Pflanzen ein bloßes „Sein" haben, wird das Sein des Menschen von ihm als „Dasein" charakterisiert. Die Sprache ist für ihn das Haus des Seins des Menschen. Sie wird von wahrhaft denkenden Menschen bewohnt und behütet (Heidegger 2000, 6).

Tieren fehlt demnach das Verständnis, auf was sie sich beziehen. Sie können nicht differenzieren, ob es ein Etwas, etwas Vorhandenes oder etwas Seiendes ist. Die Eidechse, die sich auf der Felsplatte sonnt, mag sich dessen bewusst sein, aber nicht, dass sie auf einer „Felsplatte" sitzt. Die Biene, die sich von Licht leiten lässt, ist sich nicht bewusst, dass es sich um „Licht" handelt usw. Dem Menschen dagegen offenbart sich Seiendes als das was es ist. Tiere können sich folglich nicht auf Seiendes einlassen. Es ist ihnen nicht vorhanden. Sie sind in Heideggers Sprachgebrauch eingenommen von der Umgebung und daher „weltarm". Er begreift nichtmenschliche Tiere nur im *Gegensatz* zur menschlichen Daseinsweise. Ihnen allen fehlt etwas, was der Mensch hat: Eine Beziehung zum Seienden. Tiere können für Heidegger wie für die analytischen Philosophen einerseits keine Meinungen haben, da ihnen die Sprache fehlt, andererseits fehlt ihnen überhaupt die Fähigkeit, einen Bezug zu ihrer Umwelt herzustellen.

- **Tiere haben Intentionen**

Seine Ansicht kann Heidegger nur vertreten, weil er bewusst auf Tiere einer niedrigen Entwicklungsstufe zurückgreift, wie Motten, Eidechsen, Süßwasserkrebse, Holzwürmer, Spechte usw. Würde er sich mit höher entwickelten nichtmenschlichen Tieren befassen, könnte er seine Theorie vom Nicht-Einlassen nicht aufrechterhalten, da Hunde, Gorillas, Schimpansen und Delfine Tätigkeiten ausüben, die Heidegger offenbar nicht sehen will: Sie reagieren nicht nur auf Merkmale ihrer Umgebung, sondern erforschen diese aktiv. Sie richten ihre Wahrnehmung lebhaft auf Gegenstände, die ihnen begegnen und erkunden diese aus verschiedenen Blickpunkten. Sie erkennen Bekanntes wieder, können unterscheiden, ob etwas sich als Nahrung eignet oder zum Spielen. Sie trauern um etwas, das nicht mehr da ist. Zwei Beispiele aus eigener Erfahrung: Ein Krähenpaar, dessen Nest mit Eiern von einem Nachbarn in einer Kiefer mutwillig zerstört worden war, saß am nächsten Morgen auf einem Dachfirst gegenüber. Beide Vögel schauten lange und schweigend in eine Richtung. Es war offenbar, dass sie trauerten über etwas, was nicht mehr da war. Eine Amsel, deren Eier von einer Elster gerade verspeist worden waren, saß auf dem Rasen und blickte lange und schweigend zur Elster hin: Es war Trauer um etwas, das nicht mehr da war.

Tiere zeigen in ihren Handlungen Intentionen, die auf Meinungen hindeuten. Dabei stützen sie sich auf unterschiedliche Sinne: Den Gesichtssinn, den Hörsinn, den Geruchssinn. Es sprengt unsere Vorstellungskraft, wenn ein Hund über 200 Kilometer die Spur eines vermissten Kindes verfolgen kann, nachdem er an einem Kleidungsstück Geruch aufgenommen hat. Es ist für uns schwer vorzustellbar, was gerade in nichtmenschlichen Tieren vorgeht. Wir sollten jedoch vermeiden, durch voreingenommene Beurteilungen offenkundig *falsche* Aussagen zu treffen. Leider sind Philosophen hierin oft kein gutes Vorbild, wie das Beispiel Heidegger zeigt. Hätte er Hunde, Gorillas, Delfine statt Eidechsen und Motten als Vergleich genommen, dann wäre ihm nicht entgangen, dass diese einzelne Individuen (auch Menschen) erkennen, deren Abwesenheit bemerken, gegebenenfalls auf sie warten, auf sie reagieren als Nahrungsquelle, als Partner (in einem Spiel), als Befehlende oder Schutz Gewährende usw. Wenn man Tiere pauschal beurteilt, verliert man ihre unterschiedlichen Fähigkeiten aus dem Blick. Man verlernt zu verstehen, worin die Bedeutung der Unterschiede einiger nichtmenschlicher Tiere für den Menschen liegt.

- **Menschen sind umgestaltete und umgeschaffene Tiere**

Heideggers Argumente *gegen* eine Gemeinsamkeit mit nichtmenschlichen Tieren sind nicht nur ein Versäumnis, ein Nichtverstehen oder eine Nachlässigkeit: Er gründet darauf vielmehr seine philosophische Lehre von der menschlichen Existenzweise als „Geworfenheit" ins Dasein - als wenn wir von einem anderen Stern kommen und nichts mit dem Leben zu tun haben, das sich auf diesem Planeten entwickelt hat. Er ignoriert die Tatsache, dass unser körperliches Verhalten gegenüber der Welt ursprünglich ein tierisches gewesen ist. Wenn wir mit dem Erwerb der Sprache unsere Meinungen, unseren kulturellen Geschmack usw. verfeinern, das Verhalten umgestalten, korrigieren oder in eine andere Richtung lenken, so wird dennoch unser Erbe des körperlichen, aus der Tierwelt stammenden Verhaltens niemals verloren gehen. Man sollte nicht vergessen, dass wir bei allen Umgestaltungen des Verhaltens, auch in der pluralistischen Gesellschaft,

> „umgestaltete und umgeschaffene Tiere und nichts anderes sind. Unsere zweite kulturell geformte, sich sprachlich ausdrückende Natur ist eine partielle, aber eben nur partielle Veränderung unserer tierischen Natur. Wir bleiben tierische Personen mit tierischen Identitäten" (MacIntyre 2001, 63).

Wir sind nicht Tiere <u>und</u> etwas anderes. Mit dem „Und" ist die Annahme verbunden, dass unsere zweite Natur sich nur aus sich selbst heraus, aus unserer Fähigkeit zur Sprache erklären lässt. Die Beziehung zu unserer biologischen Natur erscheint damit als etwas Äußerliches. Eine solche Unterscheidung ist natürlich möglich und sinnvoll. Die menschliche Sprache *ist* etwas Besonderes. Wenn diese Betrachtung jedoch verabsolutiert wird, verstellt sie den Blick für die Entwicklung und die Ähnlichkeiten zwischen intelligenten nichtmenschlichen Tieren und der sprachlich gesteuerten Vernunft des Menschen. Vielleicht läuft die Tierforschung allerdings in eine falsche Richtung, wenn untersucht wird, wie die Sprache von Walen oder Delfinen funktioniert und ob sie der menschlichen Sprache irgendwie ähnelt. Darauf kommt es nicht an, sondern vielmehr, dass es viele Ähnlichkeiten der *vorsprachlichen* Ausdrucksmöglichkeiten zwischen nichtmenschlichen Tieren und dem Menschen gibt.

- **Die praktische Vernunft bei Mensch und Tier**

Der Mensch ist ein Vernunftwesen und unterscheidet sich dadurch grundsätzlich von nichtmenschlichen Tieren. Auch diese Meinung, die zweifellos richtig ist, hat dazu geführt, einen unüberbrückbaren Gegensatz zu Tieren zu konstruieren. Bereits Aristoteles erkennt Tieren jedoch phronesis, d. h. Vernunft zu, die er von der Vernunft des Menschen unterscheidet. Sie besitzen damit „ein

Analogon zur Überlegung (eine Art praktischer Vernunft)" (Louis Labarrière zit. n. MacIntyre 2001, 68). Thomas von Aquin folgt Aristoteles darin und gesteht Tieren zu, „von Geboten bewegt" zu sein. Sie lernen aufgrund früherer Erfahrungen, freundlich von feindlich zu unterscheiden. Empirisch stimmen diese Beobachtungen mit jenen überein, dass z. B. auf den Galapagos Tiere völlig zutraulich sind, weil sie über Jahrtausende den Menschen nicht kannten. Tiere sind nach Thomas von Aquin in der Lage, „natürliche Urteile" zu fällen. Sie weisen in ihrem Verhalten etwas der Vernunft Ähnliches auf und „nehmen teil" an der „natürlichen Klugheit" (zit. n. MacIntyre 2001, 68).

2.2.6 Zusammenfassung und Perspektiven

Es wurde ausführlich auf die Argumentation MacIntyres eingegangen, weil hier ein international anerkannter Philosoph der Frage nachgeht, ob es auch ohne menschliche Sprache Meinungen und Handlungsgründe geben kann. MacIntyre findet die Bestätigung seiner These im *vorsprachlichen* Bereich bei Menschen und Tieren. Während in der Moralphilosophie überwiegend die *Unterschiede* zu Tieren benannt werden, wobei vor allem für neuere Philosophen wie Heidegger, Gadamer und Habermas die Sprache den entscheidenden Unterschied markiert, sucht MacIntyre nach *Gemeinsamkeiten*. Diese Sichtweise öffnet den Blick dafür, dass Handlungsgründe bei Tieren wie beim Menschen durch zweckgerichtete Antriebe gesteuert werden. Beim Menschen ermöglicht die Sprachbeherrschung darüber hinaus eine reflektierte Abwägung und Benennung von Gründen, was aber an der Sache nichts ändert.

Ausgehend von Aristoteles sieht MacIntyre die Tugenden des Menschen in seiner Biologie begründet, die er mit einigen intelligenten Tieren teilt. Dieser Teil der Darlegung wird eindringlich und überzeugend vorgetragen. MacIntyre bricht jedoch dann ab und geht auf die besondere Gebrechlichkeit des Menschen ein, aus welcher für ihn die besonderen Motive und Tugenden erzeugt werden, welche die Spezies Mensch kennzeichnen. Für diesen Bruch in der Argumentation ist er von einigen Kommentatoren heftig gescholten worden. Der Wert seines Buches aus dem Jahre 2001 liegt auch tatsächlich in dem ersten Teil, der hier ausführlich referiert wurde. Er liefert darin eine solide Begründung, sich von sprachphilosophischen Kommunikationstheorien in der Nachfolge Kants, die den absoluten Gegensatz von Mensch und „Tier" behaupten, zu distanzieren und die Moral des Menschen in seiner Biologie zu suchen. Die Bedeutung der Ausführungen MacIntyres ist meine Erachtens nicht genügend erkannt worden – zumindest finden sie keine Fortsetzung in Erörterungen der evolutionären Ethik. Sein Buch „Die Anerkennung der Abhängigkeit" (2001) ist im deutschen Buchhandel nicht mehr erhältlich, während seine Publikation aus dem Jahre 1984 „After Virtue" über die moralische Krise der Moderne in

Deutschland 2010 die fünfte Auflage erfährt. Die Bedeutung der Ausführungen in seinem Buch aus dem Jahre 2001 kann jedoch nicht hoch genug geschätzt werden. Sie bilden den *philosophischen Beweis* einer evolutionären Analyse der Moral, in welcher die zahlreichen und intensiven Tierforschungen in Verbindung gebracht werden können mit der speziellen Lebensform des Menschen, die aus seiner vorsprachlichen Entwicklung aus dem Tierreich hervorgegangen ist.

3. Die biologische Basis des Mitempfindens

3.1. Das verstehende Gehirn: Die Entdeckung der Spiegelneurone

Im Jahre 1995 wurde von dem Italiener Giacomo Rizzolati und seinen Mitarbeitern im Affenexperiment eine erstaunliche Entdeckung gemacht. Sie beobachteten zunächst in Tierversuchen, bei denen Affen an extrem feine Messfühler angeschlossen waren, dass Neuronen im Feld F5c des Großhirns dann reagierten, wenn zielmotorische Hand-Objekt-Interaktionen durchgeführt wurde. In einer Pause des Experiments bemerkten Rizzolatti und seine Mitarbeiter zu ihrem Erstaunen, dass die Neuronen in diesem Hirnareal auch dann ansprangen, wenn eine solche Handlung von dem Affen bei anatomisch ähnlichen lebenden Individuen – Menschen - lediglich *beobachtet* wurde. Die Bewegungssteuerung bei Affen wurde selbst dann aktiviert, als dieser bewegungslos saß und den Versuchsleiter dabei beobachtete, wie er mit den Erdnüssen hantierte, von denen der Affe zuvor selbst genommen hatte. Das Tier schien die *Intention* der Bewegung eines anderen in seinem Kopf zu simulieren.

- **emotional gefärbte Situationen und Objekte beim Menschen**

Die Forscher untersuchten nach dieser Zufallsbeobachtung vorwiegend emotionsneutrale motorische Handlungen, um sich einen Überblick über die kortikalen Mechanismen im Gehirn zu verschaffen (Rizzolatti/Sinigaglia 2008, 174). Bei anschließenden Experimenten mit emotionaler Zielrichtung konnte ebenfalls die Beteiligung dieser sogenannten Spiegelneurone (mirror neurons) festgestellt werden, die eine wichtige vorsprachliche Rolle bei kognitiven Prozessen spielen. Im Jahre 2002 haben Rizzolati und seine Mitarbeiter die Existenz des Spiegelneuronensystems auch im Broca-Zentrum Areal BA 44 des menschlichen Gehirns nachgewiesen. Es wurde von den Forschern mit „action recognition" (Wiedererkennung von Handlungen) und Imitation in Verbindung gebracht (Vgl. Wikipedia, Spiegelneuron). Das Spiegeln von Handlungsmustern findet beim Menschen – im Gegensatz zu Affen - nur statt, wenn dieser eine emotionale Beziehung zum anderen hat, den er beobachtet. Dies gilt im Erwachsenenalter vor allem bei Verwandten, trifft aber auch auf geistige Muster zu, also das Gefühl, verstanden zu werden, ähnlich zu denken usw. Erwachsene sind in der Lage, ihr Mitempfinden zu kontrollieren: Wenn sie in einem Experiment in einem Video sehen, dass eine Person ihr Gesicht schmerzverzerrt verzieht, aktiviert diese Beobachtung zwar Neuronen, die emotionale Färbung wird jedoch nicht angeregt, denn die Nachahmung beinhaltet ein System der *Kontrolle*. Zum einen erleichtert das Kontrollsystem den Übergang von der potenziellen Handlung, die von Spiegelneuronen codiert ist, zur Ausführung des eigentlichen motorischen Aktes (z. B. Versuch, den Schmerz des Betroffenen zu lindern), wenn dieser Akt für den Beobachter sinnvoll oder nützlich ist. Zum anderen muss die Kontrolle auch in der Lage sein, den Übergang zur motorischen Handlung zu *blockieren*. Wäre dies nicht der Fall, müsste der Anblick eines beliebigen Gesichtsausdrucks (z. B. Schmerz) bei einem beliebigen Anderen sich direkt in den Akt einer Simulation oder in diesem Fall der Hinwendung zu dem leidenden Anderen äußern. Der Mensch ist kein Roboter. Die Hemmung im Kontrollsystem der Spiegelung verhindert ein gedankenloses Reagieren (Rizzolatti/Sinigaglia 2008, 153).

- **Was Pawlow ahnte**

Spiegelneurone sind ein weitverzweigtes System spezieller Nervenzellen in unserem Gehirn. Im Gegensatz zu anderen Körperzellen, z. B. Leber- oder Nierenzellen, haben Nervenzellen (Neurone) stark verzweigte Ästchen (Dendriten), an deren Enden Informationsaustausch stattfindet. Neuronen sind beim Menschen besonders zahlreich und dicht zusammen, sodass extrem niedrige Reaktionszeiten möglich werden. Die Informationen können an periphere Organe, wie z. B. die Muskulatur weiter geleitet werden. Innerhalb des Gehirns kann die Weiterleitung an viele andere Nervenzellen erfolgen (Fischer 2009, 1). Die neurobiologische Resonanz der Spiegelneurone tritt nicht nur dann in Erscheinung, wenn bei einem anderen eine Handlung beobachtet wird, die man selbst zur Ausführung bringen könnte oder wollte, sondern auch, wenn bestimmte *Geräusche* diese Handlung ahnen lassen. In dem Experiment von Rizzolati et. al. wurde dem Affen die Möglichkeit geboten, mit der Hand Erdnüsse zu greifen. Wenn die Erdnüsse in ein Papier eingewickelt sind, das beim Öffnen in typischer Weise raschelt, reicht das aus, um beim Affen die Handlung steuernden Spiegelneurone zu aktivieren (Bauer 2005, 24). Beim Menschen genügt es sogar, wenn er hört, dass über Erdnüsse oder ein vergleichbares Motiv *gesprochen* wird. Daraus ergibt sich, dass sowohl Beobachtungen wie sinnliche Wahrnehmungen und sprachliche

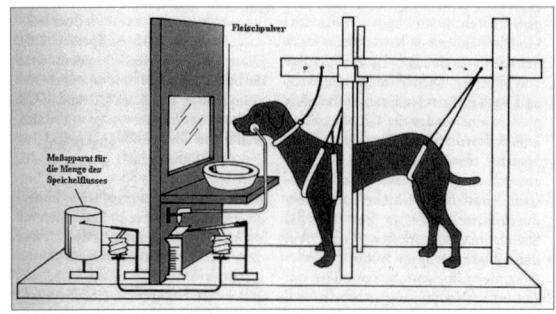

Der Pawlowsche Hund. (Bild: thp-info.de/psychologie/hund/konditionierung)

Wahrnehmungen den Spiegelneuronmechanismus im Gehirn des Beobachters anregen können. Dieses Phänomen erinnert an den Pawlowschen Hund, eine Bezeichnung, die sich auf das erste empirische Experiment des russischen Forschers Iwan Petrowitsch Pawlow bezieht. Dieser hatte beobachtet, dass bei Zwingerhunden schon das Geräusch der Schritte des Besitzers Speichelfluss auslöste, obwohl noch kein Futter zu sehen war. Pawlow baute daraufhin ein Experiment auf, für welches ihm 1905 der Nobelpreis verliehen wurde: Auf die Darbietung von Futter folgte Speichelfluss. Das Ertönen einer Glocke löste beim Hund keine Reaktion aus. Wenn aber der Glockenton wiederholt mit der Darreichung von Futter ertönte, reagierte der Hund schließlich auf den Ton allein mit Speichelfluss. Damit gelang ihm der Nachweis einer klassischen Konditionierung. Das Experiment könnte eventuell durchgeführt werden, um die Aktivierung der Spiegelneurone beim Ertönen der Glocke zu testen.

3.2. Therapie mit dem Spiegelneuronensystem

Die Beobachtung der Mimik anderer, die eine Emotion ausdrücken, bewirkt eine Aktivierung der Spiegelneurone der prämotorischen Rinde. Diese senden dann eine Kopie ihrer Aktivierungsmuster an die somatosensorischen Areale, die für den Muskelapparat, d. h. für die Ausführung von Handlungen zuständig sind und zu der „Insel", dem Zentrum des Spiegelmechanismus im Gehirn. Dieses Muster ähnelt demjenigen, das erzeugt wird, wenn der Beobachter selbst eine solche Emotion erlebt. Die dann folgende Aktivierung der Spiegelung des beobachteten Verhaltens gleicht dem Muster des eigenen Erlebens. Es handelt sich um eine Art Simulation oder Kopie. Diese „Als-ob"-Spiegelung liegt dem Verstehen der emotionalen Reaktionen der anderen zugrunde (Rizzolatti/Sinigaglia 2008, 187; Damasio 2002, 89). In der Inselrinde in der Gehirnstruktur werden die eingehenden Informationen emotional eingefärbt. Durch die Signale werden dadurch nicht nur die Nervenzell-Verschaltungen des Gehirns verändert, sondern der Körper verändert sich insgesamt. Das merken wir, wenn in uns „die kalte Wut hochsteigt" wir „vor Angst zittern" oder von einem Sympathiegefühl ergriffen werden. Was wir erleben, was uns von anderen – vermeintlich – widerfährt, beeinflusst und verändert uns – psychisch und körperlich.

Die Anwendungen dieser neurobiologischen Entdeckung vor allem im Therapiebereich sind zahlreich und erweitern sich ständig. Bei *Schlaganfallpatienten* verbessern sich die motorischen Fähigkeiten bei einer Videotherapie. Bewegungen, die der Schlaganfallpatient früher beherrscht hat werden bei Benutzung eines Videofilms besser trainiert als bei rein motorischen Übungen. In dem Videofilm werden Bewegungsabläufe in Form einer Gymnastikschulung so gezeigt, dass der Bewegungsablauf erkennbar ist, z. B. wenn die Hand eine Kaffeetasse greift oder zu einem Apfel geführt wird. Das Erkennen der Bewegungsintention aktiviert offenbar Spiegelneurone, die dem Patienten bei der Imitation der Bewegung helfen, die auf dem Bildschirm erscheint. Vergleiche mit einer Kontrollgruppe, welche die Bewegungsübungen ohne Video-Simulation ausführte, zeigten eine signifikante Verbesserung bei Anwendung der Videotherapie. Es handelt sich um einen Hinweis auf die Verbesserung der Reaktivierung motorischer Areale durch Simulation. Dieser Effekt hielt auch noch zwei Monate nach Beendigung der Therapie an (Rizzolatti/Sinigaglia 2008, 170; Bauer 2005, 144; Fischer 2009, 7).

Der Spiegelungseffekt kann auch bei anderen physiotherapeutischen Maßnahmen angewandt werden. Ein weiteres Beispiel der Spiegeltherapie bei teilweiser Lähmung besteht darin, den Patienten mit dem gesunden Arm Aufgaben an einem Tisch erledigen zu lassen, z. B. Murmeln aus einem Gefäß in ein anderes zu legen. Dabei wird ihm ein Spiegel direkt vor seinen Oberkörper gestellt. Für den Patienten entsteht eine optische Täuschung. Er gewinnt den Eindruck, als bewege er den gelähmten Arm. Diese Illusion scheint die Gehirnareale zu aktivieren. Diese leicht zu installierende Therapie wird bevorzugt bei älteren Patienten angewandt. Selbst 10 bis 15 Jahre nach einem Schlaganfall ließen sich bei Untersuchungen Hirngebiete aktivieren (Fischer 2009, 7). Die Anwendung des Computers bei älteren Menschen ist jedoch problematisch, da oft Hemmungen gegenüber diesem Gerät bestehen. Eine persönliche Live Vorführung durch Physiotherapeuten wäre sicher ebenfalls vorstellbar, wird aber in der heutigen Zeit der Kosteneinsparungen vermutlich eher nicht als Alternative erwogen.

Die Spiegeltherapie wurde auch auf das Training der linken Hand angewandt. Bei gesunden rechtshändigen Probanden zeigte sich im Vergleich zu einer Kontrollgruppe ein deutlich besseres Trainingsergebnis der linken nicht trainierten Hand, wenn das Training mit der Spiegelmethode durchgeführt wurde. Dem Autor ist der Fall einer seltenen Augenkrankheit bekannt, bei dem der

Patient seine Umwelt üblicherweise nur verschwommen sieht. Da er Jäger ist, hat er das merkwürdige Erlebnis, dass er durch das Fernrohr absolut klar sehen kann. Durch das Fernglas sieht der Betrachter spiegelverkehrt: Das rechte Auge wird auf das linke Glas gelenkt und umgekehrt. Eine entsprechende Brille wäre machbar, aber extrem teuer. Vielleicht würde die Spiegeltherapie auch in diesem Fall helfen: Wenn die Person denkt, dass sie mit dem linken Auge gut sieht, obwohl es durch den Spiegel das rechte Auge ist, könnten Aktivierungen des für das linke Auge zuständigen Areals die Sehkraft dieses Auges vielleicht verbessern. Auch in der Musiktherapie und in der Behandlung von Autismus führte die Entdeckung der Spiegelneurone zu neuen Therapieideen (Bauer 2005, 57 ff.).

3.3 Angeborenes Spiegelreflexsystem beim Kleinkind

Die genetische Ausstattung mit einem Netz von Spiegelneuronen beim Menschen – aber auch bei Schimpansen, Gorillas, Elefanten und bei Delfinen – ermöglicht es, Kontakt aufzunehmen, sich spontan zu verhalten und den anderen emotional zu verstehen. Mit dieser genetischen Grundausstattung können Neugeborene wenige Stunden oder Tage nach der Geburt Verbindung zu den wichtigsten Bezugspersonen aufnehmen. Es ist jedoch ein Irrglaube, zu meinen, die Gene würden das Verhalten automatisch steuern. Es ist vielmehr so, dass nur die Reizung durch die Umwelt zu einer Aktivierung der Spiegelneurone führt. Bleibt diese Herausforderung über längere Zeit aus, bilden sich gravierende emotionale und kognitive Störungen im Resonanzverhalten, die zu einem späteren Zeitpunkt nur mühsam oder gar nicht reaktiviert werden können.

Spiegelneurone sind die neurobiologische Basis für intuitives Wissen und für das Einfühlungsvermögen dessen, was andere Menschen fühlen. Sie melden uns, was andere Menschen in unserer Nähe – vermutlich – empfinden und lassen uns deren Freude und Schmerz nachfühlen. Fällt ein Kind hin und schlägt das Knie auf, leiden die Eltern, die den Unfall beobachten mit und können sogar den Schmerz nachfühlen. Begegnen wir einem Menschen, der uns anlächelt oder uns die Hand entgegen streckt, lächeln wir unwillkürlich zurück oder antworten reflexartig ebenfalls mit einer Handbewegung. Ein Lächeln kann uns in gute Stimmung versetzen. Dasselbe gilt für die gedrückte Stimmung, die wir bei einem uns nahe stehenden Menschen beobachten. Babys imitieren schon früh Gestik und Mimik der Eltern. Das Gesicht von Mutter oder Vater ist für das Kind wie ein Spiegel, an dem das Kind seine eigenen Verhaltensweisen entwickeln kann, indem es Gesehenes gleich selbst zu machen versucht. Die Mimik der Mutter – Lächeln, Sorge, Traurigkeit, Ärger, Bedauern usw. – wird von dem Baby nonverbal decodiert. Es wird wie im Echo zur Imitation dieser

Verhaltensweisen inspiriert. So werden frühzeitig vorsprachliche Verbindungen geschaffen zwischen Handlungen und inneren Zuständen. Die Forschung bezeichnet diese Verknüpfung, die in jedem Menschen genetisch verankert ist, als *Resonanzverhalten*. Möglich wird es durch die Spiegelneurone.

Ein Baby kann sich nicht in die Richtung drehen, aus welcher sich eine Person auf es zu bewegt. Es braucht jedoch nur einen Schatten, einen Teil des Kopfes, einen Arm der Mutter usw. zu sehen, um intuitiv zu ahnen, dass diese es ist und gegebenenfalls auch aus einer Bewegung ablesen, dass sie sich anschickt, ihm Milch zu geben. Im Affenexperiment wurde diese Resonanzreaktion dadurch realisiert, dass der Affe nur einen kurzen Blick auf das Tablett mit der Nuss werfen durfte.

- **Resonanzphänomene beim Säugling**

Wenige Stunden bis Tage nach der Geburt kann das Neugeborene bestimmte Gesichtsausdrücke der Bezugspersonen spontan imitieren. Öffnet das ihm zugewandte Gesicht den Mund, tut das Baby dies auch. Wird der Mund zugespitzt, kräuseln sich beim Baby die Lippen. Streckt man die Zunge heraus, imitiert das Baby auch diesen Ausdruck. Neugeborene könnten daher möglicherweise bereits über ein Spiegelneuronensystem verfügen, das sich allerdings von dem differenzierten Beobachtungs- und Reaktionssystem der Erwachsenen deutlich unterscheidet und vermutlich weniger Kontrollen erlaubt (Rizzolatti/Sinigaglia 2008, 154). Erwachsene machen sich die Fähigkeit des Babys zunutze, indem sie beim Füttern den Mund aufmachen, um das Kind zu stimulieren, dies ebenfalls zu tun. Dabei lernt das Kind, das Öffnen des Mundes mit Essen in Verbindung zu bringen. Mit diesen erstaunlichen Fähigkeiten zur Simulation ist der Säugling bestens ausgestattet, auf vorsprachlicher Ebene zwischenmenschliche Interaktionen einzugehen – und zu lernen (Bauer 2005, 58). Auch das Erlernen der Sprache funktioniert nach dem Prinzip der Nachbildung. Das Kind beginnt frühzeitig damit, die Sprachlaute abzulauschen, um sie nachzuahmen, bis es das erste vollständige Wort mitzuteilen vermag. Neben den ersten Versuchen, Lautbildungen nachzuahmen, zeigen sich ebenfalls bereits ungerichtete motorische Resonanzreaktionen, wenn dem Baby einprägsame körperliche Bewegungen vorgemacht werden.

Das Erfühlen eines gemeinten Sinns des Gegenübers löst bei dem Kleinkind den Versuch aus, selbst Signale des eigenen Fühlens auszusenden und aus deren Erwiderung die Bestätigung zu entnehmen, dass dies gelungen ist. Indem Erwachsene Signale zurückspiegeln, die das Kind aussendet, reflektieren sie sein Verhalten und reichern dieses zugleich mit Intentionen an, die ihrem Erwachsenensein entspricht. Das Kind ist aufgrund seiner unglaublichen Sensibilität in der Lage, diese Absichten zu nachzufühlen. Lange bevor der Säugling über Bewusstsein und Sprache verfügt, erwirbt er auf diese Weise auf der Basis von Resonanzaktionen eine zunehmende Vielfalt und Farbigkeit der zwischenmenschlichen Kommunikation. Man wusste schon vorher, dass Säuglinge mit erstaunlichen Fähigkeiten zur Welt kommen. Erst die Entdeckung der Spiegelneurone hat jedoch die *biologischen* Grundlagen dieser Kompetenzen verständlich gemacht (Bauer 2005, 61).

- **Das emotionale Erwachen des Kindes**

Zweifellos handelt es sich bei den oben genannten Formen der Imitation um einfache kognitive Leistungen auf vorsprachlicher Basis, die Meinungen, Gründe und Absichten Erwachsener zu unterscheiden und entsprechende Signale auszusenden, dass sie erkannt wurden. Dabei muss man sich klar machen, dass der Säugling grundlegende Bedürfnisse als *Emotionen* signalisiert und dass sein körperliches Glück sich nur durch die Resonanz der *Emotionen* seitens der Erwachsenen erfüllt. Ein Experiment mit dem Namen „still face procedure" macht diesen Zusammenhang deutlich. Der Erwachsene setzt in diesem Experiment entgegen seinen wirklichen Intentionen eine regungslose Miene auf. Daraufhin wendet sich das Kind impulsiv ab. Wiederholt der Erwachsene dieses Verhalten, nimmt die Bereitschaft des Kindes ab, sich überhaupt noch auf einen mimischen Signalaustausch einzulassen.

Glücklicherweise sind die meisten Eltern gern bereit, mit dem Kind Emotionen auszutauschen. Wäre dies nicht der Fall und käme jemand auf den Gedanken, Kleinkinder emotionslos nach rationalen Kriterien aufwachsen zu lassen, könnte die Fähigkeit des Kindes, sich emotional auf Interaktionen einzulassen, Schaden nehmen (Bauer 2005, 62). Schon mit zwei Monaten sind Kinder aktiv um eine gefühlsmäßige Verbindung mit der Mutter bemüht. Sie entwickeln einen „affektiven Gleichklang" mit der Mutter. Dieser geht so weit, dass die Simulation des Gesichtsausdrucks und die Stimme der Mutter, die deren emotionalen Zustand reflektieren, nahezu zeitgleich vom Kind reproduziert werden. Die Autoren Rizzolatti/Sinigaglia sprechen von einem „emotionalen Erwachen" des Kindes in den Monaten nach der Geburt, bei welchem elementare soziale Verhaltensweisen erlernt werden, wie z. B. das Angebot von Hilfe oder das Spenden von Trost. Diese noch wenig entwickelten Formen der Empathie zeigen, dass Neugeborene die Fähigkeit *mitbringen*, Anzeichen von Emotionen anderer, wie Schmerz, Angst, Ekel oder Freude im Gesicht, in den Gesten oder in der Körperhaltung anderer zu erfassen (Rizzolatti/Sinigaglia 2008, 177). Die entscheidende Frage, die sich dabei stellt und die für die Moralerziehung von grundlegender Bedeutung sein dürfte, formulieren die Autoren so (ebenda, Hervorhebungen d. d. Verf.):

> „Doch was ist das für ein Mechanismus, der unserem Gehirn erlaubt, die Reize, die etwa aus einem Gesichtsausdruck eines anderen stammen, zu verarbeiten und zu kodieren als *Mimik dessen, der Schmerz* oder *Ekel empfindet*? Müssen wir

annehmen, dass die Aktivierung der visuellen Rindenfelder einen kognitiven Prozess auslöst, der die sensorischen Informationen als Träger einer bestimmten emotionalen Bedeutung zu interpretieren vermag? *Oder* sollen wir vermuten, dass der Anblick des Gesichts eines anderen, das eine Emotion ausdrückt, beim Beobachter dieselben zerebralen Zentren aktiviert, die sich aktivieren, wenn er selbst diese spezifische Reaktion hat?"

Die überwiegende Zahl der Pädagogen dürfte der Ansicht sein, dass Werte und die ihnen zugrunde liegenden Emotionen *gelernt* werden. Die herkömmliche Erziehung schöpft aus dieser Ansicht ihre Aufgabe, Normen und Werte zu vermitteln. Das Kind wird in dieser Anschauung gewissermaßen als „Tabula rasa", als unbeschriebenes Blatt gesehen, das durch die Einwirkung der Erzieher in die aktuelle soziale Umwelt hineinwächst. Rizzolatti und seine Mitarbeiter stellen die Frage des Lernens präziser: Worin besteht die Fähigkeit, Emotionen der anderen zu erkennen? Bringen Kinder die emotionale Spiegeleigenschaft, die bei Erwachsenen erkennbar ist, *mit* und werden sie dadurch zu *Mit*empfindung fähig? Oder handelt es sich, wie häufig angenommen wird, um *Lernprozesse*, die sich lediglich durch die Art der Informationen unterscheiden, die vom Kleinkind verarbeitet werden.

3.4 Die biologische Erklärung des Mitempfindens von Emotionen

Immer dann, wenn wir eine Bewegung vorbereiten, beobachten oder uns nur vorstellen, beginnen im Gehirn dieselben Bereiche zu arbeiten, als wenn wir die Bewegung tatsächlich ausführen. Unbewusst findet durch diese neuronalen Informationsimpulse angeregt ein Imitationsvorgang statt, der auch als Einfühlung oder Mitempfinden beschrieben werden kann. Spiegelneurone stellen durch die spontane Simulation eine direkte Kommunikation her. Die sprachliche Reflexion ist dabei zunächst nicht beteiligt. Gegenwärtig wird ein ganzes System von Spiegelneuronen im Gehirn vermutet (Rizzolatti/Sinigaglia 2008, 164).

Die Beantwortung der Frage, ob Emotionen wie z. B. Ekel gespiegelt werden und damit eine angeborene genetische Reaktion darstellen oder durch kognitive Verarbeitung entstehen, war bisher ein Glaubensbekenntnis, da sie durch die herkömmlichen Erkenntnisse der Wissenschaft nicht entschieden werden konnte. Seit einigen Jahren ist die Hirnforschung in der Lage, eine Antwort zu geben. In zahlreichen experimentellen Studien über das Empfinden des Ekels konnten in den letzten Jahren die Hirnregionen ermittelt werden, die an den Ekelreaktionen beteiligt sind. Eine Schlüsselrolle kommt dabei einem Bereich des Gehirns zu, der als Insellappen bzw. kurz als Insel bezeichnet wird. Die vordere Region der Insel hat starke Verbindungen zu Geruchs- und Geschmackszentren. Eine hintere Region der Insel hat Verbindungen zum Hörsinn und zu

Körperempfindungen (Tastsinn usw.) und zu prämotorischen Arealen. In Experimenten zeigte sich, dass die vordere Region der Insel durch den Anblick des Gesichtsausdrucks von Ekel bei anderen aktiviert wird. Die Stärke der Aktivierung hing davon ab, wie viel Ekel beobachtet wurde.

Die Bedeutung dieser neurobiologischen Forschung wird deutlich beim Fehlen dieser Fähigkeit durch Schädigungen der Hirnregion, welche für Emotionen zuständig ist. Der amerikanische Neurologe Antonio Damasio stellte bei einer Patientin, deren Amygdala (Mandelkern) beidseitig geschädigt war, eine merkwürdige Verzerrung der emotionalen Färbung fest. Ihre Wahrnehmung und ihr Verhalten bildeten sich so, als wären negative Emotionen, wie Furcht und Ärger aus ihrem affektiven Vokabular gelöscht worden, sodass ihr Leben ausschließlich von positiven Emotionen beherrscht wurde (Damasio 2002, 84). Dies zeigte sich zwar nicht in der Intensität, aber in der Häufigkeit. Die Schädigung hinderte die Frau, in jungen Jahren die Bedeutung unerfreulicher Situationen zu begreifen. So hatte sie nicht gelernt, die aufschlussreichen Zeichen zu erkennen, mit welchen sich Konflikte ankündigten. Individuen, die aufgrund dieser Schädigung mit einer rosaroten Brille durch das Leben gehen, können sich nur wenig vor einfachen und komplexeren sozialen Risiken schützen und sind daher anfälliger und weniger souverän in ihrem Handeln als andere Menschen.

Rizzolatti/Sinigaglia berichten von einem ähnlichen Fall. Ein Patient hatte durch eine Hirnblutung schwere Schädigungen der vorderen linken Insel erlitten. Er war deshalb nicht mehr in der Lage, in den Mienen anderer Zeichen von Ekel zu erkennen. Dies galt allerdings nicht für andere Emotionen. Die Unfähigkeit, Ekel zu erkennen, bezog sich nicht nur auf die visuelle Wahrnehmung, sondern auch auf das Hören. Wenn ihm Videos vorgeführt wurden, in welchen Personen im Zusammenhang mit dem Brechreiz entsprechende Laute von sich gaben, reagierte er nicht. Bei einem anderen Fall von Hirnschädigung in beiden Bereichen der Insel war der Patient nicht mehr in der Lage, Gesichtsausdrücke von Ekel zu erkennen. Auch lautes Erbrechen (in einem Video), begleitet von einem vor Ekel verzerrten Gesicht, war für ihn ohne emotionale Bedeutung. Besonders unangenehm bemerkbar machte sich seine Störung bei den Essgewohnheiten. Er verspeiste wahllos Dinge, die ungenießbar waren und vor denen andere sich ekelten (Rizzolatti/Sinigaglia 2008, 182).

- **Emotionen werden über sensorische Erfahrungen kodiert**

Während ekelhafte Gerüche den vorderen linken Bereich der Insel aktivieren, regen angenehme Gerüche Strukturen im weiter hinten gelegenen Bereich der Insel an. Bei visuellen Experimenten feuerten die Neuronen nur bei einem von Ekel verzogenem Gesicht. Bei Bildern, die angenehme Eindrücke vermittelten, war keine Aktivierung festzustellen.

Aus diesen Experimenten geht hervor, dass die Erfahrung des eigenen Ekels und die Beobachtung Ekel erregender Situationen eine gemeinsame neurale Grundlage haben. Das eigene Riechen sowie das Beobachten Ekel verursachender Dinge oder Situationen bei anderen hat in beiden Fällen eine Aktivierung der linken Hälfte der Insel zur Folge. Das Verstehen emotionaler Zustände, wie z. B. des Ekels setzt demnach weder kognitive Prozesse im Sinne von Folgerungen und Assoziationen voraus, noch beruht es auf ihnen. Es hängt vielmehr von einem Spiegelmechanismus ab, durch welchen die sensorischen Erfahrungen direkt *emotional* kodiert werden (Rizzolatti/Sinigaglia 2008, 164, Hervorhebung d. d. Verf.)

Dieses experimentelle Ergebnis ist von großer Bedeutung. Es sagt aus, dass Emotionen vorsprachlichen Ursprungs sind. Sie werden über sensorische Erfahrung *als* Emotionen codiert. Was für den Ekel gilt, scheint auch auf andere primäre Emotionen zuzutreffen. Die Allgegenwart der Emotion in unserer Entwicklung und in der Alltagserfahrung führt dazu, dass fast jedes Objekt und jede Erfahrung mit Emotionen verknüpft wird. Damasio spricht von einer „Tyrannei der Emotionen" (Damasio 2002, 77). Das Wörterbuch unserer gespeicherten Emotionen wächst ins Unendliche. Es kommt selten vor, dass wir etwas ohne Emotionen tun. Wir greifen nicht einfach zu einem Apfel, sondern weil wir Lust haben, ihn zu verzehren. Wir schenken uns Kaffee in eine Tasse ein, um ihn zu genießen. Bei den meisten Tätigkeiten sehen wir entweder eine Gefahr oder eine Gelegenheit und entwickeln entsprechend anziehende oder abstoßende Motive, Neigungen oder Abneigungen. Gefühle der Furcht, des Staunens, des Ekels, des Schmerzes, des Interesses oder der Lust erzeugen beim Menschen Handlungen. Die Handlungen anderer lösen in uns Emotionen aus, wie Zorn, Bewunderung, Angst, Mitleid oder Hass.

Sensorisch codierte Emotionen sind ein wichtiges Instrument für unser Gehirn, um uns bei den vielfältigen Informationen eine Orientierung zu geben, die automatisch eine geeignete Reaktion auslöst und damit das Wohlergehen und das Überleben unseres Organismus fördert. Wir runzeln die Stirn, wenn uns etwas Unangenehmes begegnet, als wollten wir es wegschieben oder uns vor etwas schützen. Wir winden uns vor Schmerz, stöhnen oder beißen die Zähne aufeinander. Natürlich können wir uns täuschen. Wir können z. B. grundlos erschrecken. Das Erschrecken selbst aber, bzw. die Erinnerung an Situationen, die uns einen Schreck einjagten, ist unumgänglich, um Situationen in unserem Alltag zu bewältigen (Rizzolatti/Sinigaglia 2008, 175).

- **Emotionen als direkte körperliche Reaktionen auf ein beobachtetes Verhalten**

Unsere emotionalen Verhaltensweisen hängen weitgehend von der Fähigkeit ab, die Emotionen *anderer* wahrzunehmen und zu verstehen. Wir leiden mit, wenn jemand Schmerz zugefügt wird, es geht uns nahe, wenn jemand zu zittern anfängt, blass wird, jammert oder schreit und die Freude anderer steckt an. Es kann für uns ein mächtiger emotionaler Reiz sein, wenn jemand die Flucht ergreift, sich abwendet, uns den Rücken zukehrt. Wenn wir sehen, dass jemand vor Ekel das Gesicht verzieht, weil ihm ein Gericht nicht schmeckt, werden wir die Speise oder das Getränk kaum anrühren. Es handelt sich um direkte körperliche Reaktionen auf ein beobachtetes Verhalten. Wir benötigen offenbar keine weiteren Informationen, um Freude, Schmerz oder Ekel an der Miene oder Körperreaktion eines anderen emotional zu erfassen. Unsere Wahrnehmung solcher Akte und die meistens unwillkürliche Reaktion darauf scheint nach allem, was wir zurzeit wissen, mit einem Spiegelmechanismus verbunden zu sein, der unserem Gehirn direkt wiedergibt, was wir bei anderen sehen, hören oder uns vorstellen. Der neuronale Mechanismus aktiviert bei der Beobachtung der Körperreaktionen anderer dieselben Handlungen, die für unsere eigenen Emotionen zuständig sind. Emotionen können jedoch auch kognitiv, d. h. durch reflexive Verarbeitung sensorischer Wahrnehmungen im Gesicht und den Gesten anderer verstanden werden. Damasio ist sogar der Meinung, dass Gefühle ihre „maximale Wirkung" entfalten, wenn Bewusstsein vorliegt Er schränkt diese Erkenntnis aber sogleich wieder ein, indem er feststellt, dass der „Motor der Vernunft" auf die Emotionen angewiesen ist und der kontrollierende Einfluss des Verstandes im Erkennen und Bewerten von Emotionen „bescheiden ausfällt" (Damasio 2002, 77).

Amerikanische Wissenschaftler haben festgestellt, dass es ein Gedächtnis der Gefühle gibt. Alzheimer Patienten können sich gut und vielleicht auch glücklich fühlen, ohne zu wissen, warum. Aus Beobachtungen geht hervor, dass sich zwei Alzheimer Patienten fröhlich unterhalten können und in guter Stimmung zu sein scheinen, obwohl einer den anderen nicht versteht. Erinnerungen sind durch Emotionen gefärbt. Gefühle helfen, das Erlebte einzuprägen und dauerhaft im Gedächtnis zu speichern. Das geschieht auch bei Menschen, deren Gedächtnis nur noch mangelhaft funktioniert. In Tests wurden Alzheimer Patienten Videoclips gezeigt, in denen es um Verlust und Tod ging. Am folgenden Tag wurden ihnen Filmszenen vorgeführt, die humorvolle und amüsante Episoden enthielten. Wie erwartet erinnerten sich die vergesslichen Patienten schon kurz nach den Vorführungen nicht mehr an den Inhalt. An die in den Filmen transportierten Stimmungen „traurig" bzw. „lustig" konnten sie sich jedoch noch „eine ganze Zeit" erinnern (vgl. Dr. Wewetzer in: Der Tagesspiegel, Berlin, vom 18. April 2010, Sonntags S8). Dieser Test ist ein weiterer Hinweis darauf, dass unsere in der Evolution vererbte Fähigkeit, Emotionen zu speichern, eine Basis der Verständigung ermöglicht, die ohne Sprache auskommt.

3.5 Das gefühllose Herz

Es gibt Verstandesmenschen. Sie haben scheinbar keine Emotionen oder zeigen diese nicht. Im Nationalsozialismus muss es eine Vielzahl solcher Personen gegeben haben, anders lassen sich die unglaublichen Gräueltaten nicht erklären. In seinem Märchen „Das kalte Herz" schildert Wilhelm Hauff, wie der Sozialneid das Herz des armen Kohlenmunkpeter versteinern lässt: Er sagt sich:

> „Es ist ein elend Leben, wie angesehen sind die Glasmänner, die Uhrmacher, selbst die Musikanten am Sonntag Abend! Und wenn Peter Munk, rein gewaschen und geputzt, in des Vaters Ehrenwams mit silbernen Knöpfen und mit nagelneuen roten Strümpfen erscheint, und wenn dann einer hinter mir her geht und denkt: wer ist wohl der schlanke Bursche? Und lobt bei sich die Strümpfe und meinen stattlichen Gang, - sieh, wenn er vorübergeht und schaut sich um, sagt er gewiß, ach, es ist n u r d e r K o h l e n m u n k p e t e r. '" (Hauff o. J., 204, Sperrung im Text))

Sein hartes Herz wird in einer Höhle verwahrt, in welcher bereits viele andere lagern – von Menschen, die unversehens zu Geld und Ansehen gekommen sind. Er kommt nun zwar zu Geld, reagiert aber von da an herzlos. Er fühlt nichts mehr: keinen Schmerz, keine Angst, keine Liebe. Er hat nur noch Geld und Geschäft im Kopf. Seine Frau muss nun niedere Dienste tun. Er ist nie zufrieden mit ihr und treibt sie immer weiter an. Als sie armen Leuten in der Not hilft, schlägt er sie so hart, dass sie stirbt. Auch das löst bei ihm keine Emotionen aus.

Das kalte Herz steht bei Hauff für die Gier eines Menschen. Der Schilderung könnte aber auch die Beobachtung einer Gehirnschädigung zugrunde liegen. Ist das Gehirn im Bereich der Insel nachhaltig geschädigt, funktioniert also nur noch der Verstand ohne die Orientierung durch Emotionen, erzeugt das Gehirn „eine bloß kognitive, blasse, kalte, jeglicher emotionalen Farbe beraubte Wahrnehmung" (William James, zit. n. Rizzolatti/Sinigaglia 2008, 188). Bei nur teilweiser Schädigung des emotionalen Zentrums kann unser Gehirn Emotionen speichern, die wir unbewusst anwenden. Damasio konnte dies am Beispiel eines nach der Entfernung eines Tumors hirngeschädigten Patienten nachweisen, dessen Intelligenz, Sprachfähigkeit und Motorik nach der Operation erhalten geblieben waren (Damasio 2002, 59-62). Er konnte jedoch nichts Neues lernen. Das führte unter anderem dazu, dass er sich kein neues körperliches Erscheinungsbild, keine Gestik, keinen Laut usw. einprägen konnte. Er wirkte emotional verarmt und außergewöhnlich distanziert. In Experimenten wurden ihm drei Personen präsentiert, die unterschiedlich emotional auf ihn reagierten: der Eine nett, der Andere neutral und der Dritte unwirsch. Er konnte sich tags darauf an diese Personen nicht mehr erinnern. Doch als er gefragt wurde, wer von den Dreien sein Freund sei, entschied er in sich der Regel für die nette

Person (Damasio 2002, 61). Seine Wahl konnte er nicht begründen. Nach heutiger Kenntnis können wir sagen, dass der Spiegelneuronenmechanismus weiterhin funktionierte und seine emotionalen Präferenzen bestimmte, ohne dass er sich dessen bewusst war. Sein Gehirn erinnerte sich an die Emotionen, nicht aber an die Personen, bei welchen er diese Emotionen beobachtet hatte. Seine Sinneseindrücke waren emotional gefärbt, weil er die beobachteten Reaktionen *nachempfunden* hatte, ohne sich dessen erinnern zu können.

3.6 Die Hemmung von Empathie

Die Beobachtung von Emotionen löst nicht automatisch Empathie aus. Wenn wir jemand schluchzen sehen, veranlasst uns das nicht ohne Weiteres, Mitgefühl zu empfinden. Das geschieht zwar gelegentlich, ist aber nicht zwangsläufig der Fall. Ob bei uns Mitleid oder im Falle der Freude Sympathie erzeugt wird, hängt davon ab, wie nahe wir einer Person stehen, ob wir das Gefühl haben, uns einlassen zu sollen, ob wir glauben, die damit verbundenen Belastungen zu ertragen bzw. ob wir überhaupt *wollen*, dass die beobachtete Emotion uns zu Handlungen bewegt. Wir nehmen zwar immer den Schmerz des anderen oder seine Heiterkeit wahr, nicht immer löst diese Wahrnehmung jedoch empathische Teilhabe aus (Rizzolatti/Sinigaglia 2008, 190). Diese Hemmung – ähnlich vielleicht wie beim Säugling das „Fremdeln" - ist notwendig, um uns vor unüberlegten Handlungen zu schützen bzw. hilft uns, positiv ausgedrückt, die emotionalen Beziehungen einzugehen, die wir eingehen wollen. Dabei sollten wir uns jedoch die Bemerkung Damasios vergegenwärtigen, dass der Einfluss der Vernunft auf diese Prozesse oft „bescheiden" ausfällt.

Das Spiegelneuronensystem allein genügt jedoch nicht für die Steuerung von Handlungen. Jede Person ist bestrebt, Beobachtungen und Vorstellungen so zu *kontrollieren*, dass die daraus entstehenden Handlungen ihren Neigungen und Interessen entsprechen. Rein spiegelbildliches Verhalten findet sich noch nicht einmal bei Kindern. Auch diese lassen Erfahrungen einfließen. Es muss daher Mechanismen geben, durch welche die Spiegelneuronen kontrolliert werden. Wiederum sind es Schädigungen des Gehirns, welche darüber Aufschluss geben. Patienten mit Schädigungen im Frontallappen haben den starken Drang, Handlungen, die von anderen ausgeführt und von ihnen beobachtet werden, z. B. die von behandelnden Ärzten, zu wiederholen (Imitationsverhalten). Bei schweren Fällen tritt Echopraxie auf. Diese Patienten haben eine zwanghafte Tendenz, selbst seltene Gesten anderer reflexartig nachzumachen (Rizzolatti/Sinigaglia 2008, 153). Ihnen fehlt die Kontrolle, beobachtete Handlungen so zu selektieren, dass sie ihren eigenen Handlungs- bzw. Verhaltensmustern entsprechen. Beobachtete Handlungen werden durch sie ungebremst simuliert. Eine - „normale" - unmittelbare motorische Resonanz kann bei Erwachsenen sowie älteren Kindern und Jugendlichen beobachtet werden: In Fußball- oder Boxstadien können Zuschauer körperlich so mitgerissen werden, dass sie nicht nur in laute Anfeuerungsrufe verfallen, sondern auch bestimmte Bewegungen wie beim Boxen einen Boxhieb ausführen, den ihr Champion jetzt ausführen sollte. Es handelt sich um eine Art motorischer Befreiung. Die emotionale körperliche Beteiligung stellt eine Abschwächung des Kontrollmechanismus dar, die zur Folge hat, dass beobachtete Handlungen, die bei Erwachsenen normalerweise still, d. h. ohne äußerlich sichtbare Beteiligung verarbeitet werden, sich in Körperreaktionen entladen.

Menschen sind verschieden. Die neuronale Grundlage einer empathischen Teilhabe durch die Spiegelneuronensysteme beeinflusst und orientiert unsere Interaktionen in unterschiedlicher Weise. Dennoch kann man als wichtigstes Ergebnis festhalten, dass die Spiegelmechanismen einen gemeinsamen biologischen Ursprung haben und dieser uns in die Lage versetzt, das Verhalten anderer biologisch zu erfassen, bevor die begriffliche und sprachliche Vermittlung unserer Erfahrungen einsetzt.

3.7 Vorsprachliche Nachahmung, Lernen und Sprache

Ungeübte Redner kann man dabei beobachten, wie sie sich gelegentlich am Kopf kratzen (bevorzugt mit der rechten Hand, wenn es sich nicht um Linkshänder handelt), mit den Händen gestikulieren, den Zeigefinger mahnend erheben usw. Sie reden mit den Händen. Der erste Rat, den man ihnen geben könnte, wäre, sich zu überlegen, wo die Hände bleiben. Aber in den seltensten Fällen werden die Arme eines Redners schlaff am Körper herunterhängen. Das würde wohl auch den Eindruck erwecken, dass er nicht ganz bei der Sache ist. Es gibt ein Gesellschaftsspiel, bei dem die Teilnehmer einen Gegenstand beschreiben sollen, wobei ihnen ausdrücklich verboten ist, die Hände zu benutzen. Kurz: Die *Gestik* mit den Händen begleitet unser Sprechen und wir fühlen uns behindert, wenn wir bei Beschreibungen nicht gelegentlich zur Unterstreichung unsere Hände benutzen dürfen. Allerdings hat sich die Sprache von unmittelbaren Handlungsvollzügen und aus dem Gegenstandsbereich zu einem System intentionaler Ausdrucksmöglichkeiten entwickelt, bei dem das Gestikulieren mit den Händen eher hinderlich als vorteilhaft ist. Dennoch lohnt es sich, den Zusammenhang motorischer Gesten und sprachlicher Vokalisation näher zu betrachten, da darin eine aufschlussreiche evolutionäre Entwicklung zu erkennen ist: Es gibt einen tiefen Zusammenhang zwischen motorischen Handlungen und Sprache.

- **Sprache ist aus der Nachahmung motorischer Akte entstanden**

Wir sind es gewohnt, von einem Sprachschatz zu sprechen. Wenn jemand einen Zusammenhang gut formulieren kann, dabei anschauliche Bilder benutzt, abstrakte Begriffe in eine ansprechende Symbolik zu kleiden vermag und die Wiederholung von Wörtern wie „interessant" vermeidet, halten wir ihn für einen guten Redner – vermutlich zu Recht. Es kann aber auch sein, dass er zwar in der Lage ist, geschliffen zu reden, sonst aber ziemlich abgehoben ist und nicht zu den Dingen steht, die er vorträgt. Die Sprache, die wir kennen, erlaubt vieles. So war es nicht immer. Wenn wir uns unter Kenntnis des Spiegelneuronensystems fragen, wie die Sprache entstanden ist, kommen wir zu dem erstaunlichen Ergebnis, dass Sprache keineswegs als ein abstraktes intentionales Schema entstanden ist, sondern aus der *Nachahmung motorischer Akte*. In Experimenten konnte nachgewiesen werden, dass die Nachahmung visueller Beobachtungen in dem Maße gespiegelt wurde, wie die Motorik den Teilnehmern bekannt war. In anderen Worten: Das Spiegelneuronensystem ist an der Nachahmung von Akten beteiligt, die im „motorischen Wortschatz" des Beobachters vorhanden sind und setzt die Beobachtungen direkt in motorische Handlungen um (Rizzolatti/Sinigaglia 2008, 147). Da Menschen im Gegensatz zu Affen in der Evolution ihrer Lebensform immer differenziertere Handlungsmuster entwickelten, wurde die Erläuterung der Handlungsintentionen durch Vokalisation und Sprachentwicklung immer wichtiger und löste die Gestik weitgehend ab.

Sprache entsteht durch Nachahmung. Das Spiegelneuronensystem spielt dabei eine grundlegende Rolle. Es verschlüsselt die beobachtete Handlung und ermöglicht auf diese Weise eine Wiederholung. Spracherwerb kann jedoch kaum durch den Vorgang der Imitation erklärt werden, denn die entscheidende Frage ist, wie eine Form der Nachahmung zu erklären ist, die sich nicht auf die Wiederholung eines beobachteten Geschehens beschränkt, sondern *neue Handlungsmuster* schafft. Das Spiegelneuronensystem ist in der Lage, visuelle Informationen in geeignete motorische Rektionen umzusetzen, gewissermaßen motorische Befehle zu erteilen. Rizzolatti/Sinigaglia vermuten aufgrund ihrer eigenen Forschungen, dass die Aktivierung der Spiegelneuronen unter der Kontrolle des sogenannten Brodman-Areals 46 im Gehirn erfolgt. Dieses scheint nicht nur für das Arbeitsgedächtnis zuständig zu sein, sondern auch für eine Wieder- und Neuzusammenstellung motorischer Akte. Dabei entstehen neue Handlungsmuster. Der Mensch verfügt über einen weitaus differenzierteren *motorischen* Wortschatz als Affen und hat damit größere Möglichkeiten der Zusammenstellung von Handlungsmustern durch Nachahmung.

- **Ständige Neuorientierung intentionaler Handlungen durch Spiegelneurone**

Spiegelneuronensysteme gibt es auch bei Affen. Sie reichen offensichtlich nicht aus, um intentionale oder sprachliche Kommunikation zu erklären. Das Beobachten und Verstehen einer Handlung führt nicht unmittelbar zu deren Nachbildung. Es muss etwas hinzukommen, was in der Altruismus-Forschung immer wieder anklingt: Beobachter und Aktivist bzw. Sender und Empfänger müssen aufeinander bezogen sein, sie müssen ein gemeinsames Verständnis darüber haben, was wichtig ist für beide (bzw. für die Gruppe, in welcher sie gemeinschaftlich leben), kurz: es muss eine Paritätsbedingung erfüllt sein d. h. es muss einen gemeinsamen Handlungsraum und gemeinsame Deutungsmuster geben. Wenn der Säugling den Arm seiner Mutter aus den Augenwinkeln bemerkt, weiß er, dass er nicht allein ist und es zu körperlichen Kontakten und zu den beliebten mimischen Wechselspielen kommen kann oder er die ersehnte Milch bekommt. Wenn jemand einem Hut nachrennt, den der Wind ihm vom Kopf gefegt hat, verstehen wir die Situation sofort, zumal wir selbst den Wind spüren. Es kann sogar sein, dass wir uns entschließen, den Hut durch eine geschickte Bewegung aufzufangen und dem Besitzer zu überreichen. Das ist eine blitzschnelle Reaktion. Was wir uns dabei nicht klar machen ist, dass wir unseren eigenen Handlungsablauf – kurzfristig - unterbrechen. Es kommt zu einer Neuorientierung. Vermutlich sprechen wir auch ein paar kurze Worte mit dem Hutträger und er bedankt sich freundlich. Jetzt ist die Neuorientierung bereits gegenseitig.

Es handelt sich um motorische Vorformen einer Kommunikation. Möglicherweise haben wir zum ersten Mal einen Hut aufgefangen. Die Aktion geht in unser motorisches Wissen ein. Sie kann auch von bestimmten Lauten begleitet sein. Vielleicht ruft der Hutmensch erschrocken „Oh!" wenn der Hut davon segelt und wir werden dadurch erst aufmerksam. Sein Ausruf kann von uns als – halbbewusste - Intention aufgefasst werden: „Helft mir!" Das Wichtigste aber ist, dass wir nach dieser Aktion um ein Erlebnis reicher sind und uns fragen können, ob wir beim nächsten Mal wieder hinter dem Hut des Fremden her rennen wollen - und dabei unseren eigenen Handlungsablauf unterbrechen - oder nicht. Der Entscheidungsspielraum wird größer. Wir verbessern die Kontrolle über das Spiegelneuronensystem, welches uns ständig anregt, beobachtete Handlungen oder Gesten durch Nachahmung in eigene Aktionen umzusetzen.

3.8 Die Entwicklung der menschlichen Sprache

- **Kommunikation durch Gebärden, Gesten und Rufe**

Es gibt eine breite Literatur zum kommunikativen Verhalten von Gorillas, Schimpansen, Bonobos, Makaken usw. in welchen zum einen das Sozialverhalten, zum anderen die Gesten der Tiere zum Zwecke der Kommunikation beobachtet wurden (de Waal 1991; 2008). Das laute Schmatzen und das Vorstülpen der Lippen ist ein motorischer Reflex, der aus der Einnahme von Essen entstanden ist und bei Affen ein Gemeinschaftsritual der Gruppe widerspiegelt. Das Mienenspiel und die Gebärden sowie die Fellpflege sind bei Primaten ritualisierte Gesten, die nützlich für den Anschluss an die Gruppe sind bzw. der Festigung des Zusammenhalts dienen. Sie werden oft begleitet durch Laute, die als Signale verstanden werden, z. B. wenn Gefahr droht. Die Vokalisierungen von Handlungen bei Primaten sind bereits sehr differenziert. Es gibt Kontaktrufe, die die Position signalisieren und es der Gruppe erlauben, sich (neu) zu ordnen sowie Rufe, welche die Entdeckung von Futter anzeigen oder auf die Anwesenheit von Raubtieren hindeuten.

Bei einer Makakenart (grüne Meerkatze) ist die Vokalisierung bereits so ausdifferenziert, dass unterschiedliche Schreie erkennen lassen, ob über- oder untergeordnete Artgenossen sich nähern, ob es sich um eine rivalisierende Gruppe handelt, ob diese noch in weiter Ferne ist oder sich im offenen Gelände bewegt usw. Bei Raubtieren haben die Makaken unterschiedliche Warnlaute dafür, ob es sich um fliegende Räuber, wie Adler, einen bodenständigen Räuber, wie den Leoparden oder ein Kriechtier, wie eine Schlange handelt. (Dorothy Cheney und Robert Seyfarth, zit. n. Rizzolatti/Sinigaglia 2008, 159). Die typischen Lautäußerungen von Hyänen ähneln für das menschliche Empfinden einem Kichern oder Gelächter. Das sind sie natürlich nicht. Hyänen geben mit ihrem „Lachen" Informationen über Alter und Geschlecht eines Individuums sowie über dessen Rang ab. Variationen der Geschwindigkeit der Tonfolgen werden als Unterwürfigkeitsgesten oder Hilferufe beim Auftauchen von Löwen eingesetzt (Der Tagesspiegel Berlin vom 30.03.2010, S. 28).

Beim Menschen werden Gesten und Laute, die der direkten Kommunikation dienen, bereits im Kindesalter zu intransitiven Gesten erweitert. Die Zunge ist wie bei Primaten das Organ mit den meisten Geschmacksknospen. Es ist daher kein Zufall, dass Babys Objekte prüfen, indem sie diese in den Mund nehmen. Kleinkinder greifen nach Objekten, die in ihrer Reichweite sind. Wenn diese weiter entfernt sind, strecken sie den Arm aus und zeigen darauf. Sie tun dann so, als wollten sie das Objekt ergreifen. Aus dieser und anderen Beobachtungen lässt sich der Schluss ableiten, dass beim Menschen im Laufe der Evolution Spiegelneuronensysteme, die für transitive Akte bestimmt waren, wie

z. B. für das Erkennen von Objekten, die man ergreifen, erreichen oder halten wollte oder für Mundbewegungen wie Beißen, Einnehmen von Nahrung usw., die neurale Grundlage für das erste Auftreten interindividueller Kommunikation lieferten, in welcher die *Intention* des Handelns erklärt werden musste (Rizzolatti/Sinigaglia 2008, 159). Aus diesen Spiegelneuronen, welche motorische Handlungen des Greifens, Beißens, Essens usw. steuerten, könnte sich „jene Schaltung entwickelt [haben], die beim Menschen für die Kontrolle und Produktion der verbalen Sprache verantwortlich ist" (ebenda).

- **Kommunikation durch Warnlaute**

Dem steht eine verbreitete Theorie gegenüber, die die menschliche Sprache nicht aus Gesten, sondern aus *Rufen* ableitet, wie sie bei Tieren üblich sind. Diese Auffassung geht auf Darwin zurück. Dieser hatte im dritten Kapitel von „Die Abstammung oder der Ursprung des Menschen" Folgendes ausgeführt:

> „[Ich kann] nicht daran zweifeln, dass die Sprache ihren Ursprung der Nachahmung und der Modifikation verschiedener natürlicher Laute, der Stimmen anderer Tiere und der eigenen instinktiven Ausrufe des Menschen unter Beihilfe von Zeichen und Gesten verdankt (Darwin 2006, 766).

Zwei Gründe sprechen gegen diese Theorie.

(1) Der erste Grund ist funktionaler Art. Man sollte bedenken, dass Vokalisierungen bei Primaten ausschließlich mit emotionalen Verhaltensweisen verbunden sind, die an eine bestimmte Funktion gebunden sind, wie z. B. „Alarm" bei der grünen Meerkatze. Diese Laute sind feststehend. Sie können nicht für andere Funktionen verändert werden. Ein Lautsignal dient einer bestimmten Botschaft, z. B. „Annäherung". Es kann nicht mit einer anderen Nachricht besetzt werden (z. B. „Flucht"). Damit sind die Signale zwar sehr wirksam für die Gruppe, gleichzeitig aber auch beschränkt. Sie lassen keine Interpretation zu. Das sieht im Übrigen auch Darwin so. Er differenziert zwischen artikulierter Sprache und unartikulierten Lauten. Letztere hat der Mensch mit nichtmenschlichen Tieren gemeinsam:

> „Ausrufe des Schmerzes, der Furcht, der Überraschung, des Ärgers, in Verbindung mit entsprechenden Handlungen, und das Murmeln einer Mutter mit ihrem geliebten Kind sind ausdrucksvoller als irgendwelche Worte" (Darwin 2006, 764/765)

(2) Der zweite Grund ist gehirn-physiologischer Natur. Die unartikulierten Laute, die als Warnlaute dienen können oder, wie Darwin meint, allgemein den Ausdruck von Gemütsbewegungen zeigen, sind bei nichtmenschlichen Tieren und Menschen instinktiv gegeben. Die neuralen Schaltungen für diese Art Rufe liegen in tiefen Regionen der Gehirnstruktur, während die menschliche Sprache an der lateralen Oberfläche der Hirnrinde lokalisiert ist. Es ist kaum vor-

stellbar, dass eine solche anatomische Verschiebung stattgefunden hat (Rizzolatti/Sinigaglia 2008, 161). Beim Menschen gibt es diese in den tiefen Strukturen des Gehirns angesiedelten Strukturen ebenso wie bei den nichtmenschlichen Primaten und anderen Säugetieren. Sie dienen emotionalen Signalen. Rizzolatti/Sinigaglia ziehen aus dieser Erkenntnis den Schluss, dass es sinnvoller ist, bei den nichtmenschlichen Primaten ähnliche Areale wie beim Menschen anzunehmen und zu überprüfen, wieso diese sich beim Menschen zur menschlichen Sprache weiterentwickelt haben und bei den Affen nicht. Darwin hatte diese Überlegung auch schon angestellt, kam aber zu dem Ergebnis, dass sich in der Evolution nicht alle Dinge erklären lassen. Er führt dazu ein kurios anmutendes Beispiel an, das jedoch sehr anschaulich ist:

> „So haben die Nachtigall und die Krähe ähnlich gebaute Stimmorgane; die erstere benutzt dieselben zu mannigfaltigem Gesang, die letztere nur zum Krächzen" (Darwin 2006, 768).

Das Gehirnareal beim Affen (F5) weist eine ähnliche Organisation auf wie das Sprachzentrum des Menschen im Broca-Feld. Beide Areale sind in ähnlicher Weise in eine Spiegelneuronensystem eingebunden, welches die primäre Funktion hat, das Erkennen einer Handlung mit der Produktion einer neuen Handlung zu verbinden. Aus dieser primär motorischen Aufgabe lässt sich ableiten, dass die Ursprünge der Sprache sich weniger aus den Vokalisierungen von Kommunikationssignalen, sondern eher aus dem motorischen System der Gesten entwickelt haben. In dem Maße, wie sich die Gesten des Menschen in der Evolution seiner Lebensform differenziert haben, hat sich sein Spiegelneuronensystem ebenfalls weiter entwickelt, während das des Affen eher gleich blieb, da sie in ritualisierten Gruppenverhaltensweisen verharrten. Es ist daher anzunehmen, dass sich aus der Weiterentwicklung der menschlichen Kommunikation mit Gesten auch die Worte entwickelt haben, mit welchen die Handlungsintentionen differenzierter mitgeteilt werden konnten.

- **Motorik von Armen und Händen und Sprachentwicklung**

Es gibt zahlreiche Anzeichen dafür, dass es vor allem die Hände und Arme waren und nicht in erster Linie der Mund, mit denen die Hominiden zunächst eine Art Gebärdensprache entwickelten, durch die sich das Spiegelneutronensystem weiter ausbildete und vokale Gesten in das Kommunikationssystem einbezogen wurden. Die Schöninger Jäger, die vor 400.000 Jahren nahe Braunschweig/Niedersachsen mit ihren hervorragend ausgearbeiteten Holzspeeren eine Wildpferdherde erlegten und das Fleisch über Feuerstellen und möglicherweise auch in Räucherhütten haltbar machten, mussten bereits über ein differenziertes System von Gebärden und ein Sprachsystem verfügt haben, denn ohne dies wäre die Planung und Durchführung der Jagd nicht möglich gewesen (Thieme 2008, 182). Hände und Arme unter Einschluss vokaler Gesten dienten dazu, andere in ein Kommunikationssystem einzubeziehen. Die Jagd ist ein hervorragendes Beispiel, wie es gelingen konnte, Gesten so miteinander zu verknüpfen, dass ein offenes kommunikatives System entstand, welches unter Anwendung verschiedener Kombinationen der einzelnen Bewegungen neue Bedeutungen hervorbrachte, die schließlich in einem System sprachlich differenzierter Wortbedeutungen mündete.

- **Vielfalt der Menschheitsentwicklung**

Es gibt Anwendungen in der modernen Welt, welche die Vermutung stützen, dass es die Gestik der Hand und die Mimik des Gesichts waren, die die Sprache hervorbrachten, so die Gebärdensprache für Taubstumme oder die Flaggen- bzw. Armzeichen der Morsesprache, mit welcher sich Besatzungen von Schiffen auf See verständigten. Es war die spezielle Fähigkeit der Hominiden, imitatorische und mimische Handlungsweisen zu entwickeln, die ihren motorischen Wortschatz erweiterten, um schließlich ein Arm-Hand-Proto-Zeichen-System hervorzubringen, welches vielfältige Deutungen zuließ und die Kommunikation zugleich genau und verlässlich machte (Rizzolatti/Sinigaglia 2008, 164). Biologisch möglich gemacht wurde dieser Prozess durch tief greifende Umwandlungen des Gehirns. Bereits der Vorfahr von Mensch und Affe vor 20 Millionen Jahren dürfte über ein Spiegelneuronensystem verfügt haben, welches ihm erlaubte, motorische Akte, wie das Ergreifen mit Hand und das Halten auszuführen und zu erkennen. Der Vorfahr, den wir mit dem Schimpansen teilen (ca. 5-6 Millionen Jahre) besaß wohl ein Spiegelneuronensystem, mit welchem ihm grobe Formen der Nachahmung gelangen. Nach der Trennung von Schimpanse und Mensch könnte es der Homo habilis vor ca. 2 Millionen Jahren gewesen sein, dem die Ausbildung einer ausgeklügelten Mimik gelang, denn seine Schädelinnenseite weist eine starke Entwicklung der frontalen Regionen des Gehirns auf. Er verfügte wohl über ein sehr differenziertes Spiegelsystem, das in komplexe Systeme des Gehirns eingebettet war und vermutlich die neuronale Grundlage für mimische Gestaltungen erlaubte (Dawkins 2008, 120 ff).

Neuere Funde lassen vermuten, dass es vor 1,5 Millionen Jahren mehrere Menschenarten gleichzeitig in Afrika gegeben hat, neben dem Habilis den Ergaster und den Erectus, sodass die Vermutung einer geradlinigen Abstammung des heutigen Homo sapiens vom Habilis-Typ unwahrscheinlich ist (Viering/Knauer o. J., 174). Diese Annahme wird durch einen sensationellen Fund in einer Höhle im sibirischen Altaigebirge gestützt, der genetisch erheblich von allen bisherigen Funden abweicht. Für die Version genetisch unterschiedlicher Arten der Entwicklung des Menschen, die nebeneinander lebten, könnte auch eine Genomforschung sprechen, die vor Kurzem bei bedeutenden Persönlichkeiten Afrikas, unter anderem dem südafrikanischen Nobelpreisträger Bischoff Tutu durchgeführt wurde, die unterschiedlichen Stämmen angehörten. Dabei stellte sich heraus, dass die Differenzen der Genome innerhalb der Afrikaner im Durchschnitt größer waren als zwischen einem Europäer und einem Asiaten (Der Tagesspiegel vom 18.02.2010, S. 30).

Zumindest Habilis und Ergaster, die beide vor 2-3 Millionen Jahren entstanden waren, haben vermutlich lange Zeit den gleichen Lebensraum geteilt. Viering/Knauer vermuten, dass der Homo Rudolfensis, der vor 2,5 Millionen Jahren in Afrika lebte und bereits über ein großes Gehirn verfügte und Steinwerkzeuge verwendete, der Vorfahre des Homo Ergaster war und über die Entwicklung des Homo erectus zum Vorfahren des modernen Menschen wurde, während der Homo habilis in einer Entwicklungssackgasse endete. Wie auch immer, vor ungefähr 2 Millionen Jahren hatte der Mensch seine spezifische Lebensform gefunden und mit dem Wachstum seiner motorischen Fähigkeiten und der Fähigkeit, Werkzeuge herzustellen und diese in der Anwendung ständig zu verbessern, zugleich ein System manueller Gesten entwickelt, welches die Grundlage für die spätere Sprachentwicklung darstellte.

- **Sprachentwicklung als lautes Nachdenken über motorische Handlungen**

Da sich das Sprachareal in der prämotorischen Gehirnregion befindet, liegt die Vermutung nahe, dass die Sprache als lautes Nachdenken oder begleitende Lautierung motorischer Handlungen bzw. bei der Planung und nachträglichen Ausdifferenzierung von Handlungsszenarien, wie z. B. der Jagd entstanden ist. Das mittlerweile hoch entwickelte Spiegelneuronensystem ermöglichte es, dass Vokalisierungen von Handlungen von den Zuhörern erkannt wurden (Bauer 2005, 77). Die Weiterentwicklung der Sprache zu Handlungs*vorstellungen* leitete dann vermutlich den Prozess ein, dass sich die Sprache von der Gestik löste und Handlungsintentionen transportieren konnte, die wie die Handlungen selbst Wirkungen auf die Zuhörer hatten. Die heutige und möglicherweise auch die Sprache unserer Vorfahren kann und konnte Handlungsvorstellungen erzeugen, die Wirkungen einer Handlung haben: Die Sprache kann bewegen, erregen, verändern (Bauer 2005, 77).

Ein weiterer Hinweis der Verbindung von Gesten mit der Hand und Sprachentwicklung wird durch Experimente gestärkt, die gezeigt haben, dass beim Lesen und Sprechen die Motorik der rechten Hand aktiviert wird – nicht jedoch z. B. die des rechten Beines. Bei Kindern setzen Handgesten mit der rechten Hand (bei Linkshändern mit der linken Hand) im 13. Lebensmonat ein. Die Bewegungen der rechten Hand werden in der linken Gehirnhälfte gesteuert, wo sich auch das Sprachzentrum befindet. Es handelt sich somit um eine Koaktivierung des motorischen Areals der rechten Hand und der Schaltung für die Sprache (Bauer 2005,78). Dieser Zusammenhang der Motorik der rechten

Hand und der Sprache wurde durch weitere Experimente bestätigt, in welchen auch die Verbindung von Bewegungen der Hand mit der des Mundes nachgewiesen werden konnten. Rizzolatti/Sinigaglia schließen daraus:

> „Die Akte, die eine umfängliche Bewegung der Hand verlangen und die (..) Bewegungen, die eine umfängliche Bewegung des Mundes mit sich bringen, beruhen auf einer gemeinsamen neuralen Organisation, die gewissermaßen eine der Spuren jenes Stadiums der Evolution zur Sprache darstellt, in dem die Laute begannen, Bedeutungen zu übermitteln (...) (Rizzolatti/Sinigaglia 2008, 169).

Der Mund und die rechte Hand sind kombiniert in der Lage, Gesten zu artikulieren, die ähnlich verstanden wurden, wie das Gestikulieren oder die Pantomime allein. In dem Maße, wie die Lebensform der Menschen komplexer wurde und die Kommunikationen sich vervielfältigten, begünstigte die bimodale Entwicklung eines solchen neuralen Kontrollmechanismus die Lautbildung, mit welcher weitaus mehr Kombinationen der Verständigung möglich waren als durch Gesten allein. Auf diese Weise konnte sich die Sprachbildung nach und nach von der gestischen Verständigung unabhängig machen und sich als eigenes Kommunikationssystem entwickeln, wobei die Handlungsbezogenheit ein konstitutives Merkmal blieb.

Der Weg zur Sprache hat nicht eine so lange Zeit beansprucht, wie man denken könnte. Gerhard Roth vom Institut für Hirnforschung der Universität Bremen schätzt, dass die Sprachentwicklung vor 100.000 bis 200.000 Jahren begann (vgl. Vortrag Roth unter http://jahresthema.bbaw.de). Die Jäger der Schöninger Speere vor 400.000 Jahren dürften demgemäß noch keine Sprache entwickelt haben, was nach dem Charakter der Funde allerdings eher unwahrscheinlich ist (vgl. Thieme, 2008). Man muss wohl davon ausgehen, dass es unterschiedliche Entwicklungen gegeben hat.

Die Entwicklung der Sprache begann vermutlich mit der Ausbildung von manuellen Gesten und einem Vorrat an gestischen Zeichen pantomimischer Art, die von allen verstanden wurden. In einer anschließenden Phase wurden die Gesten mit Lautbildungen verbunden. Daraus bildete sich mit den Anforderungen der immer komplexer werdenden Kommunikation der menschlichen Lebensform ein vorwiegend vokales System der Verständigung, mit welchem zunehmend auch *Intentionen* des Handelns übermittelt werden konnten. Jede dieser Phase scheint mit einer entsprechenden Weiterentwicklung des Spiegelneuronensystems verbunden gewesen zu sein. Die Entdeckung eines neuen Typus von Spiegelneuronen beim Menschen, der Echo-Spiegelneuronen, scheint dies zu bestätigen (Rizzolatti/Sinigaglia 2008, 172).

Abschließend kann man feststellen, dass Sprache – d. h. Wörter und Sätze – eine Übersetzung von etwas anderem sind, eine Umwandlung vorsprachlicher Gesten und Vorstellungen, die für Objekte, Ereignisse, Situationen, Beziehungen und Absichten stehen. Man kann daher davon ausgehen, ähnlich, wie MacIntyre für Delfine ausführt, dass es ein vorsprachliches Erkennen beim Menschen gibt und dass die Sprache zwar eine überaus differenzierte Form der Wiedergabe des körperlichen Erkennens ist, aber nicht die Quelle, aus welcher die Organisation des Selbst sich nährt. Damasio hat diesen Zusammenhang bei Patienten mit einer Schädigung des Sprachsystems im Gehirn vertiefen können. In allen ihm bekannten Fällen blieben die Patienten mit erheblichen Sprachstörungen wach und aufmerksam. Sie konnten sich zielgerecht verhalten. Sie waren in der Lage, durch Handzeichen, Körperbewegungen oder Gesichtsausdruck zu signalisieren, dass sie die Komik oder Tragik einer Situation verstanden. Dies traf sogar zu auf Patienten, deren Broca- und Wernicke-Sprachareale geschädigt waren (Damasio 2002, 136).

3.9 Zusammenfassung und Perspektiven

Resonanzphänomene und die intuitive Übertragung von Gefühlen und körperlichen Gesten sind nicht auf den privaten Bereich von Beziehungen beschränkt. Sie haben eine große Bedeutung in Politik und Wirtschaft und vor allem in der Werbung. In der Moraldiskussion sind sie noch nicht angekommen. Resonanz und Intuition gelten als unwissenschaftlich. Kognition und sprachliche Begründung gelten dagegen als wissenschaftlich. Resonanz heißt, dass durch Beobachtung, durch einen Blick, durch eine Stimmung oder eine Intuition etwas im Menschen vorsprachlich in Schwingung gebracht wird.

Emotionales Mitempfinden wird im Gehirn direkt aktiviert, ohne dass zuvor ein sprachlicher Austausch stattgefunden haben muss. Es spiegelt das eigene Empfinden im Anderen. Auch Vorstellungen und Gefühle werden über diese neurobiologische Struktur ausgetauscht. Bevor eine sprachliche Ausdeutung von Sympathie und Antipathie, von Vorziehen und Nachziehen, Lust und Unlust, Einverständnis und Unverständnis einsetzt, ist der Austausch dieser Beziehungsqualitäten körperlich bereits vollzogen. Erst im Nachhinein setzt eine Deutung des Handelns als richtig oder falsch, gut oder böse, wahr oder unwahr ein.

Die Begründung moralischen Handelns durch Worte ist eine Fixierung dessen, was sich durch das Spiegelneuronensystem leiblich ereignet. Bevor die Gebote „Nicht stehlen", „nicht töten", „nicht eines anderen Weib begehren", „Vater und Mutter ehren" in Worte gefasst und angeblich von Gott zu den Menschen gebracht wurden, waren sie bereits da – als Intentionen von frühen Menschen, in denen sich ihre Emotionen spiegelten. Moral ist leiborientiert. Sie ist aus der Biologie des Menschen entstanden, der eine auf Deutungen gründende Lebensform entwickelte, die den besonderen Bedingungen seiner Spezies entsprach.

Natürlich ist damit nicht alles erklärt. Emotionen werden erst dann als menschliches Mitempfinden codiert, wenn sie durch Erfahrungen aktiviert werden. Das „emotionale Erwachen" des Kleinkindes in den Monaten nach der Geburt signalisiert die Bereitschaft sowie das Bedürfnis und die Neigung und auch die Fähigkeit zum emotionalen Austausch. Wird dieses Entgegenkommen versagt, können auch keine Gefühle des Mitempfindens codiert werden. Werden in diesem Alter sozial abweichende Emotionen gespiegelt, wie Hass und Ablehnung, werden diese das Grundgefühl des Heranwachsenden bestimmen. Spiegelneurone sind also nicht von vornherein gut. Sie bilden die biologische Basis eines breiten Spektrums des Mitempfindens.

Die Lebensform des Menschen, die sich in Millionen Jahren als gemeinsamer Handlungsraum gebildet hat, beruht auf gemeinsamen *Deutungen* der zwischenmenschlichen Beziehungen. Wir sind in der Lage, die Gefühle und Absichten anderer intuitiv zu verstehen. Ohne die neurobiologische Basis der Spiegelneurone wäre dies nicht möglich. Dieses neuronale System hat sich in prämotorischen Arealen entwickelt, d. h. über Mimik und Gestik der rechten Hand und des rechten Arms, bevor das analytische Sprachvermögen einsetzte. Zu den ersten Formen der Geselligkeit kann das Teilen gehört haben: das Teilen von Nahrung, die Brutpflege, gegenseitige Hilfe, der Schutz vor äußeren Gefahren. Ohne die intuitive Gewissheit über die Gefühle und Absichten des Anderen ist Vertrauen nicht möglich. Zwar lässt sich diese über die Sprache vermitteln – aber auch täuschen.

Körperreaktionen sind oft ein besseres Mittel für eine Vertrauensbasis. Bei Lebenspartnern bekräftigt der *Kuss* das Einverständnis, gemeinsame Wege zu gehen. Der Kuss gilt als ein überliefertes Symbol der Versöhnung und Friedensstiftung. Im englischen Mittelalter besiegelte der Kuss auf den Mund zwischen Erzbischof und König einen Vertrag. 1982 tauschten der argentinische und der britische Prälat der katholischen Kirche während einer päpstlichen Messe, die mit der britischen Invasion auf den Falkland-Inseln zusammenfiel, einen Friedenskuss aus (de Waal 2001, 49). Am 15. März 2003 kam es zu dem berühmten Bruderkuss zwischen Breshnew und Honecker.

Der Bruderkuss Breshnew-Honecker am 15.03.2003 (Foto: www.einslive.de/magazin/specials/2007/07/kuss.jsp)

Der holländische Primatenforscher de Waal sieht in dem Kuss als Versöhnungsgeste eine evolutionäre Gemeinsamkeit zwischen Schimpansen und Menschen. (vgl. die nebenstehende Abbildung)

Der Kuss als Versöhnungsgeste unter Schimpansen. Die weibliche Schimpansin Hennie (rechts), die ein Kind mit sich trägt, nähert sich dem Schimpansen Nikki, nachdem er sie geschlagen hat. Zuerst bietet Hennie ihre Hand dem Angreifer zum Handkuss dar, anschließend sind beide mit einem Kuss auf den Mund beschäftigt. (Foto: de Waal 2001, 46)

Treue und Vertrauen sind leiborientiert, bevor sie durch die Sprache zu Tugenden stilisiert werden. Vertrauen macht gesund. Es schafft ein gutes Gefühl der Gemeinsamkeit und fördert das Wohlbefinden. Ein Vertrauensbruch wurde und wird als besonders abscheulich angesehen. Er wird vom Körper registriert und wirkt sich auf die biologische Basis als Kränkung aus.

Uns reichen erstaunlich wenige Aspekte, um aus den Körperbewegungen anderer die richtigen Schlüsse zu ziehen. Oft genügt ein Blick aus den Augenwinkeln, um eine Bewegung zu registrieren und einzuordnen. An der Hüfte, dem Handgelenk, den Schultern oder Ellenbogen können wir schnell erkennen, ob es sich um einen Mann oder eine Frau handelt. Im Dunkeln benötigen wir nur wenige Lichtpunkte, um einen Signalmast zu erkennen, die Größe eines Autos einzuordnen, die Geschwindigkeit eines entgegen kommenden Fahrzeugs abzuschätzen usw. Im dunklen Wald verraten uns Geräusche die Tiere – allerdings ist das „Indianerbewusstsein" des Menschen in der Späten Moderne kaum noch aktiviert, sodass wir eher Angst vor der Dunkelheit haben.

Ohne ein intuitives Gefühl für die Bewegungen der anderen, würden wir uns selbst hilflos bewegen. Wenn wir als Radfahrer, Skifahrer, Autofahrer oder Fußgänger nicht ein intuitives Verständnis für die Bewegungen der anderen hätten, würden wir unsere eigenen Bewegungen nicht mehr kontrollieren können und unzählige Unfälle wären die unvermeidlich Folge. Wie wissen, wie sich der andere verhält. Ohne solche Gewissheiten kommen wir nicht aus. Diese Klarheiten werden uns nicht über das Bewusstsein und über die analytische Sprache vermittelt, sondern über motorische Reflexe, die von Spiegelneuronen gesteuert werden.

4. Altruistische Primaten und die Evolution der Moral beim Menschen

Immer, wenn im Winter im Zoo von Arnheim der Aufenthaltsraum gereinigt worden war, spritzten die Pfleger, noch ehe die Schimpansen wieder aus den Käfigen gelassen wurden, alle Gummireifen im Gehege ab und hängten sie einen nach dem anderen auf einen Querbalken, der aus dem Klettergerüst herausragte. Eines Tages interessierte sich Krom für einen Reifen, in dem noch etwas Wasser schwappte. Unglücklicherweise hing dieser am Ende der Reihe, sechs oder mehr schwere Reifen befanden sich davor. Krom zog und zog an dem einen, den sie wollte, konnte ihn aber nicht vom Balken herunterholen. Sie schob den Reifen zurück, aber dort stieß dieser gegen das Klettergerüst und konnte auch nicht abgenommen werden. Krom arbeitete über zehn Minuten lang vergeblich an diesem Problem, und alle ignorierten sie mit Ausnahme von Jakie, einem Siebenjährigen, um den sich Krom gekümmert hatte, als er noch klein war.

Unmittelbar, nachdem Krom aufgegeben hatte und weggegangen war, machte sich Jakie ans Werk. Ohne zu zögern, schob er die Reifen einen nach dem anderen vom Balken; er begann mit dem Ersten vorn, nahm dann den Zweiten in der Reihe und so weiter, wie das jeder vernünftige Schimpanse tun würde. Als er zum letzten Reifen kam, hob er ihn vorsichtig herunter, sodass kein Wasser verloren ging, trug ihn schnurstracks zu seiner Tante und stellte ihn aufrecht vor sie hin. Krom akzeptierte sein Geschenk ohne viel Aufhebens und schöpfte mit ihrer Hand bereits Wasser, als Jakie wieder wegging. (de Waal 1996, zit. n. derselbe 2006, 50/51).

Der holländische Primatenforscher Frans de Waal, der eine große Zahl Verhaltensweisen von Schimpansen Rhesusaffen, Makaken und Bonobos beobachtet und dokumentiert hat, wertet die oben beschriebene Episode als einen „zielgerichteten Beistand", der für Menschenaffen (Bonobos) typisch sei, bei anderen Tieren aber nur selten oder gar nicht vorkomme (de Waal 2008, 51). Eine solche Hilfe wird üblicherweise als *altruistisches Verhalten* definiert. Menschenaffen neigen dazu, große Risiken auf sich zu nehmen, um anderen zu helfen. Das betrifft nicht nur die eigene Art. De Waal führt ein weiteres Beispiel aus dem englischen Twycross-Zoo an, bei welchem eine Bonobofrau mit einem Vogel sympathisierte. Sie hatte einen Star gefangen. Als die Pflegerin sie drängte, den Vogel freizulassen, kletterte der Affe auf den höchsten Baum im Gehege, entfaltete vorsichtig die Flügel des Vogels und schleuderte ihn kräftig in die Luft (de Waal 2008, 49).

Nach Ansicht Kitchers (2008) könnte es sich bei der Geschichte von Jakie und Krom tatsächlich um eine Form des psychologischen Altruismus handeln. Die Beschreibung zeige überzeugend, dass der Jugendliche Jakie seine ursprüngliche Intention abänderte. Er tat dies, nachdem er die vergeblichen Versuche von Krom beobachtet hatte, an den begehrten Reifen mit Wasser zu gelangen. Seine modifizierte Handlungsabsicht bestand nun darin, seiner Tante Krom einen Wunsch zu erfüllen. Es handelte sich zwar um eine psychologisch altruistische Reaktion mit mäßiger Intensität – Jakie musste seine Aktivitäten nur kurz unterbrechen – und nur einem einzigen Individuum gegenüber, mit dem er sich verbunden fühlte (seine Tante, die ihn aufgezogen hatte), aber Jakie hätte auch wie die anderen Menschenaffen teilnahmslos zusehen können, wie sich Krom vergeblich mit den Reifen abmühte.

4.1 Biologischer und psychologischer Altruismus

- **Biologischer Altruismus**

Biologisch gesehen handelt ein Individuum altruistisch, wenn die Handlung sie etwas kostet und einem anderen Individuum Vorteile bringt. Nach dieser Definition zeigen auch Insekten altruistisches Verhalten (Fehr 2004). Der biologische Altruismus dient der Förderung des reproduktiven Erfolgs der anderen auf Kosten des eigenen Erfolgs. In sozialen Insekten-Kolonien der Ameisen, Wespen, Bienen und Termiten widmen unfruchtbare Arbeiter ihr ganzes Leben der Königin. Sie bauen das Nest und beschützen es, sorgen für Nahrung und begleiten die Larven. Ein solches Verhalten ist im höchsten Maße altruistisch, auch wenn es durch Instinkte gesteuert ist und keine Absicht vermutet werden kann. Die Drohnen selbst sind unfruchtbar und haben keine Nachkommen, unterstützen aber durch ihre Handlungen die Reproduktion ihres Staates, indem sie alles für die Königin tun.

Vampir-Fledermäuse erbrechen regelmäßig Blut und spenden es anderen Mitgliedern ihrer Kolonie, die in der Nacht keine Nahrung finden konnten und sonst sterben müssten. Bei vielen Vogelarten erhält das Brutpaar von Helfer-Vögeln Unterstützung. Diese schützen das Nest vor Räubern und helfen beim Füttern der Jungen. Affen, Murmeltiere und andere geben Warnrufe ab, wenn Räuber sich nähern, obwohl sie dadurch die Aufmerksamkeit auf sich ziehen und gefährdet sind. Bei Zieseln, die ebenfalls mit Alarmrufen ihre Artgenossen warnen, wirkt sich dieses Verhalten besonders dramatisch aus: Während Angreifer aus der Luft irritiert abdrehen, werden Räuber am Boden durch die Warnrufe erst aufmerksam, schleichen sich an und erbeuten solche Wachposten häufig (vgl. Reziproker Altruismus – Wikipedia).

In allen Fällen wird das Überleben der Art oder der Gruppe/Kolonie gesichert sowie deren Reproduktion gefördert. Das einzelne Individuum verhält sich beim biologischen Altruismus selbstlos, um das Leben der Gruppe zu erhalten. Dadurch wird ihm natürlich auch Schutz und Handlungsraum gewährt, da es auf sich gestellt nicht überleben könnte. Aber auch seine Gene werden in der Gruppe weiter gegeben, wenn er sich erfolgreich gepaart hat. Das Instinktverhalten beruht so gesehen auf genetisch verdichteten Erkenntnissen der optimalen Arbeitsteilung einer Art.

- **Psychologischer Altruismus**

Von einem *psychologischen* Altruismus wird gesprochen, wenn ein Individuum seine Bedürfnisse und Emotionen so kontrolliert, dass es die Bedürfnisse und Wünsche anderer berücksichtigt. Hier stehen die *Intentionen* des Handelnden im Mittelpunkt, seine Motive oder Absichten. Diese wiederum sind zurückzuführen auf Dispositionen der Veränderbarkeit des Verhaltens: Bin ich in der Lage oder gewillt, mein Verhalten je nach Wahrnehmung des Bedürfnisses, des Wunsches, der Emotion des anderen zu ändern? Dabei kommt es natürlich nicht nur auf die Absicht an. Entscheidend ist, ob ich aufgrund dieser Disposition zur Nachempfindung der Wünsche anderer mein Handeln so ausrichte, dass deren Bedürfnisse berücksichtigt werden. Diese Änderung meines Verhaltens sollte nicht von dem Kalkül bestimmt sein, künftige Vorteile für mein Verhalten zu erwarten (Kitcher 2008, 145).

Diese Definition des psychologischen Altruismus klingt einfach. In Wirklichkeit gibt es viele Arten, sich „psychologisch" altruistisch zu verhalten. Jemand, der sich entschließt, seine kranke Mutter zu pflegen, handelt nach der oben beschriebenen Definition altruistisch. Wenn aber deutlich wird, dass er sie nur deshalb pflegt, weil er sein Erbe nicht verwirken will, kalkuliert er einen künftigen Vorteil ein. Sein Handeln ist aus seiner Sicht zielorientiert und zweckmäßig. In den Augen anderer wirkt sein Verhalten vielleicht sogar egoistisch. Möglich ist auch, dass er den Antrieb zu seinem Handeln aus dem Motiv ableitet, seinen Beruf, in welchem er viel Verdruss erlebte, aufzugeben. Die Pflege seiner Mutter war für ihn ein guter Anlass, dies zu tun. Vielleicht kommt er überhaupt mit seinem Leben nicht zurecht und sieht in der Pflege seiner Mutter eine gute Möglichkeit, etwas Sinnvolles zu tun, indem er altruistisch erscheint. Abgesehen von seinen Motiven stellt die Pflege seiner Mutter zweifellos ein altruistisches Verhalten dar – wenn auch „psychologisch" in mancher Hinsicht fragwürdig.

Auch der Münchener Unternehmer, der im Herbst 2009 zwei Mädchen schützen wollte, die in der U-Bahn von zwei männlichen Jugendlichen bedrängt wurden, handelte dem Anschein nach psychologisch altruistisch, denn er änderte sein Verhalten, indem er die Mädchen bewog, mit ihm auszusteigen und nahm eine drohende Haltung zu den Jugendlichen ein. Nun ist bekannt geworden, dass er zuvor ein Jahr Boxunterricht genommen hatte. Es ist nicht auszuschließen, dass er eine gute Gelegenheit sah, seine Boxkünste an den frechen Jugendlichen auszuprobieren. Unglücklicherweise fiel er dabei wohl auf ein Eisengitter und verletzte sich tödlich. Auch hier sind die „psychologischen" Motive möglicherweise fragwürdig. Das Verhalten in seiner Gesamtheit entspricht jedoch absolut der Definition von Altruismus: Es lag eine Absicht des Helfens vor, der Mann änderte sein Verhalten, um den Bedürfnissen der Mädchen gerecht zu werden und er rechnete sich keinen Vorteil aus, wenn man von seinen Boxkünsten absieht.

- **Intensität, Spannbreite, Ausmaß und Geschick von Altruismus**

Psychologischer Altruismus lässt sich auch nach der *Intensität* unterscheiden. Wer seine Mutter pflegt, zeigt einen hohen Grad, ihrem Wunsch nachzukommen. Auch der der Münchener Unternehmer nimmt viel auf sich, um den Mädchen zu helfen. Wenn ich dem Hut nachjage, den der Wind einem Passanten vom Kopf geweht hat und ihm diesen dann mit einem Lächeln überreiche, ist der Grad meines psychologischen Altruismus eher gering. Eine weitere Differenzierung liegt vor, wenn ich die *Spannbreite* des altruistischen Verhaltens betrachte. Wenn ich auf einer Wanderung von meinem Brot abgebe, das ich selbst gern verzehren würde, ist meine Selbstlosigkeit gering. Wenn dies jedoch meine Art ist, d. h., wenn ich immer wieder so handle und ich „das letzte Hemd" mit jemand teile, ist die Spannbreite deutlich höher. Wenn Schimpansen sich Nahrung friedlich teilen, sich in ihrem Paarungsverhalten aber aggressiv verhalten und den Artgenossen verjagen, mit dem sie gerade verträglich gespeist haben, ist die Spannbreite ihres Altruismus denkbar klein. Auch nach dem *Ausmaß* lässt sich der psychologische Altruismus unterscheiden. Ob ich nur einmal uneigennützig handle oder ob ich wie Mutter Teresa oder Ärzte ohne Grenzen kontinuierlich aufopfernden Ziele verfolge, ist ein Unterschied. Schließlich ist das *Geschick* des Handelnden gefragt (Kitcher 2008,146). Albert

Schweitzer handelte nicht nur aufopferungsvoll, er war als Arzt im höchsten Maße kompetent und fähig, seine altruistischen Ziele zu verfolgen.

- **Psychologischer Altruismus bei Affen**

Handelte der „gute Affe" Jakie in diesem Sinne psychologisch altruistisch? Die Frage kann mit Ja beantwortet werden – allerdings mit Einschränkungen. Zunächst kann festgehalten werden, dass sein Verhalten der Definition entsprach. Er hatte den Wunsch von Krom erkannt, über den mit Wasser gefüllten Reifen zu verfügen und war geschickt genug, diesen vom Balken zu lösen und ihr zu übergeben. Es fragt sich aber doch, ob es sich hier nicht um einen Anthropomorphismus in der Betrachtungsweise handelt, d. h., ob nicht einem Schimpansen menschliche Beweggründe unterstellt werden. Aber auch in diesem Fall verhält es sich wie bei den oben geschilderten zum Teil fragwürdigen Motiven so, dass Jakie seine eigenen Wünsche und Handlungsabsichten zurückstellt, um Krom den begehrten Reifen zu verschaffen. Dieses Verhalten kann man altruistisch nennen – ob nun eine anthropomorphe Beeinflussung der Sichtweise vorliegt, ob der Schimpanse sich seiner Selbstlosigkeit bewusst ist (was sicher nicht der Fall ist) oder ob er nur Gefallen daran fand, die Reifen nach und nach vom Balken zu lösen und Krom den Letzten praktisch als Geschenk zu überreichen. Im Ergebnis war es so, dass Jakie den Wunsch von Krom wahrgenommen hat und entsprechend handelte. Das Beispiel zeigt jedenfalls, dass nichtmenschliche Tiere „nicht unweigerlich psychologische Egoisten sind" (Kitcher 2008, 149).

- **Ein Testfall**

Viele andere Beispiele aus der Primatenforschung genügen diesem Anspruch aber nicht. De Waal berichtet z. B. in einem Kapitel von „Primaten und Philosophen" über die angebliche Fairness von Kapuzineräffchen. In dem Experiment wurden die Affen in Zweigruppen eingeteilt. Jeder Affe bekam vom Spielleiter eine Tauschmarke, gegen welche begehrte Nahrungsmittel eingetauscht werden konnten. Während in einem Fall jedoch nur ein Gurkenstück gegeben wurde, erhielt der Partner im Gegentausch die bei dieser Affenart bevorzugte Weintrauben. Im Ergebnis zeigte sich, dass das Individuum, welches im Tausch geringwertige Güter erhielt, nachdem es gesehen hatte, dass der andere die begehrten Weintrauben bekam, ärgerlich reagierte und entweder die Tauschmarken nicht eintauschen wollte oder diese sogar dem Spielleiter vor die Füße warf. Aus diesem Verhalten allerdings auf ein Gerechtigkeitsempfinden zu schließen, wie de Waal es tut, scheint deutlich zu hoch gegriffen. Ganz offensichtlich war das mit den weniger interessanten Gurken abgespeiste Individuum nicht zufrieden mit dieser Art der Belohnung und drückte seinen Protest in der oben beschrieben Weise aus. Es handelt sich also eher um ein

Verhalten, das aus dem eigennützigen Wunsch nach besserer Belohnung resultierte.

4.2 Gruppenselektion, Verwandtenselektion oder Individualselektion als mögliche Prinzipien evolutionärer Moral

- **Ist Altruismus ein darwinistisches Prinzip?**

Aus darwinistischer Sicht scheint Altruismus zunächst kein verständliches Verhaltensmuster. Das Prinzip der natürlichen Selektion lässt vermuten, dass Tiere sich so verhalten, dass ihre individuellen Überlebenschancen und damit ihre eigene Reproduktion erhöht werden – und nicht primär diejenige anderer Artgenossen. Indem ein Tier sich altruistisch verhält, verringert es unter Umständen seine Lebensdauer und gerät in Gefahr, seinen Selektionsvorteil zu verspielen, den ein selbstsüchtiges Verhalten ihm gewähren würde. Ein Warnrufer bei Murmeltieren oder Erdmännchen wird vielleicht eher von einem Raubvogel oder einem terrestrischen Räuber entdeckt und als Nahrung erbeutet, während die gewarnten Artgenossen rechtzeitig in ihrem Versteck verschwinden können. Daraus könnte man schließen, dass die Letzteren biologisch im Vorteil sind, da sie nicht im Magen eines Räubers landen. Wenn die Warnrufer eigensüchtig gehandelt und den Warnruf verweigert hätten, wären sie nicht attackiert worden und hätten vielleicht überlebt.

- **Gruppenselektion**

Die vorgetragene Überlegung ist kurzschlüssig. Bereits Darwin bemerkt: „Selbstsüchtige und streitsüchtige Leute werden nicht zusammenhalten, und ohne Zusammenhalt kann nichts ausgerichtet werden" (Darwin 2006, 799). Eine Gruppe, die über viele Altruisten verfügt, besitzt einen Überlebensvorteil gegenüber solchen Vereinigungen, die vornehmlich aus Egoisten bestehen. Georg Simmel weist jedoch darauf hin, dass es Egoismus in reiner Form gar nicht geben kann. Auch die egoistischsten Absichten können nicht anders verwirklicht werden, als in den sozialen Lebens- bzw. Gesellungsformen, welche die Menschen eingehen (Simmel 1892/93, 4). Ein Primate, der ursprünglich allein auf sich gestellt war, ist nicht vorstellbar. In dem Maß, wie der Einzelne sich den Forderungen des Rechts und der Sitte beugt, findet eine kaum entwirrbare Mischung von Einzelinteresse sowie sozial und rechtlich gegebenem moralisch-altruistischem Interesse der Gesellschaft statt.

In der Natur findet sich daher eher eine *Gruppenselektion*, die den Altruismus fördert. Zwar geraten die Altruisten in dieser Gruppe individuell vielleicht in Nachteil, insgesamt erhöht sich jedoch die Lebenstauglichkeit derjenigen Gruppe, in welcher der Altruismus vorherrscht. Aus dem Beispiel der Murmeltiere oder Affen könnte man folgern, dass diejenigen Gruppen, die viele Warnrufer haben und ein differenziertes System von Warnrufen ausgebildet haben, einen Überlebensvorteil gegenüber solchen Gruppen genießen, die über einen geringeren Anteil verfügen. Diese Art Gruppenselektion könnte daher die Evolution des Altruismus erklären. So sah es bereits Darwin. Im fünften Kapitel über „Die Abstammung oder der Ursprung des Menschen", welches „die Entwicklung der intellektuellen und moralischen Fähigkeiten während der Urzeit und der zivilisierten Zeiten" behandelt, schreibt er (Darwin 2006, 801):

> „Ein Stamm, welcher viele Glieder umfaßt, die in einem hohen Grade den Geist des Patriotismus, der Treue, des Gehorsams, Mutes und Sympathie besitzen und daher stets bereit sind, einander zu helfen und sich für das allgemeine Beste zu opfern, wird über die meisten anderen Stämme den Sieg davontragen, und dies würde natürliche Zuchtwahl sein".

- **Die Entwicklung beginnt beim Einzelnen**

Der Ursprung vieler Dinge der Evolution liegt im Dunkeln. Einiges musste sich vermutlich erst bei individuellen Exemplaren entwickeln, die dafür besondere Eignung mitbrachten, z. B. einen Körperbau, der zu Mut und Einsatzfreudigkeit befähigte - oder eine Stimmbegabung, die sich für die Ausbildung von Warnrufen oder für andere Lautsignale eignete oder eine besondere Fähigkeit zur Interpretation, durch welche sich die Mitempfindung zu Mitgliedern der Gruppe steigerte. Individuen bei nichtmenschlichen Tieren und Menschen, die den Instinkt entwickelten, sich als Wachen aufzustellen und andere zu warnen, taten dies eventuell aus eigenem Antrieb und nicht aus einer angeborenen Fähigkeit. Erst später ging dieses Verhalten in die instinktive (Über-) Lebensorganisation einer Gruppe oder Art ein. Auch Darwin vermutet, dass es Einzelwesen waren, die aus gegenseitiger „Sympathie" so handelten. In seiner Sprache waren es Einzelne, die durch "natürliche Zuchtwahl" mit Mut und/oder Kraft ausgestattet waren (Darwin 2006, 781). Dieser Hinweis ist wertvoll, denn er lenkt die Aufmerksamkeit darauf, dass Moral sich aus kleinsten Anfängen *bei Einzelnen* entwickelt hat und nicht einfach als neuronaler Reflex „genetisch gegeben" war. Der Mut, das Vermögen und die Opferbereitschaft *Einzelner* – bei nichtmenschlichen Tieren und Menschen – könnte die Grundlage für altruistisches Verhalten gelegt haben – und beim Menschen zum Glauben an übernatürliche Kräfte, der in Heldensagen und Göttergestalten im antiken Griechenland und in Indien – z. B. bei dem zum Halbgott erhobenen Helden Krishna – zum Ausdruck kommt. Die Annahme, dass das selbstlose und mutige Verhalten Einzelner und deren Nachkommen den Altruismus gewissermaßen „vererbt" hat, könnte auch umgedreht werden: Ist es möglich, dass sich in menschlichen Gemeinschaften Egoisten, von denen auch Darwin spricht, gegenüber uneigennützigen Altruisten durchsetzten, zum einen, weil dies ihrer „Natur" entsprach, zum anderen, weil die selbstlosen Helden aufgrund ihres mutigen Einsatzes gefährlich lebten und weniger Nachkommen hatten?

- **Wird Altruismus vererbt?**

Die Theorie einer "arterhaltenden Gemeinnutzenstrategie" von Konrad Lorenz vermutete eine stammesgeschichtliche Vorprägung des aufopferungsvollen Verhaltens beim Menschen. Sie wurde verstanden als funktionale Instinktausstattung des Menschen, die vergleichbar sei mit ähnlichen Formen bei nichtmenschlichen Tieren, z. B. Schwarm, Herde, Rudel oder Staat. Damit war die Vorstellung verbunden, dass das moralische Verhalten des Menschen unveränderlich vom Instinkt vorgegeben ist. Diese Überlegungen stellten den Menschen auf eine Entwicklungsstufe mit nichtmenschlichen Tieren und konnten auf die Dauer nicht aufrechterhalten werden. Durchgesetzt haben sich die individualistische Vorstellung des reziproken Altruismus auf der einen und eine Variante der Gruppenselektion, die Verwandtenselektion auf der anderen Seite. Beide Überlegungen einer Evolution des Altruismus basieren auf der Vorstellung von *Individualselektion*. Danach gibt es kein artbezogenes Prinzip des Gemeinnutzens beim Menschen, sondern nur das Prinzip des genetischen Eigennutzes – der sich allerdings bei der Vorstellung der Verwandtenselektion auch auf die näheren Angehörigen erstreckt.

- **Sympathie als treibende Kraft der Evolution**

Auch zu dem Aspekt der *Nähe* als möglichem Antrieb für Altruismus in der Evolution hat Darwin sich geäußert. Für ihn sind Liebe und Sympathie treibende Kräfte für das Gemeinschaftsleben bei Tieren wie bei Menschen. Er fragt sich, wie Sympathie zustande kommt. Der Theorie, dass diese Empfindung ein Reflex auf früh erfahrenes Leid oder Vergnügen ist, mag er nicht zustimmen. Er argumentiert vielmehr mit der Erfahrung bei Menschen und bei Tieren, dass Sympathie nicht indifferent von jedem Artgenossen erregt wird, sondern „in einem unermeßbar stärkeren Grade von einer geliebten Person" (Darwin 2006, 781). Er fährt fort:

> „Die Erklärung dürfte in der Tatsache zu finden sein, dass bei allen Tieren Sympathie allein auf die Glieder einer und derselben Gemeinschaft, daher auf bekannte und mehr oder weniger geliebte Mitglieder, aber nicht auf alle Individuen einer und derselben Spezies sich bezieht" (ebenda).

Das Gefühl, das Darwin „Sympathie" nennt, ist bei allen Säugetieren vorhanden. Tiere, die sich in einer Gemeinschaft befinden (Rudel, Herde, Kolonie usw.), helfen einander und verteidigen sich gegen Feinde von außen. Es handelt sich vermutlich um einen der wichtigsten evolutionären Antriebe. Man kann mit Darwin daher vermuten, dass „diejenigen Gemeinschaften, welche die größte Zahl der sympathisierenden Mitglieder umfassen, am besten gedeihen [werden] und die größte Zahl von Nachkommen erzielen" (ebenda). Altruismus innerhalb der eigenen Sippe, Horde, Rudel usw. war als Überlebensprinzip somit früh vorhanden und zeigte sich in Einzelnen, die sich befähigt fühlten, uneigennützig im Sinne ihrer Gruppe zu handeln.

- **Sippenselektion als Genaktivierung?**

Sippenselektion ist ein einfaches evolutionäres Modell. Es geht aus von dem Träger eines Gens oder einer Genaktivierung, die Einzelne dazu veranlasst, sich anderen Organismen gegenüber edel zu verhalten, indem sie Nahrung teilen, als Wächter fungieren und sich als Helfer bei der Brutpflege anderer betätigen. Organismen, welche diese Genaktivierung nicht haben, sind selbstsüchtig. Sie teilen nicht. Da Altruisten mehr geben als nehmen, sind sie in ihrer Lebenstüchtigkeit benachteiligt und würden früher sterben als andere – und das altruistische Gen mit ihnen. Wenn sie sich aber vorwiegend Verwandten zuwenden, ändert sich die Lage. Verwandte sind sich genetisch ähnlich. Sie teilen bei dieser Entwicklung ihre Gene miteinander. Wenn ein Organismus als Träger eines altruistischen Gens einem Mitglied seiner Sippe Nahrung gibt, erhöht sich die Wahrscheinlichkeit, dass der Empfänger der Nahrung Kopien seiner Gene trägt. Das altruistische Gen würde auf diese Weise durch natürliche Auslese verbreitet werden, selbst wenn selbstlose Aktivisten sich aufopfern und ohne eigene Nachkommen sterben würden.

- **Die Hamiltonsche Formel der Verwandtenevolution**

Bei Primaten gibt es keine Kontinuität gemeinschaftlichen Handelns. Ihr Verhalten wird durch sprunghafte Emotionen bestimmt, auch wenn immer wieder Versöhnungsgesten und Geselligkeit zu beobachten sind. Um altruistisch zu handeln, muss der Mensch sich über diese „moralische Indifferenz" der Primaten erheben und damit aus den Gesetzmäßigkeiten der Natur austreten – meinte daher in den 60er Jahren der Amerikaner William Hamilton (Hamilton 1964). Gestützt auf mathematische Wahrscheinlichkeitsrechnungen wies er nach, dass ein altruistisches Gen durch die natürliche Auslese bevorzugt wird, wenn eine spezifische Bedingung herrscht. Diese ist in der Hamiltonschen Regel abgebildet. Sie besagt, dass **b>c/r** ist, wobei **c** der investierte Aufwand des Altruisten ist, **b** der Nutzen des Empfängers der Wohltat und **r** der Koeffizient der verwandtschaftlichen Beziehung zwischen Spender und Empfänger der Guttat. Aufwand und Nutzen werden in Faktoren der Lebenstauglichkeit gemessen. Die entscheidende Größe in dieser Formel bildet der Koeffizient **r**. Er besagt: Je näher der Verwandtschaftsgrad, desto größer der Wert **r** und desto größer die Wahrscheinlichkeit, dass der Nutznießer der guten Tat ebenfalls das Gen für Altruismus besitzt.

Diese Formel aus den 60er Jahren gab Anlass zu einer großen Zahl von Tierforschungen über den Altruismus unter Verwandten, bei welchen sich bei Vögeln, Affen, Vampir-Fledermäusen u. a. Beispiele fanden, welche diese Hypothese bestätigten. Die Frage, ob Tiere überhaupt zwischen Verwandten und Nichtverwandten unterscheiden, ist dabei untergeordnet, denn nichtmenschliche Tiere verfügen über Identifizierungsmöglichkeiten, die unserer Wahrnehmung entgehen, z. B. über die Fähigkeit, Verwandte am Geruch zu erkennen. Aus heutiger Sicht, nach der Entdeckung der Spiegelneurone, lässt sich die Behauptung, dass es sich um ein altruistisches Gen oder mehrere zusammenwirkende Gene handelt, kaum aufrechterhalten. Die Genforschung stand zu dieser Zeit in den Anfängen und beflügelte euphorische Sichtweisen. Dennoch lässt sich auf Verwandten bezogener Altruismus bei nichtmenschlichen Tieren und Menschen beobachten, auch wenn die Erklärungen noch nicht befriedigend sind.

Primaten und Menschen verhalten sich allerdings auch gegenüber fremden Menschen altruistisch – sie müssen es sogar, denn ausschließlicher Bezug zu Verwandten würde Inzucht bedeuten. Dieses Problem hatte Darwin erkannt. In seiner Abhandlung aus dem Jahre 1862 „Über die Einrichtungen zur Befruchtung britischer und ausländischer Orchideen durch Insekten und über die günstigen Erfolge der Wechselbefruchtung" kommt er zu dem Ergebnis:

> „So teilt uns die Natur nachdrücklich mit, dass sie ständige Selbstbefruchtung verabscheut (...) Können wir daraus nicht in Übereinstimmung mit dem Glauben der meisten Züchter schließen, dass Ehen zwischen Verwandten ebenso nachteilig sind, dass ein unbekanntes Gut daraus erwächst, wenn sich Individuen vereinen, die über Generationen voneinander getrennt gehalten wurden?" (zit. n. Der Tagesspiegel, Berlin, vom 6. Mai 2010, S. 29).

In diesem Falle handelte es sich nicht nur um eine Beurteilung des Forschers Darwin, sondern um eine bittere Selbsterkenntnis: Darwin selbst war mit seiner Cousine Emma Wedgwood verheiratet. Amerikanische und spanische Genetiker haben kürzlich den Stammbaum der Darwinfamilie untersucht. Sie analysierten 25 Ehen über vier Generationen. Dabei zeigte sich ein klarer Trend: Je näher die Ehepartner verwandt waren, umso schlechter war es um die Gesundheit deren Kinder bestellt. Das erste Kind von Charles und seiner Cousine Emma, Annie, starb im Alter von zehn Jahren, Mary, das dritte Kind, kurz nach der Geburt. Das zehnte und letzte Kind, Charles junior, zeigte Entwicklungsstörungen. Es begann nie zu sprechen und starb vor seinem zweiten Geburtstag. Andere Kinder waren zum Teil über Jahre bettlägerig (vgl. Der Tagesspiegel vom 6.5.2010, ebenda).

4.3 Reziproker Altruismus bei Menschen und bei Primaten

Diese und andere Erwägungen dürften Evolutionsforscher erwogen haben, einen theoretischen Ansatz zu wählen, der auch Nichtverwandte in die Überlegungen einbezog, den wechselseitigen bzw. „reziproken" Altruismus. Der Begriff „reziproker Altruismus" beschreibt den Vorgang, dass Individuen mit anderen, die nicht verwandt sind, regelmäßige Beziehungen eingehen, die geprägt sind durch das wechselseitige Geben von Gütern, wie Nahrung, Leistungen oder Unterstützung. Dieses altruistische Verhalten beruht auf der Erwartung, dass die anderen Individuen sich gleich verhalten, sodass eine symmetrische Beziehung von Geben und Nehmen nach dem Motto entsteht: Ich kratze dir den Rücken, du kratzt mir meinen. Das Grooming, die Fellpflege bei Primaten, ist ein solcher Vorgang, der für angenehmen Körperkontakt sorgt. Beim Menschen ist die Form wechselseitigen Altruismus besonders weit entwickelt, weil wir über die Spiegelung der Emotionen und der Handlungsabsichten ein vertieftes Verständnis der Beziehungen entwickeln können.

- **Emotionen als Quelle des Handelns**

Der reziproke Altruismus suggeriert uns, dass nichtmenschliche Tiere und Menschen sich in ihrer evolutionären Entwicklung im Grunde vernünftig verhalten. Beim Menschen mag das soweit stimmen, da wir an uns selbst beobachten können, dass emotionale oder instinktive Reaktionen mit Rückgriff auf den vergleichenden und urteilenden Verstand, d. h. durch unsere Fähigkeit zum kritischen Vernunftgebrauch kontrolliert, bewertet und verändert werden können (Singer 2008, 168). Beim Menschen ist nichts endgültig festgelegt. Unsere Gefühle können sich ändern, unsere Art, Gefühl und Vernunft miteinander zu verbinden, kann sich ändern und unser Lebensgefühl, die intuitive Eingebung dessen, was wir glauben und was für uns den Sinn des Lebens ausmacht, kann sich ebenfalls ändern. Möglich wird uns diese Offenheit der Interpretation von Welt durch die Fähigkeit der Sprache, die uns gestattet, eine Feinabstimmung unserer Handlungsintentionen vorzunehmen. Die ständige Neuinterpretation unserer Handlungen und Handlungsabsichten ist jedoch nicht nur eine kulturelle Meisterschaft. Für die Spezies Mensch stellt sie eine *Notwendigkeit* dar, sich angesichts seiner evolutionären Besonderheit als Werkzeug herstellendes zivilisiertes Lebewesen und angesichts seiner körperlichen Fragilität ein empfindsames Instrument der Auslegung seiner (Um-)Welt zu schaffen. Allerdings: Die Quelle unserer Gedanken und Handlungsabwägungen ist nicht der Verstand. Evolutionär liegt das emotionale Zentrum, das die gefühlsmäßigen Körperreaktionen steuert, in tieferen Gehirnschichten, als das Sprachzentrum (Wright 2008, 109). Wenn ein Mitglied der Gruppe Schöninger Speere vor 400.000 Jahren einen Holzspeer bearbeitet, sodass er gute Flugeigenschaften besitzt, will er bei der Jagd erfolgreich sein (Geschick) und seiner Gruppe zu Nahrung verhelfen (soziale Bindung). Das Können und der Verstand sind untrennbar mit Interessen und Emotionen verbunden.

Weil die älter liegenden Areale des Gehirns emotionale Reaktionen steuern, können wir davon ausgehen, dass das Verhalten von Primaten und Menschen in der Evolution primär emotionsgeleitet war und sich erst in einer späteren Entwicklung beim Menschen Gehirnschichten bildeten, welche Planung, Sprache und eine Erweiterung des Spiegelneuronensystems zur Folge hatten (die Ausbildung des Frontallappens beim Menschen). Bei der Beobachtung von Schimpansen, die über 99 % des menschlichen Erbguts verfügen, hat de Waal zahlreiche Beispiele emotionaler Annäherung – Versöhnen, Trösten, Gerechtigkeitsgefühl, Frieden, Empathie und Gemeinsinn – protokolliert, die gar keinen anderen Schluss zulassen, als den, dass Altruismus bei dieser nichtmenschlichen Tierart seine Wurzeln in dem emotionalen Bedürfnis hat, die Verbindung zu der Gruppe aufrecht zu halten (de Waal 1991; 2008). Außenseiter haben es schwer. Reziproker Altruismus hat daher immer auch den Aspekt, verträgliche Beziehungen einzugehen – bei Primaten wie bei Menschen (Wright 2008, 105).

- **Die anthropomorphe Deutung tierischer Verhaltensweisen**

Beim Vergleich von Verhaltensweisen zwischen Primaten und Menschen ist immer zu berücksichtigen, dass wir zu einer anthropomorphen Betrachtungsweise neigen, d. h., dass wir glauben, bei nichtmenschlichen Tieren Verhaltensweisen beobachten zu können, die unseren ähneln. Allein das Fotomaterial, welches de Waal in „Wilde Diplomaten" präsentiert, ist in dieser Hinsicht beeindruckend. Wir sehen zum Beispiel ein heranwachsendes Weibchen, das seine Mutter mit einem Arm umschlungen hält, während es eine angespannte Auseinandersetzung in der Gruppe beobachtet. Und wir sehen Michelle Obama auf einem Schnappschuss, als sie die Queen in der gleichen Art umfasst.

Foto: Frans de Waal 1991, 21

Foto: pageslap.worldpress.com

Es drängt sich der Eindruck auf, dass hier *Ähnlichkeiten einer emotionalen Reaktion* vorliegen – aber damit hört der Vergleich natürlich auf. Einige Seiten weiter sehen wir vier Schimpansen im Kreis sitzen. Einer von ihnen, dessen Gesicht uns zugewandt ist, scheint den Ton anzugeben, denn seine Zähne sind gebleckt und vielleicht gibt er tatsächlich Laute von sich. Die anderen drei schauen ihn nicht an. Sie blicken auf den Boden, auf ihre Hände oder zur Seite. Unterschrieben ist das Foto mit folgender Anmerkung:

> „Nach einer heftigen lauten Auseinandersetzung nähert sich Nikki demonstrativ grinsend seinem Gegner Yeroen (rechts). Yeroen hebt einladend seinen Arm. Die anschließende Umarmung besiegelt den Frieden in der Kolonie" (de Waal, 1991, 29).

Hier ist es die Umarmung, die den Frieden besiegelt, in einer anderen Szene bekräftigt der Kuss die Versöhnung zweier rivalisierenden Affen. Körpergesten als Statusrituale können bei Schimpansen häufig beobachtet werden. Das Kapitel „Eine Koalition bricht zusammen" in „Wilde Diplomaten", erzählt von der Rivalität dreier männlicher Schimpansen. Die Angelegenheit ist ziemlich verwickelt. Sie wird von de Waal geschildert wie ein Beziehungskrimi. Am Ende stellt sich heraus, dass das jüngste und keineswegs stärkste Tier, Luit, als Sieger dasteht, weil sich die beiden Rivalen Nikki und Yeroen eines Nachts so heftig bekämpft hatten, dass sie erhebliche Verletzungen davontrugen – was selten ist bei Schimpansen. Luit schien der lachende Dritte gewesen zu sein. An ihm fanden sich keine Verletzungen. De Waal kommentiert: „Der Bruch zwischen Yeroen und Nikki [hatte] ein Machtvakuum geschaffen, das sofort von Luit gefüllt wurde. Er wurde Alphatier aus Unterlassung" (de Waal 1991, 65). Dem Kapitel ist ein Foto beigefügt, das Luit als neuen Boss zeigt. Nikki verbeugt sich vor ihm und Luit richtet sich auf und gibt mit seinem gesträubten Fell zu erkennen, dass er die Demutshaltung akzeptiert.

- **Tiere haben einen Willen**

Diese und zahlreiche andere Tierbeobachtungen de Wals beweisen nach Korsgaard,

> „dass Tiere intelligente, neugierige, liebevolle, spielerische, gebieterische, streitlustige Geschöpfe sind, die uns darin in vieler Hinsicht ähneln (Korsgaard 2008, 122).

Sie wählt damit *emotionale* Begriffe zur Beschreibung tierischer Verhaltensweisen. Die Zwecke der Tiere sind für ihr Verständnis durch affektive Zustände vorgegeben, wie Emotionen, Instinkte und „erlernte Wünsche" (Korsgaard 2008, 128). De Waal bevorzugt dagegen eine eher *kognitive* Sprache bei der Wiedergabe der Tierbeobachtungen. Unabhängig davon, ob man das Verhalten von nichtmenschlichen Tieren eher als kalkulatorisch-rational oder als emotional einstuft, bleibt die Frage, ob diese mit ihren Verhaltensweisen *Absichten* verfolgen. Haben nichtmenschliche Tiere einen Willen? Richten sie ihr Handeln nach Intentionen aus und gleichen sie dem Menschen auch darin? Intuitiv würde man diese Frage verneinen, da es für uns selbstverständlich ist, nur den Menschen als ein Lebewesen mit einem (freien) Willen zu bezeichnen. Das ist aber letztlich nur eine Frage der Definition. MacIntyre konnte bei Delfinen nachweisen, dass diese durchaus Meinungen und Handlungsintentionen haben. Generell kann man Korsgaard daher beipflichten, wenn sie feststellt:

> „Wenn die Bewegungen eines Tieres von seinen Wahrnehmungen geleitet sind, sind sie unter der Kontrolle seines 'Bewusstseins', und wenn sie unter Kontrolle seines Bewusstseins sind, sind wir versucht zu sagen, dass sie unter der Kontrolle des Tieres selbst sind" (Korsgaard 2008, 126).

Bei einem intelligenten Tier wie einem Primaten kann man nach dieser Definition davon ausgehen, dass es Absichten hat. Damit ist keineswegs gesagt, dass sich nichtmenschliche Tiere Gedanken machen, wie wir sie verstehen.

- **Reziprozität als ökonomisches Kalkül**

Das Musterbeispiel für kalkulatorische Reziprozität sind die Rollen- bzw. Geschäftsbeziehungen der Moderne. In unserer Gesellschaftsform werden Beziehungen nicht durch soziale Gefühle gesteuert, sondern durch Zweckmäßigkeitserwägungen (Vohwinckel 1999, 86). Es ist daher nicht erstaunlich, dass gerade diese Vorstellung der Moral in der gegenwärtigen Diskussion besonders geschätzt wird. Wir schließen Verträge, weil sie uns nützlich erscheinen und nachdem wir zuvor über Leistung und Gegenleistung verhandelt haben. Dabei binden wir uns nicht emotional an den Partner, obwohl seitens des Handels viel versucht wird, uns als „treue" Kunden zu gewinnen. In Freundschaftsbeziehungen verhält es sich dagegen eher umgekehrt: Wir geben oder gewähren unsere Dienste nicht, um einen materiellen Gegenwert zu erhalten, sondern aus Sympathie und weil uns die Freundschaft wert ist. Ob, wann oder wie wir dafür je eine Gegenleistung erhalten werden, ist völlig offen.

Leistung und Gegenleistung charakterisieren den reziproken Austausch von Geschäftsbeziehungen – als Muster von Sympathiebeziehungen sind sie völlig ungeeignet. In traditionellen Gesellschaften werden Geschenke kommentarlos und ohne besondere emotionale Regung entgegen genommen. Es soll nicht der Eindruck entstehen, als wenn eine Tauschbeziehung eingeleitet wird. Die Sympathie oder Dankbarkeit wird sich zeigen, wenn Gelegenheit ist, dem Anderen in vielleicht ganz andere Weise eine Wohltat zu erweisen. In der modernen Gesellschaft bereitet es eher Probleme, einzuschätzen, ob bei einem Geschenk ein Gegengeschenk erwartet wird oder ob die Tat aus Freundschaft und Sympathie erfolgt und eine gleichwertige Gegenleistung eher ein Affront wäre, weil die Sympathiebekundung als Tauschbeziehung abgewertet wird. Wir neigen eher dazu, Geschenke mit Gegengeschenken zu beantworten, um nicht den Verdacht aufkommen zu lassen, dass wir nehmen, ohne zu geben. Oft lässt sich jedoch nicht erkennen, ob altruistisches Verhalten vorliegt, d. h. ob das Handeln freundschaftlichen bzw. moralischen Gefühlen entspringt oder ob es sich um kühle Berechnung handelt. In Film und Fernsehen und in einer üppigen Beziehungsliteratur wird dieses für den nicht-traditionellen Menschen schwierig gewordene Thema: Handelt es sich um Liebe und Freundschaft oder um Berechnung – abgehandelt, um unser Feingespür für diese Problematik zu schärfen.

Der reziproke Altruismus geht von der Vorstellung aus, dass die Unterschiede zwischen dem Sozialverhalten von Primaten und Menschen nur gradueller Natur sind. Sie nehmen ihren Ausgang in der gemeinsamen Evolution beider Arten, die bestimmt ist durch das Bedürfnis, verträgliche Koalitionen einzugehen, die in jeder Hinsicht bessere Überlebenschancen bieten, als sie einem Einzelwesen möglich sind. Damit wird ein Bild gezeichnet, in dem sich unsere evolutionären Bedürfnisse nach Altruismus und Wechselseitigkeit nicht grundlegend von denen der Tiere unterscheiden.

4.4 Die Erklärung des Altruismus durch die evolutionäre Spieltheorie

4.4.1 Spieltheoretische Modelle zur Erklärung des Altruismus bei nichtmenschlichen Tieren

Es gibt viele Beispiele in der Natur und beim Menschen, bei denen der Altruismus nicht auf die Sippe ausgerichtet ist. Die Annahme der Verwandtenselektion hilft in diesen Fällen nicht, den Altruismus zu verstehen. Es war daher nur eine Frage der Zeit, bis Forscher versuchten, den Altruismus unter Nichtverwandten bei nichtmenschlichen Tieren zu erklären. Der Biologe R. Trivers leistete dies zu Beginn der 70er Jahre (Trivers 1971). Ausgangspunkt war die Beobachtung, dass bei Revier- oder Paarungskämpfen selbst starke Tiere nur sehr selten ihre Rivalen töteten. Die Instinkttheorie (Konrad Lorenz) hatte dieses Verhalten durch das Prinzip der Erhaltung der Art erklärt. Dieses Prinzip verlangte demnach ein grundsätzlich friedliches Gebaren gegenüber Mitgliedern der eigenen Gattung. Offenkundig wurde damit aber das menschliche Ideal der Friedfertigkeit auf nichtmenschliche Tiere übertragen. Bei der Suche nach beweiskräftigeren Erklärungen stießen Biologen auf die Spieltheorie. Dieses Theoriemodell war allerdings von Anfang an umstritten, weil es von der Interaktion bewusst handelnder Individuen ausgeht.

Die evolutionäre Spieltheorie weicht von den Axiomen des herkömmlichen Theoriemodells erheblich ab. Während bei letzterem die Spieler nach optimalen rationalen Lösungen suchen, gibt es in der evolutionären Spieltheorie keine bzw. nur eine *biologische* Lösung: Diejenigen, die eine wenig erfolgreiche Strategie einschlagen, scheiden nach und nach aus. Die „Rationalität" besteht darin, dass wenig erfolgreich agierende nichtmenschliche Tiere dem Selektionsdruck nicht standhalten können und im Laufe der Zeit aus der Population ausfallen. Tiere *lernen* offenkundig in der Evolution, dass sie die Güter ihres (Über-)Lebens wie Nahrung, Revier und Nachkommen nur bekommen, wenn sie sich zweckdienlich verhalten. Es handelt sich aber um eine Art des Lernens einer Gruppe oder einer Art. Wie sich dieses Lernen beim einzelnen Individuum vollzieht, wird nicht in die Überlegungen einbezogen. Es handelt sich auch nicht um bewusste Verhaltensstrategien.

Im evolutionären Kontext entwickeln nichtmenschliche Tiere *Verhaltensmuster*, die sich als erfolgreich oder weniger erfolgreich erweisen können. Die Frage ist, welches Verhaltensmuster bzw. spieltheoretisch gesprochen: welche Strategie das Überleben am besten sichert. (Dieser Aspekt macht die Spieltheorie übrigens zunehmend interessant für rationale Spieler, da immer auch emotionale Momente in die Erwägungen einfließen.) Die Grundlage der evolutionären Spieltheorie bildete für Trivers der Altruismus auf Gegenseitigkeit (kratzt du mir meinen Rücken, kratz ich dir deinen). Dieser reziproke Altruismus funktioniert im Tierreich wie beim Menschen, ohne dass zwei Individuen verwandt sind oder der gleichen Art angehören. Es dürfte für ein Tier von Nutzen sein, sich altruistisch zu verhalten, wenn es erwarten kann, dass es in naher Zukunft eine ähnliche Gegengabe erhalten könnte. Voraussetzung für dieses Modell ist, dass die Individuen mehr als einmal miteinander interagieren und über die Fähigkeit verfügen, sich zu erinnern, mit wem sie in der Vergangenheit in Beziehung standen.

Es ist erforscht, dass Tiere eine ausgeprägte Merkfähigkeit dafür haben, wem sie unter welchen Bedingungen bereits begegnet sind bzw. wer für sie der geeignete Partner ist. Der Geruchssinn spielt dabei eine entscheidende Rolle – auch beim Menschen. Viele Lebewesen können über ihren Geruchssinn erschnüffeln, welches die passenden Gene und damit der passende Partner für sie ist. Es handelt sich um Gene, die sich in Schaltstellen des Immunsystems befinden und sicherstellen sollen, dass durch die ideale Partnerwahl der Nachwuchs auch am besten immunologisch ausgestattet ist. An der Universität Konstanz forscht die Biologin Jasminca Behrmann-Godel, welche Rolle der Geruchssinn bei der Fortpflanzung von Bodensee-Flussbarschen spielt (vgl. www.molecular-bionics.org/artikel/01479/?lang.de).

Wenn tierische Individuen sich regelmäßig begegnen, „wissen" sie, wem sie „vertrauen" können, weil sie vom ihm eine entsprechende Gegengabe erhalten, und wer ein „Betrüger" ist, der nehmen will, ohne zu geben. Einem „Betrüger", der sich Vorteile erschleichen will, wird die „Sympathie" verweigert. Dieser evolutionäre Mechanismus wirkt sich in überschaubaren Gruppen aus, in welchen die Wahrscheinlichkeit mehrfacher Begegnungen gegeben ist und das „Betrügen" auffällt. Flussbarsche geben z. B. Duftstoffe in das Wasser ab. Fische, die in diesen Bereich kommen, können sich entscheiden, von welchem Duftstoff sie sich angezogen fühlen. Da sie aber selbst einen Duftstoff abgeben, wird ein „Betrüger" – d. h. ein genetisch nicht passendes Individuum - schnell erkannt und abgelehnt. Dieses genetisch gesteuerte Verfahren soll vor allem verhindern, dass Geschwister sich paaren, um Gendefekte zu vermeiden (vgl. a. a. O.). Wir amüsieren uns gern über diese genetischen Mechanismen und fühlen uns frei in unseren Entscheidungen, ohne zu bedenken, dass wir in der Evolution wertvolle Instinkte verloren haben. Wenn manche Menschen sich nicht riechen können, blitzt diese in der Evolution stets hilfreiche Fähigkeit auf.

4.4.2 Das Gefangenen-Dilemma

In dem Gefangenen-Dilemma, das in den 50er Jahren als „Zwei-Personen-Nullsummen-Spiel" der Spieltheorie formuliert wurde, wird die reziproke altruistische Beziehung von *Nichtverwandten* anschaulich abgebildet. Mitte der 80er Jahre befasste sich der Politikwissenschaftler Robert Axelrod in seinem Buch: The Evolution of Cooperation" mit diesem Theorem (Axelrod 1984), nachdem er 1981 zusammen mit Hamilton nachgewiesen hatte, dass die „Wie-du-mir-so-ich-dir-Strategie den größten Ertrag liefert, sofern die Wahrscheinlichkeit genügend groß ist, dass sich die beiden Spieler häufig treffen (Axelrod/Hamilton 1981). Die Spieler haben die Wahl, sich entweder kooperativ zu verhalten oder defektistisch. Letzteres meint, dass ein Spieler die Kooperation verweigert, indem er egoistisch handelt.

Die Geschichte ist einfach: Zwei Gefangene werden verdächtigt, gemeinsam eine Straftat begangen zu haben. Die Höchststrafe für das Verbrechen beträgt fünf Jahre Gefängnis. Wenn die Gefangenen sich beide entscheiden, zu schweigen, reichen Indizienbeweise dafür aus, sie für zwei Jahre einzusperren. Gestehen sie die Tat, werden beide zu vier Jahren verurteilt. Der Anklage kommt es darauf an, das Schweigen zu brechen. Sie bietet beiden Angeklagten einen Handel an: Wenn einer gesteht und seinen Partner belastet, kommt er ohne Strafe davon und der andere muss die Höchststrafe von fünf Jahren absitzen. Die Gefangenen werden unabhängig voneinander befragt. Sie haben weder vor noch nach der Befragung Gelegenheit, sich auszutauschen.

Die Gefangenen befinden sich in einem offenkundigen Dilemma: Jeder von beiden neigt vielleicht dazu, zu gestehen, um freizukommen. Wenn er davon ausgehen kann, dass der andere schweigt, ist er frei. Wenn aber der andere in der Hoffnung, freizukommen, ebenfalls gesteht, müssen beide für vier Jahre ins Gefängnis. Ganoven sprechen sich in der Regel ab, zu schweigen. Ein Indizienprozess ist immer schwerer zu führen, als wenn Aussagen vorliegen, die überprüft werden können. Sich an ihre Ganovenehre zu halten, ist auch tatsächlich das Beste, was sie tun können. Sie riskieren im Höchstfall zwei Jahre Gefängnis. Der Verlust für beide zusammen beträgt dann vier Jahre. Jede andere Kombination von Gestehen und Schweigen würde zu einem höheren Verlust – für beide zusammen - führen. Da das Dilemma der Teilnehmer auf der Unkenntnis des Verhaltens des anderen beruht, ist die Kooperation durch Schweigen offensichtlich die optimale Strategie. Wie aber wird das *Vertrauen* hergestellt, dass der andere sich loyal verhält, indem er schweigt? Es gibt zwei Möglichkeiten. Die eine besteht in der Androhung von Strafe im Falle des Vertrauensbruchs. Banden, wie die Mafia werden einen der Ihren, der ausplaudert, verfolgen und bestrafen. Das sogenannte Omertà der Mafia (schweig oder stirb!) versucht das Schweigen dadurch sicherzustellen, dass ein Verstoß mit besonders scharfen Sanktionen bestraft wird. Er wird daher schweigen, wenn ihm das Leben lieb ist. Eine andere Möglichkeit, die aber in diesem Dilemma nicht gegeben ist, besteht im Vertrauensbeweis durch glaubwürdige Handlungen.

Es gibt verschiedene Spielertypen, die verschiedne Strategien bevorzugen. Unterschieden wird zwischen der Hauptstrategie des tit-for-tat (wie du mir, so ich dir) dem Verräter (Defekteur), der die Kooperation verweigert, dem Punischer (Bestrafer), dem Prober (Sondierer), der einige Runden kooperativ spielt und dann zum Verräter wird, ferner den Misstrauischen, den Graduellen, der mal kooperativ, mal defektorisch spielt usw. Es stellte sich heraus, dass die tit-for-tat-Strategie am erfolgreichsten ist. Bei dieser Strategie geht der Spieler in der Regel wie folgt vor: Er beginnt mit Kooperation. Bei jedem weiteren Schritt tut er das, was der Gegenspieler in der letzten Runde getan hat. Wenn alle Spieler nach dem Muster „Wie du mir, so ich dir" (tit-for-tat) spielen, haben Verräter keine Chance. Es handelt sich daher evolutionär gesehen um eine stabile Strategie.

Im Gefangenen-Dilemma bedeutet kooperieren, sich altruistisch zu verhalten. Der Verräter würde selbstsüchtig handeln. Generell gesprochen ist altruistisches Verhalten in der Evolution von Vorteil für Organismen, wenn sie dadurch einen Vorteil erwarten können. Im Gefangenen-Dilemma besteht der Vorteil darin, mit zwei Jahren Gefängnis davonzukommen – abgesehen von der Strafe, die einen „Kumpel" nach der Freilassung erwarten würde, wenn er sich als Verräter missbrauchen lässt. Es erweist sich daher allgemein, dass der reziproke Altruismus der Kooperation eine Fähigkeit darstellt, sich bei unterschiedlichen Gelegenheiten abzustimmen. Beispiele sind in der Tierwelt nicht selten. Von den Vampir-Fledermäusen, die Mitgliedern ihrer Kolonie jede Nacht durch Erbrechen Blut spenden, damit diese überleben, wenn sie keine Nahrung gefunden haben, war im Zusammenhang mit dem biologischen Altruismus bereits die Rede. Wenn ein großer Fisch, dessen Maul von Putzerfischen gesäubert wird, von Räubern angegriffen wird, wartet er, bis diese sein Maul verlassen haben und flieht dann erst vor dem Räuber. Zwischen dem großen Fisch und dem kleinen Putzerfisch hat sich eine Art Symbiose gebildet, die der große Fisch nicht gefährden will. Zahlreiche parasitengeplagte Haie und Rochen finden sich bei ablaufendem Wasser an einem Korallenriff vor Australien ein, um sich säubern zu lassen. An einem Tag wurden mehr als 1100 Haie erfasst. Nicht einer von ihnen wurde beim Fressen oder Jagen beobachtet (Der Tagesspiegel, Berlin, vom 9. März 2010, 24). Die Parasitenplage hat aus der Not einen reziproken Altruismus erzeugt.

4.4.3 Zusammenfassung und Perspektiven

- **Gibt es egoistische Gene oder genetische Stammbäume?**

Gegen die altruistische Gruppen- oder Verwandtenselektion und gegen den reziproken Altruismus als evolutionäres Prinzip hat es viele Einwände gegeben. Kritisiert wurde, dass es sich bei den geschilderten Fällen in Wahrheit um einen verschleierten Egoismus handelt. Sich nett gegenüber anderen zu verhalten, um daraus seinen Vorteil zu ziehen, an der Ganovenehre festhalten, um eine geringere Strafe zu kassieren und später nicht als Verfolgter Schaden zu erleiden, sind egoistische Motive im altruistischen Gewand. Aus diesen Überlegungen leitete der britische Biologe Dawkins seine viel diskutierte Theorie des „egoistischen Gens" ab (Dawkins 1976). Menschen und Tiere werden darin als „Überlebensmaschinen" bezeichnet, deren Aufgabe in der Evolution in der optimalen und maximalen Verbreitung der sie steuernden Gene besteht (Bauer 2008a, 152). Dawkins behauptet, dass Gene sich nicht im instinktiven Verhalten von Arten konzentrieren, sondern dass es Genstammbäume gibt, in welchen sich einzelne Gene unabhängig von den Arten gegebenenfalls über Milliarden Jahren selektieren. Jedes Gen, ja jeder Buchstabe der DNA geht seinen eigenen Weg durch die Evolutionsgeschichte. „Jeder DNA-Abschnitt und jeder Aspekt eines Lebewesens kann einen anderen Evolutionsstammbaum haben" (Dawkins, 2008, 205). Diesen Vorgang nennt er „egoistisch". Menschliche Verhaltensweisen sind für ihn lediglich der – unbewusste - Ausdruck genetischer Strategien. Er unterstellt einen biologischen Auftrag der Gene.

Es lässt sich aber schnell erkennen, dass es keine eigensüchtigen Gene geben kann. Erfolgreich entwickeln sich Gene nur in einem Pool von Genen, die sich in der Anpassung an vorteilhafte Gegebenheiten entfalten. Offensichtlich bilden sich bei nichtmenschlichen Tieren Gemeinschaften, wie Schwärme, Rudel, Kolonien, Staaten, Gruppen usw., die durch altruistisches Verhalten gekennzeichnet sind. Wollte man die Teilnahme an diesem Prozess „egoistisch" nennen, müsste man auf den Begriff des Altruismus überhaupt verzichten.

- **Menschen sind Herdentiere**

Auf den Menschen bezogen lässt sich zunächst feststellen, dass einige der bei nichtmenschlichen Tieren beobachteten altruistischen Strategien für ihn ebenfalls zutreffen. Auch bei Menschen lässt sich beobachten, dass sie sich gegenüber ihren nächsten Verwandten altruistischer verhalten als gegenüber Fremden. Es trifft auch zu, dass wir uns gegenüber Personen, die uns in der Vergangenheit geholfen haben, Entgegenkommen zeigen, wie es im Prinzip des reziproken Altruismus beschrieben wird. Andererseits gibt es beim Menschen sehr viele kulturell geprägte Verhaltensweisen, die im Tierreich selten oder gar nicht zu beobachten sind, etwa, wenn Eltern sich für ein Adoptivkind entscheiden und damit ihren Selektionsvorteil hinsichtlich der Nachkommenschaft aufgeben. Da Menschen nur eingeschränkt instinktiv handeln, lässt sich ihr Verhalten nicht mit dem Prinzip des „biologischen Altruismus" beschreiben, den man bei Insektenstaaten ausgeprägt vorfindet. Eher ist der Begriff des „psychologischen Altruismus" zutreffend, der auch als „wirklicher Altruismus" bezeichnet wird, weil mit ihm die tatsächliche *Absicht*, anderen zu helfen, beschrieben wird. In jedem Fall erscheint es unsinnig, davon auszugehen, dass die menschliche Spezies als einzige auf den Vorteil des Gruppenprinzips verzichtet hätte, das sich in der Evolution als so erfolgreich erwiesen hat. Das Gegenteil ist der Fall. Alles, was wir von frühen Menschen wissen ist, dass sie in sozialen Einheiten lebten.

- **Zuneigung und Anteilnahme als Antriebe der Evolution**

Die Evolution hat keine Egoisten hervorgebracht, als die Entwicklung von Menschen vor ca. 20 Millionen Jahren vermutlich durch einen einfachen Mutationsvorgang einsetzte. Ebenso wenig muss man davon ausgehen, dass der psychologische Altruismus, d. h. die Selbstlosigkeit immer im Vordergrund stand. Eher kann man aus der Primatenforschung de Waals und der Delfinforschung, auf die sich MacIntyre bezieht, erkennen, dass der Vorteil, sich auf einer vorsprachlichen emotionalen Ebene des Verhaltens empathisch zu begegnen, auch die Grundlage des menschlichen Verhaltens bildete. Bereits Darwin betonte, dass *Zuneigung* und *Anteilnahme* einen starken Antrieb für Lebewesen in der Evolution darstellen.

- **Erklärungsmodelle der Ökonomie für die Evolution**

Alle in diesem Kapitel vorgetragenen Modelle oder Prinzipien der evolutionären Ethik, einschließlich des strategischen Kalküls, das Dawkins den Genen unterstellt, weisen eine Nähe zum ökonomischen Modell der Marktwirtschaft auf. Sie folgen damit Darwin, der selbst zugab, dass er von der Theorie des britischen Ökonomen Malthus über steigende und sinkende Populationen bei Menschen entsprechend dem Nahrungsangebot so fasziniert war, dass er sie als Modell seiner Theorie der natürlichen Selektion zugrunde legte. Der Vorstellung eines reziproken Altruismus liegt das Modell des Tauschhandels zugrunde, bei welchem das Äquivalentprinzip Anwendung findet: Für das, was ich gebe, erwarte ich etwas Gleichwertiges anderes. Das Theoriemodell der Gruppen- oder Verwandtenselektion folgt dem Prinzip der Treue: Ich setze mich mit meiner biologischen Existenz dafür ein, dass die Gruppe, in der ich Schutz und soziale Bindung erfahre, überlebt. Dafür ist gesichert, dass die Gene, welche in diese Gruppe Eingang gefunden haben, unter denen als Verwandter auch meine sich befinden, erhalten bleiben und sich fortpflanzen. Auch dieses Prinzip ist der Marktwirtschaft entlehnt, in welcher der kaufmännische Grundsatz gilt „nach Treu und Glauben". Kein Kauf und Verkauf würde stattfinden, wenn wir es nur mit egoistischen Betrügern zu tun hätten. Händler mit schlechtem Ruf verschwinden vom Markt, da keiner mit ihnen Geschäften macht.

In gewisser Weise kaufen wir immer „die Katze im Sack", da wir außerstande sind, die Qualität komplexer Waren zu prüfen. Vertrauen in die Qualität der Produkte fördert Stammkundschaft. Was schließlich in dem Gefangenendilemma als vorteilhafte Anwendung der Ganovenehre erscheint, ist ein dominanter Wert der demokratischen Gesellschaft, den bereits Kinder sehr ernst nehmen: Einen Freund zu verraten – oder in der Kindersprache: zu verpetzen - gilt als Verrat an einer funktionierenden Bindung, von der alle profitieren. In der Wirtschaft sind es die Betrüger, die Wirtschaftskriminellen, denen unsere Abscheu und unser Zorn gelten, weil sie durch ihre Gier ein intaktes System des sozialen Zusammenhangs und des sozialen Austauschs gefährden.

Die bekannten Modelle der evolutionären Ethik, einschließlich Darwins Theorie der natürlichen Zuchtwahl basieren auf der Vorstellung, dass die Dinge sich so ereignen, wie ein rationales *Kalkül* voraussagt. Dem reziproken Altruismus liegen mathematische Modelle zugrunde, die in der Ökonomie Anwendung finden. Das Gefangenendilemma ist nach spieltheoretischen Überlegungen konzipiert, für die der Mathematiker John Nash den Nobelpreis für Wirtschaft erhielt. Es findet Anwendung in der Politik, z. B. in der Rüstungskontrolle und in der Wirtschaft bei Absprachen von Kartellen und Oligopolen. Ausgangspunkt der Überlegungen ist immer das Funktionieren eines sozialen Systems.

Die Akteure fungieren als Rollenträger, d. h., sie verhalten sich systemkonform. Ohne Normalität, d. h. ohne die Erfüllung von Erwartungen durch Rollenträger in Wirtschaft und Politik, würden das soziale, politische und wirtschaftliche System, in dem wir leben, zusammenbrechen. Ohne persönliche Impulse, Affektivität, Konkurrenz, Aggression und Egoismus würde das System allerdings wichtige Antriebe verlieren. Die kalkulatorischen Wirtschafts- und Politikmodelle und die Systemtheorie bemühen sich, die Balance zu finden, nach welcher das Gesellschaftssystem immer wieder Stabilität erlangen kann.

- **Die Evolution ist kein Zufall**

Die Evolution ist jedoch kein kalkulierbares und schon gar kein rationales System. Ihre Prozesse sind unendlich und komplex. Darwin erkennt an, dass es in der Entwicklungsgeschichte des Menschen Empathie in Form von Zuneigung und Bindung gab. Spezies, die ein System der wechselseitigen Unterstützung entwickeln, vergrößern ihre Chance, zu überleben (Bauer 2008a, 163). Darwins Modell der natürlichen Züchtung entspricht dem Prinzip der Gruppenselektion. Die Menschen handeln in seiner Vorstellung vernünftig, wenn sie sich - wie nichtmenschliche Tiere auch - sozial verhalten. Das ist ein Kalkül. Es ist nach dem Wenn-Dann-Prinzip formuliert und hat als Ergebnisaussage eine rationale Wahrscheinlichkeit. Ob sich das prognostizierte Verhalten ereignet oder nicht, richtet sich bei Darwin und seinen Nachfolgern, die auf Kalkül in der Evolution setzen, nach dem Zufallsprinzip. Nicht gefragt wird nach der Subjektivität der Akteure. Die Biologie erforscht gegenwärtig den Beitrag von Erfahrung und Lernen von Subjekten für die Weiterentwicklung von Arten. Wenn wir in Erfahrung bringen wollen, wie sich die menschliche Lebensform über Millionen Jahre entwickelt hat, müssen wir den Gedanken eines linearen Fortschritts aufgeben. Die Prozesse des Aufnehmens, des Erfassens, des Wissens sowie der Umbildung und Gestaltung entstehen im Einzelnen. Darwin hatte als Ziel der Evolution das Überleben und die natürliche Zuchtwahl angegeben. Aber die Evolution hat kein Ziel und sie wird nicht durch Sinn gesteuert. Daher lautet die Frage, die sich der Evolutionsbiologie heute stellt und die auch für die Entwicklung der Perspektive der Menschen von Bedeutung ist: Wie impulsiv, kreativ bzw. wie unkonventionell verhalten sich Individuen, um immer neue Formen der biologischen Anpassung hervorzubringen? Es sind oft die „Querdenker" bei nichtmenschlichen Tieren und bei Menschen, die einen Impuls setzen, der entscheidend für die weitere Entwicklung sein kann. Der „Zufall" ereignet sich nicht – er wird wahrgenommen und ergriffen von Einzelnen, die darauf vorbereitet sind bzw. eine Gelegenheit ergreifen, während andere in derselben Situation passiv bleiben.

III. Wertfühlen und der Wert des Lebens

1. Vorsprachliche Moral

Die biologische Ethik hat durch die philosophischen Begründungen MacIntyres, die systematischen Tierbeobachtungen an Primaten und Delfinen durch de Waal und andere sowie durch die Entdeckung der Spiegelneuronensysteme eine Basis der Erkenntnis erreicht, die schon jetzt Ansätze einer *materiellen* Ethik erkennen lassen. MacIntyres Verdienst besteht in dem Nachweis, dass Handlungsgründe und Meinungen bei Delfinen im vorsprachlichen Bereich bei der Jagd, beim Spiel und bei der Betreuung des Nachwuchses Anwendung finden. Die Vorträge von Gerhard Roth und Onur Güntürkin im März 2010 in der Akademie der Wissenschaften Berlin-Brandenburg: "Können Tiere denken?" zeigten anschaulich, dass die Unterschiede zwischen nichtmenschlichen Tieren und Menschen in allen Bereichen nur gradueller Art sind und sich an einem Kontinuum messen lassen: (1) Tiere haben die Fähigkeit, die Perspektive eines anderen zu übernehmen, indem sie täuschen und vortäuschen (Schimpansen); (2) sie können vorausschauend denken und benutzen Werkzeuge; (3) Sie verstehen den zugrundeliegenden Mechanismus bei der Herstellung von Werkzeugen (Rabe, Schimpanse); (4) sie erkennen sich selbst im Spiegel (Delfine, Affen, Menschenaffen, Elster); Sprache ist weit verbreitet, wenn auch meist nur mit einigen Wörtern und ohne Syntax. Bonobos beherrschen über 200 Wörter (Roth). Elstern verfügen über Objektpermanenz, d. h. sie wissen, wo ein versteckter Gegenstand sich befindet. Sie machen die gleichen Denkoperationen, die Piaget an Kindern testete, nur wesentlich schneller (Güntürkin). (Vgl. http://jahresthema.bbaw.de)

Philosophen, die nach dem Rationalitätsprinzip urteilen, heben die Bedeutung der Sprache heraus, weil nur mit ihr Absichten, Begründungen und Reflexionen möglich scheinen. In Wirklichkeit sind Willensäußerungen jedoch ihrerseits durch Neigungen, Affekte, Leidenschaften, Lust und Unlust, d. h. im weitesten Sinne durch Emotionen bestimmt. Dieses Erbe haben wir von nichtmenschlichen Tieren übernommen. Die Sprache hat zweifellos eine wichtige Funktion für die Identitätsbildung und für die Feinabstimmung von Kommunikationen, die nicht durch Instinkte gesteuert sind. Damit ist ein notwendiges Instrument der Bedeutungsübermittlung für die Spezies Mensch geschaffen. Sie entspricht der ungeheuren Vielfalt und Systematik menschlicher Handlungen. Durch sie erscheint uns die Welt logisch, „weil wir sie erst logisiert haben" (Nietzsche, zit. n. Tsang-Long Liu 2004, I, 2).

Die Sprache verführt aber auch dazu, den Menschen als Maß aller Dinge zu sehen. Die Anthropomorphisierung der Dinge verlockt selbst „objektive" Forscher, die Welt in Bezug auf den Menschen zu verstehen. Wir können nicht anders. Uns fehlen die Begriffe, die Verhaltensweisen von nichtmenschlichen Tieren abbilden. Wenn de Waal bei Primaten immer wiederkehrende Gesten wie die Umarmung als Friedensgeste oder eine Demutshaltung nach einem Rivalenkampf, das Sträuben der Nackenhaare als Imponiergehabe sowie Formen des Tröstens und der Empathie beobachtet, so handelt es sich zweifellos um anthropomorphe Interpretationen. Wir haben Begriffe, mit denen wir Beobachtetes zusammenfassen können. Die Primaten haben diese Begriffe vermutlich nicht. Es muss erlaubt sein, solche Auslegungen vorzunehmen, um sich ein Bild des sozialen Lebens bei nichtmenschlichen Tieren zu machen und Schlüsse daraus zu ziehen.

Das wichtigste Ergebnis der Primaten-Beobachtungen de Waals und anderer ist, dass das Verhalten dieser Art durch – vorsprachliche – Emotionalität gesteuert wird. Da die menschliche Spezies vermutlich auf der Entwicklungslinie der Schimpansen und Menschenaffen liegt, gibt es keinen Grund, nicht auch bei ihr – bei uns – die ursprünglichen Handlungsgründe in Emotionen zu suchen, die durch die Sprache verfeinert, differenziert und umgelenkt werden. In den Millionen Jahren der Gruppenselektion des Menschen hat sich aus den ursprünglichen Formen der Empathie, die sowohl Darwin, wie Primaten- und Delfinforscher bei nichtmenschlichen Tieren festgestellt haben, ein Wertesystem gebildet, das mit den Begriffen der Sympathie oder der Liebe umschrieben werden kann. Man kann annehmen, dass es sich dabei um quasi-instinktive Prägungen handelt, die gefühlt werden können, wenn sie in einer entsprechenden sozialen Umgebung aktiviert werden. Dieses „Wertfühlen" ist in den 20er Jahren des vergangenen Jahrhunderts hauptsächlich von dem Philosophen und Soziologen Max Scheler beschrieben und tiefgründig ausgearbeitet worden. Einen Bezug zur Evolution stellt Scheler nicht her. Daher nimmt seine Philosophie der materiellen Wertethik gelegentlich idealistische Züge an. Mit seiner Schrift „Ordo Amoris" steht er dem Christentum sehr nahe. Seine Ausführungen sind weitgehend in Vergessenheit geraten. Es lohnt jedoch eine Rückbesinnung, weil sich in ihnen die Ahnung manifestiert, dass unser Wertfühlen eine (quasi-)instinktive Basis hat.

Mit der Erforschung des Spiegelneuronensystems wurde die biologische Voraussetzung der Empathie vermutlich entdeckt. Was wir immer schon ahnten, dass Liebe, Sympathie, Mitempfinden und allgemein: Fühlen typische Beweggründe sind, wird, wie es scheint, durch diese speziellen neuronalen Zellen aktiviert – wenn Gelegenheit dazu geboten wird, d. h., wenn ein Gegenüber so agiert, dass wir *in* seinem Verhalten Emotionen beobachten zu können glauben. Diese Entdeckung kann als ein Meilenstein einer biologischen Ethik gewertet werden. Sie findet bei der zeitgenössischen Philosophie jedoch kaum Beachtung. Wenn wir über die Perspektive der Menschheit nachdenken und uns Wehmut und Pessimismus überkommen, weil wir uns von dem globalisierten marktwirtschaftlichen System der Großkonzerne, der Digitalisierung unserer Sozialbeziehungen sowie der Individualisierung unserer Lebensform wie von einem Riesenkraken erdrückt fühlen und keine Aussicht auf Menschlichkeit mehr sehen – die Spiegelneurone sind immer mit jedem Neugeborenen wieder frisch da und bieten eine Basis für neue Formen und Strategien der Personbildung.

Die rationalen Modelle der evolutionären Ethik gehen kaum über das hinaus, was Darwin vor 140 Jahren in seiner Schrift über die Abstammung und den Ursprung des Menschen ausgeführt hat. An vielen Stellen lässt er sich über die Bedeutung der emotionalen Verbundenheit in der Evolution des Menschen als überlebensnotwendigen Altruismus aus. Er beschreibt die Sympathie als eine Gemütsbewegung, die von der Beobachtung oder nur dem Hören des Leidens eines anderen ausgeht, sodass „die Idee des Leidens in unserer eigenen Seele so lebhaft wachgerufen wird, dass wir selbst leiden" (Darwin, zit. n. Bauer 2008a, 165) – und nimmt damit die Entdeckung der Spiegelneurone vorweg. Mit seiner Aussage, dass wir „ohne Zweifel viel tiefer mit einer geliebten als mit einer gleichgültigen Person [sympathisieren], und die Sympathie der einen uns viel mehr Erleichterung [gewährt] als die der anderen" (ebenda), thematisiert er den reziproken Altruismus, dem letztlich eine Individualselektion zugrunde liegt, wie er sie hier beschreibt. Selbst das moderne Phänomen der emotionalen Ansteckung ist bei Darwin schon beschrieben, wenn er das Gähnen, das Lachen oder die Hysterie erwähnt. Viel Neues ist hier scheinbar nicht zu erwarten und es bleibt zu hoffen, dass nicht ständig die gleichen Erscheinungen mit abgewandelter Begrifflichkeit und besonderer Färbung in die Debatte geworfen werden.

Die Entwicklung des Lebens besteht nicht aus zufälligen Veränderungen oder einer Anpassung innerer Bedingungen an äußere. Die unorganischen äußeren Bedingungen haben das Leben nicht geschaffen. Es hat sich selbst erzeugt. Jedes Subjekt entwickelt Gestaltungskraft. Darwin hat seiner Zeit gemäß die *äußeren* Umstände als Gestaltungskräfte überschätzt. Die äußeren Umstände, an welche sich das Leben anpasst, haben überhaupt keine Kreativität. Sie erzeugen nichts. „Was ist mein Leben?" fragt sich der Mystiker Meister Eckart vor 700 Jahren. Und er antwortet: „Was von Innen her aus sich selbst bewegt wird, das ist mein Leben. Das <aber> lebt nicht, was von außen bewegt wird" (Meister Eckart 1993, 63). In ähnlicher Weise äußerte sich der Querdenker Friedrich Nietzsche vor ca. 130 Jahren:

> „Das Wesentliche am Lebensproze ß ist gerade die ungeheure gestaltende, von Innen her formschaffende Gewalt, welche die 'äußeren Umstände' *ausnützt, ausbeutet*" (Nietzsche, zit. n. Tsang-Long Liu 2004, I, 19).

Die natürliche Selektion allein kann keine gestaltenden Neuerungen hervorbringen. In jedem Leben wirkt ein dynamisches Prinzip, das Nietzsche „Wille zur Macht" nennt. Es bewirkt die ständige Selbstverwandlung. Das Selbst und die aus ihm resultierenden Moralurteile sind flüssig, so wie der „Sinn" des Lebens nichts Feststehendes ist, sondern sich wandelt. Mit jedem Wachstum unseres Personseins finden im gesamten Organismus des Körpers Verschiebungen statt. Unsere Leiblichkeit ist ständig in Bewegung – das Wenigste davon dringt in unser Bewusstsein; allenfalls in einer einschränkenden, durch die Vorstellungskraft und unser Selbstbild modellierten Form, die ein blasser Abglanz des ursprünglichen Impulses und des persönlichen Wachstums darstellt.

Zwei Personen, die nicht nur zeitlich weit auseinander liegen, sondern sich in ihrer Geisteshaltung diametral gegenüberstehen – der eine tief gläubiger Christ des Mittelalters, der andere ein entrüsteter Pastorensohn des 19. Jahrhunderts, der den „Antichrist" geschrieben hat – kommen zu demselben Ergebnis, dass die Gestaltungskräfte, die in der Natur wirksam sind, aus dem Inneren der Akteure des Lebens kommen. Der eine, Meister Eckart, hat den Begriff „Gott" für die Kraft oder Substanz, die ihn treibt. Der andere, Friedrich Nietzsche, für den Gott tot ist, hat keinen Begriff dafür, aber eine Ahnung von der Kraft, die in ihm wirkt und die im „Willen" zum Ausdruck kommt.

2. Die materiale Wertethik Max Schelers

In den 20er Jahren des vergangenen Jahrhunderts entwickelte sich eine Philosophie der Werteauffassung, die als „anthropologisch" charakterisiert worden ist (vgl. Horleben 1998). Prominente Vertreter dieser Richtung waren Max Scheler und in seiner Nachfolge Nicolai Hartmann. Ohne auf die Evolution Bezug zu nehmen gingen sie davon aus, dass der Mensch ein apriorisches Wertbewusstsein hat. Das Wertfühlen wird von Max Scheler als Eigenschaft des Menschen gleichgesetzt mit den Sinnesorganen: So, wie wir Menschen einen Farbsinn haben und damit Farben an den Dingen wahrnehmen, so, wie wir Töne hören können, weil wir die Luftwellen durch den Hörsinn umsetzen können, so können wir auch Werte fühlen, weil wir über die Fähigkeit des Fühlens verfügen, wie Tiere über Instinkte. „Werte sind *im* Fühlen gegeben, wie Farben *im* Sehen und Töne *im* Hören" (Scheler, zit. n. Frings 1991, VIII). So wie Farben von den Dingen, an denen sie erscheinen, unabhängig sind - wir sprechen von der grünen Wiese, dem grünen Stoff oder der Partei der Grünen – so sind auch die Werte von den Dingen unabhängig: „Angenehm" kann sowohl ein Sessel sein, wie die Gegenwart einer bestimmten Person oder das Klima.

Ähnlich wie Farben und Töne können Werte nicht definiert werden. Wie Farben an den Sehsinn und Töne an den Hörsinn, sind Werte an das Fühlen gebunden. Ich kann einem von Geburt an Blinden nicht erklären, was das Rot an einem roten Schal ist: Er muss es gesehen haben. Ebenso wenig kann ich Kindern, die von Geburt an in einem dunklen Raum und ohne Kontakt zu Menschen gehalten wurden, erklären, was Liebe ist.

Werte „an sich" gibt es nicht. Sie existieren nicht (Max Scheler, zit. n. Frings 1991, X). Sie können nur an Gegebenem *gefühlt* werden – und sind dann wie das Grün der Wiese ebenfalls etwas Gegebenes, aber nur in diesem Zusammenhang. Werte sind keine Eigenschaften der Dinge. Wir bringen sie an die Dinge heran. Eine Rose ist „schön", weil wir sie schön finden. Ein Wein schmeckt „lieblich", weil sein Geschmack uns anmutet. Eine Person finden wir „reizend", weil sie unserer Vorstellung von attraktiv entspricht. Vor dem Zahnarzt haben wir Angst, weil wir den Schmerz antizipieren. Da es ähnlich wie beim Farbenspektrum nahezu unendliche Wertkombinationen gibt, hat die Sprache gar nicht die Möglichkeit, alle Wertdifferenzierungen auszuführen.

Werte sind unabhängig von den Dingen bzw. Trägern. Wir kennen zwar den Begriff „Duft" der Rose. Das Angenehme, das diesen Wohlgeruch ausmacht, ist dagegen nicht zu beschreiben. Ähnlich verhält es sich mit dem Angenehmen des Süßen und des Unangenehmen oder des Bitteren usw. (Scheler 1954, 35). Ein Mensch wirkt auf uns peinlich, abstoßend oder aber angenehm und sympathisch, ohne dass wir direkt angeben können, woran das liegt. Das gleiche gilt für ein Gedicht, das wir mögen, für ein Kunstwerk, das wir „schön", einen Wein, den wir „schmackhaft" oder ein Zimmer, das wir „freundlich" finden (Scheler 1954, 40). In allen Fällen ist es nahezu gleich-gültig, wer der Künstler oder der Hersteller des Weines ist. Der persönliche Geschmack entscheidet.

Werte sind - auf verschiedenen Ebenen - im Fühlen erfahrbar. Oft fühlen wir in Gegensätzen. Scheler unterscheidet die Polaritäten *nützlich-unnützlich*, ferner *Lebenswerte* wie Gerechtigkeit, Würde, Selbstwert usw., *geistige Werte* wie Kunst, Recht, Erkenntniswerte usw. und schließlich die Wertreihe *heilig-unheilig* (Frings 1991, IX). Wenn ich mich in den Finger schneide, fühle ich Schmerzen. Wenn ich missachtet werde, fühle ich Ungerechtigkeit. Wenn ich den Himmel über mir und die Wunder der Natur betrachte, fühle ich vielleicht einen heiligen Schauer. Ich kann ganz unterschiedliche Fühlstrahlen haben (sinnlich, persönlich, heilig), die auf ganz verschiedene Wertarten zielen. Bevor mein Denken einsetzt, sind Fühlqualitäten in mir gegeben. Sie folgen einer Ordnung, die nicht logisch zu erschließen ist. Das Fühlen durchdringt Dimensionen der Wahrnehmung, die unendlich „tiefer" und „breiter" sind als Worte auszudrücken vermögen. „Werte sind *klare fühlbare Phänomene* – nicht dunkle Xe" (Scheler 1954, 39). Unsere moralische Realität liegt im Konflikt dessen, was wir moralisch jetzt sind oder getan haben, gegenüber dem, was wir hätten tun können, aber nicht getan haben. Diese Art von Gewissensbissen und von

Peinlichkeiten wirkt in uns als moralischer Widerstand. In ihm lebt der Wert, den wir durch falsches Handeln oder Unterlassung in uns verletzt haben weiter als Mahnung oder Erinnerung. Gewissenbisse dieser Art bestimmen die Entwicklung unseres Wertfühlens. Diese Moralauffassung lässt sich nicht leiten von einem universalen „Imperativ" oder einer Pflichtethik, von Sollenssätzen oder von Gehorsam.

> „Das, was wir tun <sollen>, ist <an die Forderung der Stunde> (Kairos) geknüpft, die keinen braven Gehorsam unter ein moralisches Gesetz einschließt, sondern den Mut, ein spontanes, vor-bewußt gefühltes Wert-Vorziehen aus sich selbst zu fordern" (Frings 1991, XI).

„Gut" ist nach Ansicht der materiellen Ethik weder als Ziel, noch als Glück, noch als Tugend oder Gesinnung zu denken, nach dem der Mensch wie auch immer zu streben hätte. „Gut" und „böse" tauchen in einer *Person* auf. Sie sind „sich selbst konstituierende Werte" (Frings 1991, XII) die erst während des spontanen Vorziehens der Neigung oder dem Nachziehen der Abneigung in einer Person wirksam werden. Philosophisch ausgedrückt: „Das Sein [wird] nur im Aktsein der Person zugänglich" (Frings 1991, XVI). „Person" ist aus dieser Sicht ein „Werdesein" und niemals festgelegt. Sie umfasst den ganzen Menschen und nicht nur sein „Bewusst-Sein".

Werte sind nach dieser Auffassung kognitiv nicht zugänglich. Auch der „gesunde Menschenverstand" ist ein viel zu grobes Organ für die Wahrnehmung der Wertewelt in unserem Inneren. Die Werteerfassung beruht vielmehr auf emotionalem, gefühlsmäßigem, unmittelbar intuitivem Erleben (Hartmann 1935, 105). Diese anthropologische Konstante, die aus der Evolution des Menschen ableitbar wäre, wird von Hartmann idealistisch überhöht. In seiner Vorstellung gibt es eine absolute Wertewelt, die ähnlich wie die Ideen Platons für den Einzelmenschen unerreichbar ist. Im Wertfühlen sieht er die „Ankündigung des Seins der Werte im Subjekt" dokumentiert (Hartmann 1935, 109). Diese „Apriorität des Wissens" um Werte ist wie das Platonische Schauen für ihn ein intuitiver Akt.

Im Vorwort zur dritten Auflage seines Werkes „Der Formalismus in der Ethik und die materiale Wertethik" (1926) kritisiert Max Scheler diesen Rückfall in „einen den lebendigen Geist erstarrenden Objektivismus und Ontologismus" bei Hartmann, der fast mittelalterlich anmute (Scheler 1954, 21). Es sei fatal, einen „Wertehimmel" zu behaupten, der angeblich „unabhängig" vom Menschen und dem sittlichen Leben der Subjekte existiere. Scheler vertritt den Gedanken der Entwicklung des Wertfühlens je nach den Gegebenheiten der sozialen Umwelt (vgl. ebenda, S. 22).

Nimmt man die idealistische Aufblähung durch Hartmann beiseite, dann ist bei der materialen Wertethik nicht die Gesellschaft Schöpferin Werten, sondern es sind die *Personen*, welche in ihrem Fühlen Dinge *vorziehen* oder *nachziehen*. „Material" nennt Scheler seine Ausführungen über das Fühlen der Werte ausdrücklich, um sich von dem Formalismus idealistischen Position abzuheben, die das Gute als unerreichbare Zielvorstellung ausgibt. Die Ausführungen Schelers stellen einen wichtigen Paradigmenwechsel in der Beurteilung von Werten dar: *Werte sind körperlich*. Sie sind leiborientiert. Die Freundschaft, Sympathie, Würde, die ich in mir spüre, *sind* der Wert. Begriffe abstrahieren von dem Körpergefühl und sind im Grunde gar nicht in der Lage, das Wert-Sein einer Person als Erlebens-Wert zu erfassen und wiederzugeben. Wir glauben, nicht auf die Abstraktion verzichten zu können, wenn wir sagen: „Ich bin glücklich". Aber der körperliche Ausdruck eines Menschen genügt, um sein Glück nachzuempfinden.

Allerdings hinkt Schelers Vergleich des Fühlens der Werte mit dem Farbensinn und dem Hörsinn. Werte zu fühlen ist keine Sinneswahrnehmung, auch, wenn sie in Körpergefühlen erlebt werden. Werte entstehen aus der mitfühlenden Interpretation empathischer Zustände. Das Mitempfinden ist eine Weiterentwicklung der emotionalen Empathie bei nichtmenschlichen Tieren. Es ist, wie wir seit einigen Jahren wissen, eine biologisch durch das Spiegelneuronensystem gegebene Fähigkeit, emotionale Zustände bei anderen mitzuerleben und sie dadurch im eigenen Körper zu aktivieren. Ein neuronales Kontrollsystem verhindert, dass wir emotional ständig aufgerührt werden. Wir lassen in der Regel nur diejenigen Emotionen und Gefühle zu, die wir für uns in unserer sozialen Umwelt für wünschenswert halten.

Schelers materiale Wertethik ist eng verbunden mit seiner Auffassung von Person. Person ist für ihn Träger von Werten. In der Selbstorganisation werden Werte realisiert – oder verletzt. Scheler kennt Stufen des Selbstwertes. Scham und Reue spielen darin eine große Rolle. „Im Sichschämen und Bereuen liegt eine Rückwendung auf unseren eigenen Selbstwert" (Frings 1991, X). Wir blicken von einer höheren Bewusstseinsstufe auf vergangenes Handeln zurück. In dem „Hätte ich dies doch nie getan" wird ein Wert, der in der Vergangenheit von mir als Person beschädigt wurde, in mein Bewusstsein wieder aufgenommen als bereuter bzw. beschämter *Unwert* meines Selbst. Gewissensbisse dieser Art oder das (nachträgliche) Gefühl der Peinlichkeit machen mir bewusst, dass meine moralische Realität als Person im Konflikt liegt, zwischen dem, was ich moralisch jetzt bin oder getan habe und dem, was ich hätte tut sollen, aber nicht tat.

Das Sollen als moralische Pflicht lehnt Scheler ab. Das, was wir tun „sollen", ist für ihn an die Stunde (altgriechisch: kairos) geknüpft: Im richtigen Moment das

Richtige zu tun. Diese Moralvorstellung ist flüssig. Sie schließt einen braven Gehorsam ebenso aus, wie ein moralisches Gesetz. Moral in diesem Sinne ist der Mut, einen gefühlten Impuls des Wert-Vorziehens für sich als Person für richtig zu erachten und im Handeln zu realisieren. Das Gute ist an kein Ziel gebunden wie „Glückseligkeit" „wechselseitiger Nutzen", Tugend oder Gesinnung. „Gut" und „böse" tauchen in der Person als Werturteile auf. Es sind daher „sich selbst konstituierende Werte" (Frings 1991, XII). Es handelt sich um ein moralisches Echo des Selbstwertes und der Handlung der Person, das *zeitlichen* und nicht abstrakt-allgemeinen Charakter hat. Solche moralischen Impulse sind gewissermaßen der Nachklang dessen, was unbewusst und von uns nicht einsehbar in der Selbstorganisation der Person vor sich gegangen ist. Ein nachgeordnetes Bewusstmachen unseres Handelns und unserer spontanen Werturteile ist einer anderen Zeit verhaftet, dem Danach oder dem „Hätte ich doch".

3. Mitempfindung

> „In irgend einem abgelegenen Winkel des in zahllosen Sonnensystemen flimmernd ausgegossenen Weltalls gab es einmal ein Gestirn, auf dem kluge Tiere das Erkennen erfanden. Es war die hochmütigste und verlogenste Minute der „Weltgeschichte": aber doch nur eine Minute. Nach wenigen Atemzügen der Natur erstarrte das Gestirn, und die klugen Tiere mußten sterben".

So beginnt Nietzsches Schrift „Über Wahrheit und Lüge im außermoralischen Sinne" (vgl. Nietzsche, Nachlass, in: http://gutenberg.spiegel.de). Er beklagt darin, wie flüchtig, zwecklos, und beliebig sich der menschliche Verstand in der Natur ausnimmt. Der menschliche Hochmut, der sich hinter dem Verstand verbirgt, täuscht die Sinne des Menschen über den Wert des Daseins, fährt Nietzsche fort. Sie werden niemals erfahren, was Wahrheit ist, wenn sie sich verstecken hinter einem „beweglich[em] Heer von Metaphern, Metonnymien, Anthropomorphismen, kurz eine Summe menschlicher Relationen, die poetisch und rhetorisch gesteigert, übertragen, geschmückt wurden" (ebenda). Diese Art Wahrheiten sind Illusionen. Sie sind nach Nietzsches Ansicht allerdings kraftlos geworden, wie Münzen, die nichts mehr wert sind. Jedes Volk hat über sich einen solchen „Begriffshimmel" aufgebaut.

Nietzsche hat ein Gespür dafür, wie die Nachbildung ursprünglicher Empfindungen in unserem Körper *materiell* wirkt und wie sich in uns aus der Interpretation des Leidens, der Freude oder der Entzückung als Nachwirkung materielle Werte als körperliche Empfindung ausbilden. Das Fühlen von Werten kann sich durch viele Nachbildungen dieser ursprünglichen Erfahrungen einstellen. Am Anfang dieses Prozesses, der über Millionen Jahre gegangen sein mag, steht die ursprüngliche *Mitempfindung*, die aus der Furcht des Menschen geboren ist:

> „Um den anderen zu verstehen, das heisst, um sein Gefühl in uns nachzubilden, gehen wir zwar häufig auf den Grund seines so und so bestimmten Gefühls zurück und fragen zum Beispiel: warum ist er betrübt? – um dann aus dem selben Grunde selber betrübt zu werden; aber viel gewöhnlicher ist es dies zu unterlassen und das Gefühl nach den Wirkungen, die es am Anderen übt und zeigt, in uns zu erzeugen, indem wir den Ausdruck seiner Augen, seiner Stimme, seines Ganges, seiner Haltung (oder gar deren Abbild in Wort, Gemälde, Musik) in unserem Leibe nachbilden (...). Dann entsteht in uns ein ähnliches Gefühl, in Folge einer alten Association von Bewegung und Empfindung, welche darauf eingedrillt ist, rückwärts und vorwärts zu laufen. In dieser Geschicklichkeit, die Gefühle des Anderen zu verstehen, haben wir es sehr weit gebracht (...)

Fragen wir, wodurch die Nachbildung der Gefühle Anderer uns so geläufig geworden ist, so bleibt kein Zweifel über die Antwort: der Mensch als das furchtsamste aller Geschöpfe, vermöge seiner feinen und zerbrechlichen Natur, hat in seiner Furchtsamkeit die Lehrmeisterin jener Mitempfindung, jenes schnellen Verständnisses für das Gefühl des Anderen (auch des Thieres) gehabt. In langen Jahrtausenden sah er in allem Fremden und Belebten eine Gefahr: er bildete sofort bei einem solchen Anblick den Ausdruck der Züge und der Haltung nach und machte seinen Schluss über die böse Absicht hinter diesen Zügen und dieser Haltung. Dieses Ausdeuten aller Bewegungen und Linien auf Absichten hat der Mensch sogar auf die Natur der unbeseelten Dinge angewendet – im Wahne, dass es nichts Unbeseeltes gebe: ich glaube, alles, was wir Naturgefühl nennen beim Anblick von Himmel, Flur, Fels, Wald, Gewitter, Sternen, Meer, Landschaft, Frühling, hat hier seine Herkunft, - ohne die uralte Übung der Furcht, dies alles auf einen zweiten dahinterliegenden Sinn hin zu sehen, hätten wir jetzt keine Freude an der Natur, wie wir keine Freude Mensch und Thier haben würden, ohne jene Lehrmeisterin des Verstehens, die Furcht. Die Freude und das angenehme Erstaunen, endlich das Gefühl des Lächerlichen, sind nämlich die später geborenen Kinder der Mitempfindung und viel jüngere Geschwister der Furcht." (Nietzsche, Morgenröthe, Abschnitt 142).

- **Die leibliche Entstehung des Mitgefühls**

In diesen Äußerungen wird deutlich, dass Wertempfindungen aus dem körperlichen Zustand der Furcht entstanden sein könnten. Das „Ausdeuten aller Bewegungen auf Absichten" steht am Anfang der Mitempfindung. Wenn im Gebüsch zwei Glitzerpunkte leuchten, die die Augen eines Raubtieres sein könnten, spürt der frühe Mensch die „Absicht", dass ihm aufgelauert wird und ergreift die Flucht – oder er geht zum Angriff über. Erst später wird diese ursprüngliche Art der Interpretation auf die Beziehungen der Menschen untereinander übertragen. Daraus könnte sogar nach Nietzsche der Glaube entstanden sein, dass es nichts Unbeseeltes in der Natur gibt – und daraus wiederum die Freude an der Natur, das Erstaunen sowie das Gefühl des Lächerlichen. Nietzsche gibt uns in diesem Zitat aus seiner Schrift „Morgenröthe" einen wichtigen Hinweis auf die *leibliche* Entstehung des Mitgefühls – dem Grundgefühl aller Ethik.

Es kann kein Zweifel bestehen, dass wir in einer Gesellschaft leben, in welcher sittliches Sollen, d. h. ein bestimmtes Wertesystem, ohne welches ein Zusammenleben nicht möglich wäre, verbindlich ist. Das war in der Frühzeit der Menschen vermutlich nicht anders, als Menschen in Gruppen zusammen lebten wie die Jäger der Schöninger Speere vor 400.000 Jahren. Nietzsche nennt es den Herden-Instinkt, der von dem Streben nach einem leichteren Leben geprägt ist. Vermutlich war es auch immer so, dass Moral als etwas empfunden wurde, das einem fremd war, da es nicht aus dem Erleben der Person kam, sondern aus Strukturen und Funktionen der Gruppe oder Gesellschaft, deren Fortbestand auch das eigene Leben sicherten.

- **Was ist gut?**

Wir waren und sind eingebunden in etwas, das wir als abstrakt und unlebendig empfinden - *„die Gesellschaft"*. Wir haben das Gefühl, dass die Normen der Gesellschaft uns nur von Fall zu Fall betreffen oder berühren. Unsere Wirklichkeit ist etwas anderes als die Ideale, die angeblich diese Wirklichkeit abbilden. Dieses Unbehagen hat Friedrich Nietzsche ganz offensichtlich an sich selbst gespürt. Mit seinem Genie und der ihm eigenen Radikalität des Denkens erfasste er die „Umwertung der Werte" durch die Moderne. Sein Lebenswerk bestand darin, die Ideale, die Werte und das Sollen des Lebens – aus dem Leben selbst zu entwickeln (Simmel 1911, 2).

Auf die Frage: „Was ist gut?" antwortet Nietzsche: „Alles, was das Gefühl der Macht, den Willen zur Macht, die Macht selbst im Menschen erhöht" (Nietzsche, zit. n. Tsang-Long Liu 2004, II, 3). Glück ist für ihn das Gefühl für dieses Wachstum und dass ein Widerstand überwunden wurde. Leben ist für Nietzsche mit dem immanenten Auftrag verbunden, Mehr-Leben zu sein. Deshalb ist Leben unmittelbar der Wille zur „Macht". Die christlichen Wunschbilder der Selbstlosigkeit, Demut, Entsagung und das Sich-Hingeben stellen für ihn Kontraideale dar. Sie markieren für ihn den Verfall des Lebens und den Verrat am Leben (Simmel 1911, 3). Auch die Nivellierungstendenzen der Demokratie, die allerdings zu Nietzsches Zeiten erst in den Anfängen stand, empfand er als das gerade Gegenteil dessen, zu dem der Mensch durch sein Leben berufen ist.

„Gut" ist für Nietzsche kein Begriff, der nur das subjektive Empfinden beschreibt. Was gut ist, ist nicht nur für mich selbst gut. In mir ereignet sich vielmehr ein Erleben, das auch für andere Personen, letztlich sogar für alle Menschen allgemein gut ist. Das Leben wirkt in mir persönlich so, dass es gut werden kann – und das ist auch gut für andere. Wenn ich Freundschaft pflege, ist das gut für mich und gut für andere, denn Freundschaft ist ein Wert, der für die Entwicklung der Menschheit förderlich ist.

Jede Handlung geht auf eine bestimmte Wertschätzung von Leben zurück. Eine Weltanschauung wie der Nationalsozialismus oder der Kommunismus oder eine dogmatische Religion bindet unser Denken und Handeln in ein bestimmtes Sollen ein, das nicht dem Leben, sondern einer Ideologie dient. Gut ist, was meine Lebensweise als *Person* fördert. Schlecht ist, was, wie bei Weltanschauungen oder Selbsttäuschungen, das Wachstum meines Lebens hemmt. Die traditionelle Philosophie bedient sich des Mittels der Täuschung, wenn sie mit Begriffen wie „Subjekt", „Identität", „Substanz", „Einheit" oder „Ding" leere Fiktionen der Vernunft erzeugt. Diese dienen nicht dem Leben, sondern einer metaphysischen Moral, die Geltung bei den Mitgliedern einer Gesellschaft verlangt. Eine solche Ethik ist lebensnotwendig für die Masse der Menschen. Würde man den Menschen die transzendente Moral nehmen, bliebe nichts übrig. Das Ergebnis wäre Nihilismus und als Folge Dekadenz.

Im Sein als Person kann ich die negativen Folgen der Säkularisierung der Moral ausgleichen. Ich muss nicht, wie Brezinka, in eine Sehnsucht nach aktuellen Glaubensgemeinschaften verfallen. Allerdings bleibt die Tatsache schmerzlich, dass die Späte Moderne alles früher Wertvolle wie die Großfamilie und die dörfliche und städtische Gemeinschaft aufgelöst hat und auch das Streben nach Vornehmheit mit dem Adel abgeschafft hat. Mit dem „Verlust der Mitte" ist dem modernen Individuum der Boden entzogen, sich mit einer sozialen Gruppe identisch zu fühlen. Seine Lebenswerte sind den durch die marktwirtschaftliche Gesellschaftsordnung vorgegebenen Nutzwerten untergeordnet. Das ist der tiefere Grund, weshalb es sich als Triebwesen begreifen muss – getrieben von einem grenzenlosen subjektiven Verlangen nach Selbst-Verwirklichung (Xiaofeng Liu 1996, 22).

Die Gleichheitsmoral der Demokratie konserviert den Lebensprozess der Einzelnen, statt ihn voranzutreiben. Der Wert jedes Menschen liegt einzig und allein in der Möglichkeit, dass das Leben in ihm eine Fülle, eine Höhe, eine Stärke, eine Tiefe erreicht. Dieses *Sein des Lebens* in einer Einzelperson bzw. der Wille zu dieser Stärke ist es, was zur Entwicklung des Menschseins beiträgt, nicht das Glücksstreben oder das Leid der Person selbst (Simmel 1911, 4). „Wille zur Macht" bedeutet für Nietzsche daher das Streben nach Selbstgestaltung, Selbstbehauptung und Selbststeigerung des Lebens als Wert. Mit der Beschaffenheit seines Lebens ist jeder Einzelne an die Menschheitsentwicklung gebunden. Die Gesellschaft, in der wir leben, ist eine Sonderform der menschlichen Existenz. Sie ist nicht so „universal", wie sie von westlichen Politikern gern „rückständigen" Entwicklungsländern vorgehalten wird. Jeder Einzelnen wird aufgefordert, seinen Beitrag zur „Normalität" der Gesellschaft zu leisten, indem er durch seine Leistung das stete Wachstum garantiert. Diese Mitwirkung an der Weiterentwicklung der Gesellschaft läuft dem Bestreben nach der Entwicklung der Person jedoch oft zuwider.

- **Instinktives Handeln**

Das Leben ist Werthalten. Jede Handlung geht auf eine ganz bestimmte Art von Wertschätzung zurück (Tsang-Long Liu 2004, II, 5). Das Leben des Einzelnen wird – nach Max Scheler – von Vitalwerten bestimmt. In dem Wort „Lebenswert" kommt das Streben zum Ausdruck, das Leben „angenehm" zu gestalten, „tüchtig" zu sein und „Edles" zu bevorzugen (Frings 1969, 15). Das Leben ist nicht unmittelbar auf übergeordnete Zwecke gerichtet – der Machtausübung, des Glücks, des Genusses oder der Selbstverwirklichung. Jede Art von Weltanschauung, Ideologie, abstrakter Moral oder Voreingenommenheit ist dem Leben ursprünglich fremd.

Da nach dieser Auffassung keine übergeordneten Ideale oder Zwecke das Leben organisieren, sondern es aus sich selbst lebt und im Fühlen Ideale und Wertvorstellungen schöpft und verändert – den Selbstwert der Person -, bildet der Begriff des *„instinktiven Handelns"* für Nietzsche die geeignete Kategorie, um zu beschreiben, wie das Handeln bestimmt ist, das spontan aus dem Selbst kommt. „Instinktiv handeln" bedeutet, dass wir tun, was wir gerne tun und dass wir es spontan tun und nicht aus einem Pflichtgefühl oder weil wir dazu gezwungen werden. „Instinkt" ist ein auf Intuition beruhendes Urteil, das aus der Selbstorganisation entsteht. Es kann sich dabei um ein Geschmacksurteil oder eine künstlerische oder musikalische Bewertung handeln. Entscheidend ist der eigene Antrieb. Instinkt in diesem Sinne organisiert sich völlig anders als bei nichtmenschlichen Tieren: Er reagiert nicht unmittelbar auf Reize, denn er hat sein Wachstum im Selbst.

„Alles G u t e ist Instinkt", heißt es im Zarathustra. „Instinkt" hat in diesem Zusammenhang weder psychologische noch biologische Bedeutung. Instinkt und Vernunft sind nicht entgegengesetzt. Instinkt ist vielmehr der *Grund der Vernunft*. Instinktives Handeln bedeutet nicht, irrational, vernunftwidrig oder ohne Reflexion zu handeln. Alles vernunftmäßige Handeln hat ursprünglich Begehren, Emotion, Leidenschaft und Sehnsucht zur Grundlage, nur, dass wir uns darüber beim Befolgen der Pflichten und Gebote nicht mehr bewusst sind. Wir sind gewissermaßen immer „rationaler" geworden, ohne zu erkennen, dass die Ratio aus demselben Grund kommt, wie die Leiden-schaft. Unsere Emotionen sind der Instinktanteil des komplexen Prozesses, den wir *„Willen"* nennen. Mit Instinkten bei nichtmenschlichen Tieren hat Nietzsches „Instinktives Handeln" nichts gemein. Es ist auf das menschliche Handeln bezogen und richtet sich auf die Bedingungen des schöpferischen Seins des Menschen. Geschmack, Ästhetik und Musikalität, aber auch die Ethik sind Ausformungen menschlicher Kultur, die ohne Intuition/Instinkt nicht möglich wären.

- **Musik als Nachbildung des Instinkts der Mitempfindung**

Am Beispiel der Musik wird dies deutlich. In ihr ist der Instinkt ausgebildet, Gefühle so nachzuempfinden, dass wir sie erleben. Sie macht uns traurig oder heiter, weil wir Töne oder Rhythmen hören, die entfernt an den Stimmklang der Traurigkeit oder den Takt von Heiterkeit oder an bestimmte kulturelle Gewohnheiten erinnert, die mit Musik oder Rhythmus zu tun haben, z. B. an das Tanzen. Der Gefühlszustand, in den uns Musik versetzt, wird durch Tonfolgen erzeugt, die auf nichts Bestimmtes hinweisen. Die Unbestimmtheit der Musik kann uns in Stimmungen versetzen, die unserem momentanen Sein nicht entsprechen. Als Stimulation für Gefühle setzt sie sich über unsere Vernunft und die Wirklichkeit, in der wir leben, zeitweise hinweg. Indem wir uns der Musik hingeben, wird unser instinktives Handeln aktiviert, ohne dass wir die Ursache kennen. Die Musikalität ist das Ergebnis einer unendlichen Kette von Nachbildungen der ursprünglichen Mitempfindung, die entstanden ist aus unserer fragilen Natur nach Verlust fast aller Instinkte, über die nicht-menschliche Tiere verfügen. Man kann hinzufügen: Die Ursache unserer Moralempfindung ist eine unendliche Kette von Nachbildungen der natürlichen Teilnahme.

4. Subjekt, Person, Gesellschaft, Menschsein

- **Subjekt und Person**

Es gibt einen Unterschied zwischen Subjekt und Person. Als *Subjekt* folge ich den Moralvorstellungen, die gegeben sind. Ich setze mir unter den gegebenen Bedingungen Zwecke der *Nützlichkeit* und des *Glücks* und deute meine Emotionalität als originellen Ausfluss meines Selbst. Ich fühle mich als Teil der Gesellschaft und bilde meine Identität in Rollen, welche diese für mich bereithält und mit Status und/oder materieller Entlohnung versieht. Menschen, die sich als *Subjekte* fühlen, verlieren sich in den Mitteln, die eine Gesellschaft für sie bereithält. Sie dienen einer besonderen Form des Zusammenlebens, ohne sich zu fragen, ob die Gesellschaft, deren Ziele sie teilen, eine Perspektive der Menschheit enthält (Simmel 1902/1990, 274). Für sie ist wirklich, was berechenbar ist. Das Lebensgefühl der Menschen, die ihren „subjektiven Wahrheiten" folgen, wird nicht durch traditionelle Werte wie Heimat oder Familie (Abstammung) getragen. Es ist Gegenstand kalter Berechnung der Arbeitsanforderungen globalisierter Unternehmen. In der Emotionalität der Subjekte der Späten Moderne spiegelt sich der Verlust von Nähe und Identität als „systematische Triebrevolte" im Menschen (Max Scheler, zit. n. Xiaofeng Liu 1996, 24).

Der Drang nach subjektivem Erleben des modernen Individuums tritt an die Stelle des klassischen Lebensgefühls, an einem tradierten Ganzen Teil zu haben. Als *Person* bilde ich meine *Qualität* aus. Person macht mein Sein aus. Die Menschen sind verschieden und bilden verschiedene Potenziale aus, die als Stufen der Entwicklung der Menschheit verstanden werden können. Mit meiner Beschaffenheit als Person befinde ich mich auf einer Stufe der Menschheitsentwicklung. Die *Entwicklung* der Menschheit spiegelt sich in ihren am höchsten entwickelten Exemplaren.

- **Gesellschaft und Menschsein**

Wir neigen dazu unsere Form der Gesellschaft – Soziale Marktwirtschaft und Demokratie - mit dem Menschsein überhaupt zu identifizieren. Nur so ist es zu verstehen, dass „westlichen" Werten universale Geltung zuerkannt wird. Nietzsche ist bemüht, diese Gleichsetzung von gegenwärtiger Gesellschaft und Menschsein mit seiner Philosophie zu durchbrechen. Er erkennt im Leben der Menschheit Werte, die von der aktuellen *gesellschaftlichen Formung* der Menschen grundsätzlich unabhängig sind und ihr sogar widersprechen können – obwohl sie sich natürlich nicht außerhalb der gesellschaftlich geformten Existenz realisieren können (Simmel 1902/1990, 275). Die Gesellschaft mit ihren Werten und Konflikten tritt bei Nietzsche zurück vor den Werten der Menschheit und den Echtheiten der Person.

Die Perspektive des Menschseins geht über die konkrete Gesellschaftsform, in welcher ich mich befinde, hinaus. Evolutionen entstehen immer aus Unterschieden. Jedes einzelne Wesen stellt gewissermaßen eine Entwicklungsstufe dar, aus welcher sich unter gegebenen Umständen Anderes ergeben kann. Alexander der Große wurde von dem Athener Aristoteles zu städtischen Tugenden erzogen, fühlte sich aber getrieben, ein Imperium zu errichten, durch welches Athen und weitere blühende griechische Städte bedeutungslos wurden – und mit ihnen die städtische Moral. Nicht, dass Tausende mazedonische Bürger ein mittleres Maß von Glück, Freiheit, Kultur oder Stärke besäßen, erschien ihm wertvoll, sondern, dass wenige Getreue mit ihm an der Spitze Werte und Kräfte in sich verwirklichten, welche die Menschheit auf eine andere Stufe zu heben vermochten, war sein Streben (Simmel 1902/1990, 292). Die Menschen damals erlebten durch die Feldzüge Alexander des Großen eine Sinnkrise, wie man sie sich kaum größer vorstellen kann: Innerhalb von 10 Jahren verloren sie mit dem Glauben an die Götter die Tugenden und die Moralphilosophie eines Platon und Aristoteles, welche ihnen Jahrhunderte Stabilität und Orientierung gegeben hatten. Ohne die Feldzüge Alexander des Großen wäre aber auch nicht die bedeutende Vernunftphilosophie der Stoa entstanden, die entscheidenden Einfluss auf die Moral des Christentums und auf die

Moralphilosophie Kants und damit auch auf die Moral der heutigen Moderne hatte. Was Alexander im Großen für die Menschheit bewirkte, muss jeder Einzelne für sich und seine Eigenschaften prüfen.

Die Menschheit kann nur im Einzelnen sein. Dieser stellt eine bestimmte Stufe oder Höhe der Entwicklung dar und kann im besten Falle Impulse geben, die das Gesamtleben weiter bringen. Der Gleichheitsgrundsatz der Demokratie missachtet die grundlegende Tatsache, dass gerade aus der *Verschiedenheit* der Individuen, die eine *Mannigfaltigkeit ihrer Qualitäten* bedeutet, die Energie und Kraft entsteht, die auf die Gesamtheit der Menschen wirken kann. Nicht die Vielen, die zu Zeiten Michelangelos, Tizians oder Rembrandts, Mozarts oder Beethovens lebten, haben der Menschheit kulturelle Impulse gegeben, sondern diese Einzelnen bildeten die Höhe ihrer Zeit und damit der Menschheitsentwicklung. Aber gleichzeitig haben diese Künstler eine große Zahl von Werken produziert, die durchaus Mittelmaß waren. Es sind die höchsten Qualitäten, die zählen. Im Leben eines Menschen kann dies ein Moment oder eine Stunde sein.

In der modernen Gesellschaft besteht durch die Abwertung der christlichen Moral die Gefahr der Lebensverneinung. Diese Krise kann heilsam sein, wenn man sich auf das *Leben* rückbesinnt. Durch den Nihilismus werden zentrale Elemente der metaphysischen Moral, wie Wahrheit, Sollen, Zweck oder Glück entwertet. Diese Abwertung kann zwar bei vielen eine Sinnkrise hervorrufen, durch den Grundsatz, dass *das Leben selbst das Gute* ist, kann dieser Stimmung jedoch begegnet werden. Moral beschreibt das Werte- und Normensystem einer Gesellschaft. Aber auch die Hochschätzung des Lebens ist moralisch – aus der Sicht der Menschheitsentwicklung. Wer nur die Moral der Gesellschaft vor Augen hat, verengt seinen Horizont. Worauf es ankommt, ist den Blick darauf zu richten, dass die Steigerung der positiven Lebenselemente in jedem Einzelnen einen Wert darstellt (Simmel 1902/1990, 281). Damit ist nicht angesprochen, wie eine Person sich gesellschaftlich darstellt bzw. betätigt, obwohl das Sein als Person in vielem mit dem Sein als Mitglied einer Gesellschaft einhergeht.

5. Altruismus, Egoismus und Personsein

Kann das Ideal des Altruismus eine Perspektive für das Individuum darstellen, sich optimal im Sinne der Menschheitsentwicklung zu entwickeln? Zunächst sieht es danach aus. Das Spiegelneuronensystem kommt bei dem Menschen in einer Dichte vor wie bei keinem anderen Lebewesen (vgl. den Vortrag von Prof. Roth, Bremen, in der Akademie der Wissenschaften Berlin-Brandenburg vom 10.3.2010, der als Video vorliegt: http://jahresthema. bbaw.de). Sympathie und Mitempfinden könnten demnach die menschlichen Qualitäten sein, die es zu entwickeln gilt. Dem steht allerdings gegenüber, dass die Menschen *verschieden* sind und dass diese Distanz die Grundlage bildet, Befähigungen ganz unterschiedlicher Art auszubilden und weiterzuentwickeln. Die Behauptung nur einer Tugend und einer Moral für alle, wie sie in der christlichen Nächstenliebe gegeben ist, würde den Wert dieser verschiedenen Vorzüglichkeiten infrage stellen.

- **Der Egoismus des Einzelnen und der Egoismus der Gesellschaft**

Jedem menschlichen Individuum liegt der tiefe Wunsch zugrunde, sich selbst zu verwirklichen. Zugleich hat jeder Mensch die Fähigkeiten, sich gewissermaßen in Teile zu zerlegen, in Rollen, in welchen er verschieden agiert: Als Fußgänger und Radfahrer schimpft er über rücksichtslose Autofahrer, kaum hat er sein Auto bestiegen, schimpft er über unvorsichtige Radfahrer und Fußgänger. Das Verhältnis von Eigenleben der Individuen und Ansprüchen der Gesellschaft ist von Konflikten gekennzeichnet, die sich im Individuum selbst als „Kampf seiner Wesenteile" äußern (Simmel 1917/1999, Kapitel 4, 2). Die Gesellschaft strebt an, dass sich der Einzelne als Glied des Ganzen begreift. In die Rollen, die sie bereithält, soll er seine ganze Energie fließen lassen. Er soll sich als Träger von Rollen und deren Werte fühlen. Dagegen sträubt sich – mehr oder weniger – der Wunsch der Individuen, sich selbst als Einheit und Ganzheit zu fühlen. Als Rollenträger sind wir uns – mehr oder weniger – bewusst, dass wir noch mehr, noch andere und größere Fähigkeiten haben als die, die uns in den spezialisierten Rollen der arbeitsteiligen Wirtschaft und Gesellschaft abverlangt werden.

Das Streben des Einzelnen, zu seinem „Kern" zu kommen, sein Selbst zu erfahren und bewusst zu leben, erscheint als Egoismus, dem der Altruismus, d. h. die Selbstlosigkeit des Handelns zum Wohle des Ganzen der Gesellschaft gegenübersteht. Genau genommen ist jedoch das Verlangen der Gesellschaft, den Einzelnen für Aufgaben der Allgemeinheit moralisch zu verpflichten, ebenfalls ein Egoismus: Er stellt einen Missbrauch am Einzelnen durch die Vielen dar, wobei die Verkümmerungen seiner Fähigkeiten und die Einseitigkeit seiner Tätigkeiten in der arbeitsteiligen Gesellschaft bewusst in Kauf genommen werden, denn sie mehren den Nutzen der Gesellschaft (Simmel 1917/1999, 123). Egoistisches Interesse, so wie wir es verstehen, ist nur scheinbar eine Wahlmöglichkeit. Wenn ich vor der Wahl stehe, im eigenen Interesse zu lügen, zu stehlen, wenn ich aus demselben Motiv hartherzig bin gegenüber anderen, muss ich mir die Frage stellen, ob ich eine Gesellschaft will, in der so verfahren wird - denn ich selbst bin dann ja irgendwann von dem Problem betroffen, dass auch mir gegenüber so gehandelt wird. Eine solche Gesellschaft würde bald an ihren inneren Widersprüchen zugrunde gehen. Es ist daher durchaus ein *egoistisches Interesse*, so zu handeln, dass andere mir gegenüber freundlich und hilfsbereit sind. Das hatte Kant mit seinem Imperativ erkannt: Handle so, dass der Grundsatz deines Handelns anderen als Vorbild dienen kann.

- **Der dritte Weg**

Aus dieser Gegenüberstellung scheint es keinen Ausweg zu geben, es sei denn, dass die Bestrebungen der Individuen, sich selbst zu verwirklichen, ausschließlich auf den Privatbereich verwiesen werden. Das ist jedoch eine Scheinlösung. Sie ermöglicht der Gesellschaft, ihr System der Funktionalisierung ihrer Mitglieder auszubauen und zu verfestigen. Diese Situation haben wir jetzt, im Jahre 2010. Wir erleben, dass aus Kostengründen, wie es heißt, persönliche Dienstleistungen der Gesellschaft immer weiter abgebaut und durch den „Service" von Computern ersetzt werden. Die Globalisierung und Digitalisierung aller Bereiche der Gesellschaft ist das Schicksal unserer Zeit. Politiker erweisen sich als hilflos gegenüber dieser Gesellschaftsentwicklung, die eine tiefe Abhängigkeit bedeutet. Persönlichkeitswerte werden durch Computer immer mehr zurückgedrängt. Die Hilflosigkeit, die Wut, die Verzweiflung und das Aufbegehren des Einzelnen erreichen nur noch anonyme Hotlines. Bereits um die Wende zum 20. Jahrhundert waren diese Zeichen der Moderne erkennbar. Sie haben die Philosophen Schopenhauer und Nietzsche und den Soziologen Georg Simmel und andere bewogen, angesichts der zunehmenden Vereinnahmung des Individuums durch die Gesellschaft die Lebensphilosophie zu befolgen, indem sie sich als *Person* im Rahmen der *Menschheit* verstanden. Während die Persönlichkeit sich in der Moderne in zahlreiche Rollen zerteilen und sich mit ihren Sehnsüchten nach einer ganzheitlichen Existenz auf den Privatbereich beschränken muss, kann sie sich der Perspektive der Menschheitsentwicklung *unmittelbar* aus ihrem Selbst widmen.

Es ist keineswegs Egoismus, und wenn, dann ein heilsamer und für das Menschsein perspektivischer, dass Individuen nach persönlicher Vollendung streben und dieses Streben nicht dem Glück und ihrem persönlichen Nutzen in der Gesellschaft unterordnen, sondern dem übergreifenden Wert, in ihrer Person das Ziel der Menschheitsentwicklung auszubilden – wobei die Entfaltung der Qualitäten ihres Lebens dieses Ziel selbst ist. In zahllosen moralphilosophischen Abhandlungen über Altruismus wird die populäre Meinung vertreten, dass der Wille von Personen, die sich auf ihre eigenen Interessen und auf ihr persönliches Sein konzentrieren und ihren Eigenwillen in den Vordergrund stellen, egoistischer Natur ist und überwunden werden soll zugunsten eines Willens, der sich auf das Du bzw. den Willen der Gesellschaft bezieht. In Wirklichkeit hat sich seit dem 18. Jahrhundert eine dritte Auffassung gebildet, die bereits bei Goethe zu finden ist und vor allem von Friedrich Nietzsche radikal formuliert wurde: *Die Vollkommenheit und die Vornehmheit des Individuums, gleichgültig, welchen Nutzen sie für andere hat und welcher Gesellschaft sie zufällig verbunden ist, ist ein objektiver Wert – der Wert des Lebens.*

- **Verantwortung für das Leben**

Die Qualität des Seins einer Person ist ebenso unabhängig zu sehen von der zufälligen Mitgliedschaft in einer Gesellschaft, wie vom persönlichen Glück und Leiden einer Person, obwohl diese mit allem verbunden ist. Die Welt wird wertvoller dadurch, dass ein wertvolles, in seinem eigenen Sein ruhendes Wesen in ihr lebt (Simmel 1917/1999, Kapitel 4, 3). Auch in der Hingabe an Einzelne oder an Gruppen wie bei „Ärzte ohne Grenzen" sowie Aktivisten von Greenpeace oder Attac wird dieser Wert gelebt. Die vorherrschende Tendenz, nur solche Handlungen als moralisch zu werten, die in irgendeiner Weise dem System der Gesellschaft dienen und nicht auch und vor allem den Wert einer Person als Bereicherung des Lebens hochzuschätzen, ist einseitig und dogmatisch. Wer sich bemüht, der Schönheit und der Großartigkeit des Daseins durch sein Tun ein Gesicht zu geben, wird vielleicht als Außenseiter geschmäht und lebt keineswegs immer glücklich. Es sind oft Künstler - und Lebenskünstler -, die in der Weise an sich selbst arbeiten, dass sie ideale Güter schaffen, die keinerlei Nutzen haben außer den, eine Bereicherung darzustellen.

Die Gesellschaft will den Einzelnen als Glied in ihre Ganzheit einfügen. Wenn ich persönliche Qualitäten mitbringe, die in der Position, die ich bekleide, nicht gefragt sind, ist das meine Privatangelegenheit. Das klingt logisch – aber nur wenn man von den strukturell-funktionalen Gegebenheiten der Gesellschaft ausgeht. In Wahrheit gibt es nicht nur einen sozialen oder einen egoistischen Anspruch an das Leben, sondern es gibt auch den Anspruch, die Vortrefflichkeit des Lebens einer Persönlichkeit zur Entfaltung zu bringen. Mit diesem dritten Anspruch tritt der Gegensatz von Altruismus und Egoismus in den Hintergrund. Nun geht es nicht mehr nur darum, meinem sozialen Gewissen zu folgen, denn ich entwickle Verantwortungsbewusstsein für das *Leben*. In dem Maße, wie das Spezialistentum der arbeitsteiligen Gesellschaft sich weiterentwickelt, bleibt die harmonische Totalität des Menschen unentwickelt oder wird zerstört. „Burn-out" ist vielleicht das charakteristische Krankheitssymptom unserer Zeit. Wir leiden daran, uns zu verbrennen. Unsere allgemein menschlichen Eigenschaften verkümmern in den unzulänglichen Bedingungen der Arbeits-, Bildungs- und Sozialsysteme. In unseren personalen Eigenschaften wie Kraft und Schönheit, Denktiefe und Gesinnung, Milde, Vornehmheit, Mut und Authentizität sind wir autonom – aber meistens nur als Privatperson (Simmel 1917/1999, 126).

- **Persönliche Werte**

Als Menschen folgen wir gern der Logik und dem Rhythmus der Sprache. Wir lassen unsere Fantasie schweifen und haben Freude an Erkenntnissen. Da wir oft an Grenzen unseres Wissens stoßen, ist der Glaube an übernatürliche Kräfte in uns lebendig. Wir staunen über die Wunder der Natur. Wir lassen uns von Musik inspirieren. Meisterwerke der bildenden Kunst erfreuen uns mit ihrem Farbenspiel und ihrer Gestaltungskunst. Diese Dinge sind *persönliche Werte*. Mit der Gesellschaft haben sie nur indirekt zu tun. Es sind Persönlichkeits- und Menschheitswerte, in denen wir uns aus der Abhängigkeit *sozialer Werte* lösen. Trotzdem bleiben wir mit der Gesellschaft, in der wir leben, auch mit diesen Werten verbunden. Sprache, Kunst, Natur, Religion sind Belange, die von der Gesellschaft besetzt sind. Die Gesellschaft betätigt sich gern als Vampir: Sie saugt begierig die Originalität und Kreativität von Personen in ihr System ein. „Authentizität" hat heute in vielen Bereichen der Gesellschaft einen hohen Wert. Vor allem in der Popkultur und in der Werbung soll die Person möglichst viel von sich geben für die nach „Persönlichkeit" gierige Öffentlichkeit – und sich selbst aufgeben. „Alle lieben Lena" titelt die Berliner Tageszeitung einige Tage nach dem Sieg der 18-Jährigen Abiturientin Meyer-Landrut aus Hannover, die Deutschland im Mai in Oslo bei dem Eurovision Songtest vertreten hat. „Geliebt" wird Lena nicht so sehr wegen ihrer sängerischen Fähigkeiten, sondern weil sie eine unverbildete Persönlichkeit ausstrahlt. Durch die zahlreichen Auftritte in verschiedenen Fernsehprogrammen wird ihre einzigartige Persönlichkeit abgenutzt und zum Allgemeingut. Aus dem Spannungsverhältnis von Persönlichkeitswerten und sozialen Werten entsteht Konflikt. Es handelt sich um eine Wertekollision.

6. Moral im 21. Jahrhundert

6.1 Leiborientierte Moral

Das 21. Jahrhundert steht unter dem Zeichen der biologischen Betrachtung geistiger Prozesse. Die enormen Fortschritte der biologischen und paläontologischen Forschung machen dies möglich. Alles, was der Mensch als reflektierendes und sprachbegabtes Wesen als alleinige und besondere Begabung für sich verbuchte, scheint bei näherer Betrachtung auch nichtmenschlichen Tieren und sogar Pflanzen eigen zu sein. „Können Tiere denken?" lautete eine Vortragsreihe in der Berlin-Brandenburgischen Akademie der Wissenschaften am 9. März 2010. Das Ergebnis, von ausgewiesenen Forschern vorgetragen, war eindeutig: Ja, sie können! Als typisch menschliche Eigenschaft gilt das *vorausschauende Denken*. Es ist auch bei Tieren zu finden. Die klugen Rabenvögel würden verhungern, wenn sie die Nüsse, die sie als Vorrat verstecken – wobei sie etliche leere Tarnverstecke anlegen – nicht wieder finden würden. Als ein weiteres typisches Merkmal wird die *Selbsterkenntnis* eingestuft. Auch diese ist Tieren nicht fremd. Menschenaffen und Schimpansen verbringen mit größtem Vergnügen Stunde um Stunde vor dem Spiegel (Vortrag Prof. Roth 03/10). Elstern, denen man im Test einen gelben Fleck aufs Gefieder gemalt hatte, erkannten diesen im Spiegel an sich und versuchten den Fleck mit dem Schnabel und dem Flügel zu beseitigen. Immer wieder schauten sie in den Spiegel, um zu prüfen, ob der Fleck noch da war. Wahrheit und Lüge werden ebenfalls als typisch menschliche Bestrebungen angesehen. Können Tiere *täuschen*? Affen tun dies, wie Professor Roth, Bremen, in seinem Vortrag bemerkte, „ständig". Es scheint ihre Lieblingsbeschäftigung zu sein.

Die Einbildungskraft scheint nur dem Menschen eigen zu sein. Gibt es *Unterstellungen* auch bei Tieren? Auch dies ist der Fall, allerdings nur bei Menschenaffen, wie Roth berichtete. In der Vergangenheit wurde in der Beherrschung von *Werkzeugen* eines der größten Unterschiede des Menschen vom Tierreich gesehen. Diese Fähigkeit wurde auf das große Gehirn des Menschen zurückgeführt. Neuere Studien und auch schon der bloße Augenschein lehren jedoch, dass der Mensch keineswegs das einzige Wesen ist, das Werkzeuge benutzt. In Westafrika beobachteten Verhaltensforscher immer wieder Schimpansen, die mit einem großen Stein erfolgreich Nüsse knackten. Ein internationales Forscherteam stieß bei der Suche nach Überresten alter Schimpansenwerkstätten am Ufer eines Flusses im Tai Nationalpark der Elfenbeinküste auf 200 solcher Steine, die seit 4300 Jahren, d. h. von 200 Generationen von Affen, aber auch von Menschen als Werkzeuge zum Nüsseknacken benutzt wurden (Viering/Knauer, o. J., 180). Die Forscher vermuten, dass diese lange Tradition kein Zufall ist: „Möglicherweise ist das Talent zum Hämmern ein Erbe des letzten gemeinsamen Vorfahren von Schimpansen und Menschen" (ebenda). Auch Krähen haben ein cleveres Verfahren des Nüsseknackens entwickelt, indem sie entweder eine Nuss aus großer Höhe auf den Asphalt fallen lassen oder gleich darauf warten, dass ein Auto kommt und diese überrollt. Schimpansen benutzen mehrere verschiedene Gerätschaften, z. B. Grashalme, um Termiten aus ihrem Bau zu fischen oder sie basteln sich aus Blättern Schwämme zum Trinken. Sogar eine Jagdwaffe haben sie entwickelt, wie Beobachtungen aus dem Senegal zeigen. Dort stoßen Affen Stöcke wie einen Speer in Astlöcher, in welchen sich kleine Tiere verstecken. Sie wollen ihre Opfer offenbar an der Flucht hindern. Die Forscher folgern: „Möglicherweise haben die frühen Menschen auf ganz ähnliche Weise den Jagdspeer erfunden" (ebenda, 182).

- **Graduelle Unterschiede der Intelligenz zwischen nichtmenschlichen Tieren und Menschen**

Es bleibt die *Sprache*. Das Broca- und das Wernicke-Areal im Gehirn gibt es nur beim Menschen. Es ist der Sitz der Grammatik und evolutionär sehr kurzen Datums. Roth vermutet, dass es sich erst vor ca. 100.000 Jahren gebildet hat. Das würde allerdings bedeuten, dass die Jäger der Schöninger Speere, die vor 400.000 Jahren jagten und zweifelsfrei auch Sprache benutzen, weil sie den komplizierten Jagdvorgang nicht anders planen konnten, noch mit Gesten und Lauten arbeiteten. Der Mensch dieser Zeit „verfügte über ein hohes technologisches Wissen, ausgefeilte Jagdstrategien, wohl auch ein komplexes Sozialgefüge und damit bereits über das erst dem modernen Menschen zugeschriebene vorausschauende Denken und Handeln" (Lutz Stratmann, Niedersächsischer Minister für Wissenschaft und Kultur, Zum Geleit, in: Thieme, 2008).

Das Broca-Areal hat keine Entsprechung bei Tieren. Eine einfache Sprache ist bei Tieren jedoch weit verbreitet. Bonobos verfügen über mehrere Hundert Wörter. Einfache Sätze aus zwei, drei Worten sind eine übliche Kommunikationsform bei Tieren. Fazit: *Es gibt nichts, was beim Menschen exklusiv vorhanden wäre. Es gibt nur graduelle Unterschiede.* (Vgl. die Vorträge unter: http://jahresthema.bbaw.de). Wir müssen uns daran gewöhnen, das Verhältnis von Mensch und Tier als Kontinuum zu betrachten und nicht als Gegensatz. Was für Tiere gilt, scheint nun auch auf Pflanzen zuzutreffen. Im Foyer des Hannoverschen Schauspielhauses wurde am 11. April 2010 im Rahmen eines Festivals der Philosophie eine Aufführung inszeniert, in welcher die Denkfiguren der Pflanzen erforscht wurden – „als Hoffnung, Provokation und Rätsel" (Informationsblatt 04/2010 Staatstheater Hannover). In Köln widmet sich eine Vertreterin des Lehrstuhls für praktische Philosophie und Ethik den „Prinzipien der Pflanzenethik" (Kallhoff 2002; vgl. auch Florianne Koechlins „Zellgeflüster" 2007 und vor allem Buch und DVD von Volker Arzt: Kluge Pflanzen, 2009).

Die Biologisierung der Ethik hat eine Umwertung unserer Moralvorstellungen zur Folge. Die demokratische Moral basiert auf den Grundsätzen der Freiheit und Gleichheit. Wie im Abschnitt I. entwickelt wurde, liegt dieser Forderung eine Vorstellung des Menschen zugrunde, der eine gleiche „Natur" hat. Die logische Folge dieser Vorstellung ist, dass die Verschiedenheiten der Menschen durch die soziale Umwelt zustande kommen. In Wirklichkeit *sind* die Menschen von Natur aus nicht gleich, sondern verschieden. Die soziale Umwelt bietet ihnen Möglichkeiten, ihre Potentiale zu entwickeln. Aber es sind die die *verschiedenen* Einzelnen selber, die davon Gebrauch machen – oder nicht. Die Individuen haben unterschiedliche genetische Voraussetzungen, Potenzen, Begabungen, Bestrebungen und Fähigkeiten. Aus dieser Verschiedenheit ergibt sich, dass sie die Freiheit unterschiedlich nutzen können und werden. Die Evolution ist die Entwicklung von Unterschiedlichkeiten. Die Spezies Mensch hätte sich nicht gebildet, wenn sich nicht vor ca. 20 Millionen Jahren bei einzelnen Primaten eine Abweichung entwickelt hätte, die zur Trennung von Schimpansen und Menschenaffen auf der einen und Mensch auf der anderen Seite führte. Auch die weitere Entwicklung des Menschen wird zweifellos durch die Gegensätzlichkeit Einzelner bestimmt sein.

- **Leiblichkeit als Stilmittel der Popkultur**

Es ist die Leiblichkeit, die uns die graduelle Verwandtschaft mit nichtmenschlichen Tieren bewusst macht. Die Leiblichkeit ist vorsprachlich. In ihr erfahren wir uns instinktiv und emotional. Es ist besonders die Techno-Jugendkultur der 90er Jahre des vergangenen Jahrhunderts, die auf ihren großen Events in abgelegenen „Locations" einen körperbezogenen Stil der Gemeinsamkeit pflegte, bei dem die Sprache als Mittel der Konversation eine geringe Rolle spielte. Die Sprache wurde weniger für das Gespräch oder für rationale Begründungen benutzt, sondern diente wie alles in dieser Szene der Aktivierung und Stimulierung. Sinnlich aufgeladene Wörter, wie „stark", „hart", „scharf", „geil" oder „cool" sollten nicht informieren, sondern etwas körperlich fühlbar machen und Stimmungen erzeugen. Der Sprachschatz wurde nicht als Reichtum für eine differenzierte Konversation gewürdigt, sondern „gleichsam wie erogene Zonen auf seine Erregbarkeit abgetastet" (Rolf Spinnler 1989, zit. n. Klein 2004, 168). Von der Mehrheit der Bürger, die eine an Sprache orientierte Kommunikation pflegen, konnte Techno aufgrund seines „rüden" Sprachgebrauchs einmal mehr als eine Welt der Sinneslust und der flüchtigen Reize interpretiert werden. Falsch war dieser Eindruck nicht. Er spiegelte wider, wie sehr Genuss, Körper und Vergnügen aus der alltäglichen Kommunikation verschwunden waren, d. h., wie gering ihr Stellenwert in dem Bild von (Alltags-)Kultur geworden war. Die Werbung hat diese Körpersprache längst übernommen, z. B. „Geiz ist geil" (Saturn) oder „Ohne Scheiss" (Toom-Baumarkt).

Dem an distanziertem Diskurs gewöhnten Erwachsenen mag die Lust der Technojugend an körperlicher Erfahrung und körperlichem Ausdruck als „Kulturverfall", Verfall der Sitten oder gar als das Ende der Zivilisation erscheinen. In Wirklichkeit handelt es sich um eine Wiederentdeckung des Körpers in einer Zeit, in welcher dieser durch die Entwicklung zur Informationsgesellschaft immer weniger in die Arbeitswelt eingebunden wird. Es findet eine Verschiebung der Wahrnehmung des Körpers statt. Nicht mehr der Nutzen, die Fertigkeiten, die (sportliche) Darstellung oder die (heldenhafte) Stärke stehen im Vordergrund, sondern der ästhetische Ausdruck. Die Körpersprache kehrt als Mimik in die Kultur zurück und die gesprochene Sprache fungiert als ein weiteres Ausdrucksmittel, nicht als das Medium der Verständigung schlechthin.

Diese Umdeutung der gesprochenen Sprache durch die (Techno-)Jugend führte unter anderem auch zu Formen der sprachlichen Direktheit und einem Verhalten, das als „unhöflich" angesehen wurde. Es gab daher Versuche an Schulen, Schülern wieder „Benimm" beizubringen. Dass dieser dann gerne im preußischen Kasernenton daherkam – „Nimm die Hände aus der Tasche!" „Nimm die Mütze ab, wenn du einen Raum betrittst!" (Beispiele aus einer Fernsehserie Erziehung/Schule auf Super RTL) - schien die Vertreter dieser „moralischen" Gegenbewegung nicht zu stören. Wie verzweifelt Pädagogen nach – keineswegs neuen - Formen der Autorität und Anpassung in Familie und Schule suchen, zeigt sich darin, dass die strenge schulische Disziplin in China in den Medien immer häufiger als Beispiel thematisiert wird.

Es ist nicht die Schule, die vor der Wahl steht, ob Moral lehrbar ist, sondern es ist die Jugend, die diese Wahl trifft. Die Körper-Kommunikation der Techno-Jugendkultur stellte eine konsequente reflexive Modernisierung von Kultur dar. Sie milderte die Tendenz zur Individualisierung durch eine neue Form der Beziehung und durchbrach die Atomisierung des selbst verlorenen Individuums, indem sie starren traditionell geprägten Identitäten eine neue leiborientierte Offenheit gegenüberstellte. Durch Strenge können tradierte Werte einer alten Welt konditioniert werden. Intuition und Kreativität, die wichtigsten „Wachstumsfaktoren" der neuen Generation, werden dadurch blockiert.

6.2 Person und Wert

Wenn wir in unserer Leistungsgesellschaft den Begriff „Wert" hören, bringen wir ihn spontan mit „Kosten" in Verbindung. Eine Person, die ihre Qualität in ihrem Sein sucht, fragt jedoch nicht danach, was es kostet. Wenn man im Internet unter dem Stichwort „Wert der Person" sucht, melden sich hauptsächlich christliche Sekten mit ihren Webseiten oder vereinzelt Management-Vermittler. Das Thema scheint nicht wirklich zu existieren – und doch fühlen wir in uns Befähigungen, die uns das Gefühl vermitteln, dass wir wertvoll sind. Es handelt sich um einen subjektiven Eindruck, den wir von uns haben. Kommt einer Person auch objektiv Wert zu? Diese Frage kann von zwei Seiten beantwortet werden. Zum einen kann einer Person objektiv Wert zukommen, wenn sie gemessen an den Maßstäben der Gesellschaft Erfolg hat und ihr Handeln anderen oder der Gesellschaft insgesamt Nutzen bringt. Kants kategorischer Imperativ besagt, dass der Handelnde sich von einem Prinzip leiten lassen soll, welches ein allgemeingültiges Gesetz für alle sein könnte. Damit wäre der objektive Wert durch die Erfüllung eines *Zwecks* legitimiert. Wert ist in diesem Fall eine Frage des Kalküls. Der Lebenswert des Einzelnen wird den Nutzwerten der Gesellschaft untergeordnet. Der objektive Wert einer Person wird in der *Quantität* ihres gesellschaftlichen Nutzens gemessen, der sich als persönlicher Erfolg darstellen kann.

Zum anderen kann der objektive Wert einer Person in ihrer *Qualität* liegen, mit welcher sie zum Reichtum und zur Entwicklung des Menschseins beiträgt. Der Wert der Person ist dann ebenfalls ein objektives Ziel – bezogen auf die Entwicklung des Menschseins. Er liegt im *Leben* der Person. Es handelt sich allerdings um sehr unterschiedliche Objektivitätsbegriffe. Während im ersten Fall der Grad der Objektivität an der gesellschaftlichen Dienlichkeit bzw. an der Erfüllung eines angenommenen „Gesetzes" gemessen wird, liegt er im letzteren Fall im Sein der Persönlichkeit. Erkennbar wird die Objektivität dann am qualitativen Fortschritt in der Entwicklung des Menschseins.

Menschsein lebt im Einzelnen. Individualisten, die danach streben, sich „subjektiv" auszuleben, indem sie Stil, Geschmack und eine ihnen gemäße Lebensweise entwickeln, finden allerdings immer nur sich selbst, wenn sie den Wert des Lebens ausgehend von ihrem *Ich* suchen. Die Leistungsgesellschaft produziert unvermeidlich eine große Zahl von Egoisten, die in allem nur sich selbst oder ihren Vorteil sehen. Wenn die subjektiven Nützlichkeitswerte dem Wert des Lebens vorgezogen werden, kann dies als unerträglich und als ein Rückschritt in der Entwicklung des Menschseins oder sogar als Entartung empfunden werden. Diese Einsicht kennzeichnet Friedrich Nietzsches Unbehagen an der modernen Gesellschaft: „Ein Grauen ist uns der entartete Sinn, welcher spricht: Alles für mich!" (Nietzsche, zit. n. Simmel 1902/1990, 304). Ihre Wertbestimmung im Sinne der Entwicklung des Menschseins erhält eine Person dadurch, dass sie sich nicht in subjektiven Wünschen verliert, sondern eine Haltung einnimmt, die selten geworden ist und die man mit Großmut, Edelmut oder Vornehmheit umschreiben könnte, Tugenden, die nicht auf gesellschaftliche Anerkennung zielen, sondern ein bestimmtes Sein der Persönlichkeit qualifizieren (Simmel 1902/1990, 303 ff.).

- **Die aristokratische Vornehmheit der Person als Wert**

Die Vornehmheit war früher dem Adel vorbehalten. Nietzsche, der eine Sache konsequent zu Ende denkt, bezeichnet eine Gefühlslage, die streng mit sich selbst ist und Verantwortung gegenüber dem eigenen Sein tragen will, daher als „aristokratisch". Damit meinte er keineswegs die historische Ausprägung der Aristokratie seiner Zeit, an welcher ihm „alles falsch und faul" erschien (Simmel 1902/1990, 318), sondern eine Haltung, die sich nicht an Zufälligkeiten der äußeren Rolle oder Position richtet oder danach, welche Vorteile oder Genüsse diese einbringt. Ihm war daran gelegen, die Standhaftigkeit eines vornehmen Menschen zu kennzeichnen, der seine Verantwortung aus dem eigenen Sein schöpft. Der „aristokratische" Mensch strahlt Würde durch seine Persönlichkeit aus. Sie kommt ihm zu durch seine Gelassenheit und nicht durch einen Paragraphen der Verfassung. Durch die Echtheit seiner Person kann er beanspruchen, objektiv als gerecht beurteilt zu werden, und er verhält sich entsprechend (vgl. Simmel 1902/1990, 305).

Quer durch die Parteien, quer durch alle Schichten der Bevölkerung und quer durch alle Zeiten wird man solche Persönlichkeiten finden, die in sich ruhen und deren Sein die wohltuende Ausstrahlung enthält, dass sie das Menschsein über alle Parteilichkeit, über persönliches Glück oder Leid stellen. Die Geschichte der Menschheit wird üblicherweise beschrieben als eine Abfolge von Kriegen, Siegen und Niederlagen, dem Aufblühen von Gesellschaftsformen und deren Niedergang, von „großen" Männern und Frauen usw. Sie müsste vollkommen umgeschrieben werden, wenn die Personen in den Mittelpunkt der Betrachtung gerückt würden, die durch ihr Sein – meist in schwierigen Zeiten - unsere absolute Hochachtung verdienen. Diese Geschichte der Menschheit ist noch nicht geschrieben.

Mit der „Vornehmheit" hat Nietzsche einen Begriff geschaffen, der ein Ideal der Entwicklung der Person vorgibt, ohne egoistisch zu sein. „Der Egoismus will etwas haben, der Personalismus will etwas sein" (Simmel 1902/1990, 316). Der Egoismus blickt darauf, was subjektiv für ihn herausspringt: Lust, Glück, Anerkennung, Nutzen. Das Glücksstreben (der Eudämonismus) fragt: Was gibt mir die Welt? Der Moralismus Kantscher Ausprägung fragt: Was gebe ich der Welt? Bei Nietzsches Vornehmheitsideal spielt das Geben überhaupt keine Rolle. Es verwirklicht sich als „Seinsbeschaffenheit" (Simmel, ebenda), die wohltuend auf Menschen wirken kann, wenn sie zu der in diesem Sinne „aristokratischen" Person in Beziehung treten. Auch wenn andere von der Gegenwart einer in sich ruhenden Person profitieren, ist das nicht der Zweck ihres Seins. Ihren Wert hat sie unmittelbar in sich. Menschen mit dieser Haltung sind nicht altruistisch. Sicher wird es zu ihrer Art gehören, rücksichtsvoll zu handeln. Die vielen Stationen des Zarathustra zeigen jedoch, wie hart und streng sie mit sich ringen müssen, um ihre Handlungsweise nicht zu verfälschen.

- **Geben, Nehmen und Sein**

Die Gesellschaft ist ausschließlich daran interessiert, was einer tut. Das Sein interessiert sie nur, um sicher zu gehen, dass ein Verhalten angepasst ist und keine Gefahr für die Allgemeinheit darstellt. Jemand, der lügt, stiehlt oder hartherzig ist gegenüber andere, stört das Gemeinschaftsleben. Er handelt nach Prinzipien, die nicht geduldet werden. Er hat keine – oder die falsche Moral. Er handelt offensichtlich egoistisch. Keine Gesellschaft würde Verstöße gegen die guten Sitten dulden. Sittliches Verhalten erfordert daher immer ein bestimmtes Maß an Selbstüberwindung - nicht seinen spontanen Neigungen zu folgen, die vielleicht einen momentanen Vorteil suggerieren, in ihrer Wirkung aber selbst für den Urheber langfristig von Nachteil sind. Diese Art Moral meint der Begriff der Aristokratie oder Vornehmheit nicht, den Nietzsche gebraucht, um ein an der Entwicklung der Menschheit orientiertes Verhalten zu charakterisieren. Gesellschaftliche Moral ist zielorientiert. Für sie ist der Mensch der Zweck – für den anderen Menschen und für die Allgemeinheit. Er soll guten Willen zeigen. Er soll für andere da sein, dann hat er das Versprechen, dass seine Qualität, seine Innerlichkeit ihm selbst überlassen bleiben. Die Garantie von Privatheit ist der Preis für die Moral. Die Gesellschaft lässt jemand, der sich anpasst, in Ruhe. Das Verhältnis von Individuum und Gesellschaft ist nach dem Prinzip von Geben und Nehmen ausgerichtet. Die Hochschätzung des Lebens und die Qualität der Person sind jedoch nicht auf das *Geben* ausgerichtet, sondern auf das *Dasein*. Diesen Gedanken hat der Philosoph Heidegger in seinem Haupt werk „Sein und Zeit" im Jahre 1926 ausgeführt und dafür wird er heute noch von zahlreichen Menschen geschätzt.

- **Die Evolution bringt starke und schwache Personen hervor**

Wie kommt es dazu, dass einige Menschen in diesem Sinne einen vornehmen Charakter haben, andere nicht? Handelt es sich im Sinne der Evolution um eine natürliche Selektion? Sind solche Charaktereigenschaften genetisch bedingt in familiären Stammbäumen oder nach Dawkins als genetischer Stammbaum? Bringt die Erziehung oder allgemein die soziale Umwelt sie hervor? Wird der Mensch „edel", indem er sich nach Kants Prinzip des Handelns stets so verhält, dass er anderen als Vorbild dienen kann? Es gibt schöne und großmütige Menschen, die sich durch Ihre Gesinnung, ihre Redlichkeit, ihren Wert als Person und die Kraft der Selbstbehauptung von der Masse der anderen Mitglieder der Gesellschaft hervorheben. Es gibt aber ebenfalls Personen, deren Eigenschaften das Gegenteil dazu darstellen, die hässlich und kleinmütig sind, ihren Vorteil suchen, ihre Meinung stets diplomatisch verhüllen und ihren Wert nach äußerem Ansehen bemessen und auf Wirkung bedacht sind. Die Evolution hat beide Charaktere und viele andere hervorgebracht, kann also keineswegs für den Wert der Person verantwortlich sein. Das sittlich Notwendige und Wertvolle lässt sich nicht aus der Evolution ableiten. Die natürliche Entwicklung ist nicht der objektive Maßstab für den Wert von Seinsqualitäten.

- **Das Gute kann das Böse und das Böse kann das Gute sein**

In der Entwicklung der Menschheit ist durch die biologische Tatsache der Spiegelneurone eine Kultur der Mitempfindung entstanden, die sich in der Fähigkeit der Wertbildung äußert. Das *Wertfühlen*, das hat Max Scheler erkannt, ist dem Menschen „materiell" gegeben. Gefühlt wird nicht nur „das Gute". Die reale Entwicklung bringt keinen Trieb nach Veredelung ursprünglicher Instinkte hervor. Das negativ Wertvolle wird ebenso hervorgebracht, wie das „Positive". Je nach Gegebenheiten sind vermutlich andere Seinsqualitäten erforderlich. In früheren Zeiten und noch bei der Eroberung des Westens der USA durch die eingewanderten Pioniere waren sicherlich rauere Charaktere maßgebend, die durch körperlichen Einsatz, Mut, Gerissenheit, Habsucht, List und Gewissenlosigkeit den Sieg im Lebenskampf davontrugen. Aber es hat in dieser Zeit ganz gewiss viele tüchtige ehrliche Menschen gegeben, die durch ihre Seinsqualitäten den positiven Gegenpol bildeten, ohne den die heutige Gesellschaft der USA nicht denkbar wäre. Die Struktur der Wirklichkeit bringt beides hervor. Es ist letztlich das in jedem Menschen unerklärliche unabhängige Wertgefühl, das ausschlaggebend ist dafür, dass sich quer durch alle Schichten Eigenschaften ausbilden, die man als vornehmen Charakter bezeichnen kann. Wie dieses Streben im Einzelnen wirkt, ist nur zum Teil eine Frage der Umwelt: Der Einzelne selbst bringt es hervor.

Ein Beispiel fast unglaublicher Art ist die Biografie von Johannes Kepler, 1571 geboren, der als erster drei Gesetze der Umlaufbahn der Erde um die Sonne formulierte. (Die folgende Charakterisierung entstammt der sehr einfühlsamen und anschaulichen Schilderung in Arthur Koestler, die Nachtwandler1963, S. 225 ff). Kepler stammte aus einer Familie, die seinen Talenten kaum förderlich sein konnte. Sein Vater Heinrich war ein Söldner und Abenteuer, der mit knapper Not dem Galgen entging. Kepler selbst beschreibt ihn als „bösartiger, unnachgiebiger, streitsüchtiger und zu einem schlimmen Ende bestimmter Mann" (zit. n. Koestler 1963, 229). Die Ehe war voller Zank. Seinen Vater charakterisiert er als „Herumstreicher", der seine Ehefrau außerordentlich schlecht behandelte und sie schließlich verließ. Es wird vermutet, dass er in Genua auf einem Schiff anheuerte. Die Familie hörte nichts mehr von ihm. Johannes war ein schwächliches Kind mit dünnen Armen und Beinen und einem großen, blassen Gesicht. Er kam bereits mit schlechten Augen – Kurzsichtigkeit und Mehrfachsehen - zur Welt. Er litt an Magen- und Gallenblasenbeschwerden, Furunkeln, Hautausschlägen und vermutlich auch Hämorrhoiden, denn er konnte nie längere Zeit stillsitzen (Koestler 1963, 230/31). Er war ein kluger Schüler, der seine Lehrer durch seine Antworten erstaunte, konnte aber die Schule nicht regelmäßig besuchen, da er zu schweren Arbeiten herangezogen wurde. Durch glückliche Fügung – die Herzöge von Württemberg hatten ein modernes Erziehungswesen geschaffen; sie brauchten gebildete Geistliche, um gegen den Reformationsstreit in ihrem Lande anzugehen und sie brauchten tüchtige Beamte – wurde er auf die Lateinschule geschickt und nahm von dort seinen beruflichen Weg. Das absolut Erstaunliche ist, wie ein junger Mann, der in so widrigen Verhältnissen aufwuchs und unter Kurzsichtigkeit litt, die grandiose Leistung vollbrachte, Gesetze der Planetenlaufbahnen zu berechnen. Geerbt hatte er von seinem Vater nur die Unruhe – die sich bei ihm in unerschöpfliche Neugier und schonungslose Selbstkritik verwandelte. Das Abenteurertum seines Vaters zeigte sich bei ihm als unbändiger Wille, immer wieder einen Neuanfang zu wagen, wenn seine Berechnungen fehlschlugen.

Persönlichkeiten dieser Art lassen sich weder aus der Evolution noch aus der Erziehung oder aus einem sozialen Milieu herleiten oder auf andere Weise begründen. Sie ereignen sich. Wenn Personen in sich Strebungen gewahr werden und danach handeln, geben diese ihrem Dasein Sinn. Das Wertfühlen bereichert das Leben des Einzelnen und das Menschsein. In dem Maße, wie es viele Existenzen sind, die auf diese Weise fühlen, wird das Leben insgesamt wertvoller und bedeutungsvoller (Simmel 1902/1990, 311). In dieser Tatsache liegt die Hoffnung auf eine „bessere Gesellschaft" begründet.

- **Der Wert einer Person ist nicht ihr Preis**

Wir leben in einer Welt, in der vieles nach Kosten beurteilt wird. Es gibt Menschen, die leben „auf Kosten anderer". Wertschätzen hat oft ebenfalls Kostengesichtspunkte: Welches Ranking nehme ich in einer Hierarchie ein, welches Gehalt ist dem Unternehmen meine Tätigkeit wert, welchen Status bekleide ich in der Gesellschaft, gibt es in meinen sozialen Beziehungen eine positive Entsprechung von Aufwand und Ertrag Das alles ist mit dem Wert des Lebens nicht gemeint. Der Wert eine Person hat mit Geld und Status nichts zu tun. Allerdings lassen sich auch Menschen mit vornehmem Charakter locken, sich in den Dienst der Werbung, der Politik oder einer Unternehmung zu stellen, weil ihnen ein guter Preis geboten wird. Bekannte Menschen mit Ausstrahlung sind selten – entsprechend hoch ist der gebotene Preis. Allerdings sollte nicht vergessen werden, dass es ungezählte unbekannte wertvolle Menschen gibt und nur vergleichsweise wenige Rollen und Positionen in der Gesellschaft, die mit ihnen besetzt werden können. Daher ist es oft ein Zufall der Gelegenheit, der „Faktor B" oder anderes, der Menschen mit vornehmem Charakter begünstigt. Es lässt sich beobachten, dass verantwortliche Positionen der Politik, der Wirtschaft oder der Medien durchaus nicht immer oder sogar selten von Personen optimal geführt werden. Andere wären besser geeignet, hatten aber nicht die Gelegenheit. Das muss die vornehmen Charaktere nicht stören, denn sie führen ihr Leben nicht, um auf das Optimum der Gesellschaftsentwicklung hinzuwirken, sondern um den Reichtum des Menschseins zu fördern.

6.3 Die Wertewelt der pluralistischen Gesellschaft

6.3.1 Moral der pluralistischen Gesellschaft als *Kommunikation über* Moral

Die vorangegangenen Ausführungen stützten sich oft auf Schriften der Philosophen Friedrich Nietzsche, Georg Simmel und Max Scheler, wobei die beiden letzten auch die Grundlagen der Soziologie in Deutschland mitbestimmt haben. Die Autoren gehören aus heutiger Sicht einer vergangenen Epoche an und sind meist nur noch dem Namen nach bekannt, wenn überhaupt. In ihren Schriften spürt man die Aufbruchstimmung der Moderne vor und um die Wende zum 20. Jahrhundert bis in die 20er Jahre (Scheler). Sie waren weit mehr als Heutige vom Darwinismus geprägt und sahen im Personsein die Perspektive der *Entwicklung* der menschlichen Lebensform. Nach dem Zweiten Weltkrieg war diese Art von Reflexion so gut wie abgeschnitten. Der amerikanische Soziologe Talcott Parsons vollzog mit seinem bis ins Detail ausgetüfteltem „Social System" einen Paradigmenwechsel, der in den 60er Jahren, vor allem durch Ralf Dahrendorf, auch in Deutschland zur beherrschenden soziologischen Theorie wurde. Personen wurden nun nicht mehr vornehmlich als Träger von Werten und als Akteure gesehen, denen das Wertfühlen und die Entwicklung ihres Lebens als Beitrag zum Reichtum des Lebens ein Anliegen war, im Gegenteil: Sie verschwanden ganz aus dem Blickpunkt und wurden als Träger und Akteure von *Rollen* definiert. Ihre Aufgabe bestand darin, die Werte und Normen der Gesellschaft zu entschlüsseln und entsprechend den Rollenerwartungen zu handeln. Sie waren zur Unperson geworden.

Die Betrachtungen der Rollentheorie beeinflussten mehrere Generationen von Soziologen seit dem Ende der 60er Jahre. Heute lässt sie sich in der klassischen Form kaum noch aufrechterhalten. Seit den 90er Jahren ist ein Wandel zu beobachten. Man möchte weg von dem mittlerweile konservativen Bild, Personen nur noch über ihre Rollen zu verstehen. Es gibt aber keine neue Theorie der Person, welche das in sich konsequente Rollenmodell ablösen könnte. Insofern ist es berechtigt, die anthropologische Diskussion über den Zusammenhang der Lebensphilosophie (Nietzsche, Simmel: Das Leben als Wert) wieder aufzunehmen. Damit begibt man sich aber möglicherweise auf einen Standpunkt außerhalb der Gesellschaft, wie MacIntyre beklagt, der Nietzsche zwar Mut und Heroismus bescheinigt, ihm aber vorwirft, er interessiere sich nicht für das Verhältnis der menschlichen Vernunft zur phronesis (Klugheit) anderer intelligenter Spezies. Er sei nur mit dem Gegensatz von Raubtier und

Herdentier beschäftigt (MacIntyre 2001, 193). Zweifellos lassen sich aus den radikalen Formulierungen Nietzsches und aus den sprichwörtlichen Zielsetzungen wie „Wille zur Macht" oder „Übermensch" solche Tendenzen herauslesen. Indem er jedoch die Fixierung auf die demokratisch altruistische Gesellschaftsmoral durchbricht und die Perspektive des *Menschseins* als Ziel des Lebens für den Einzelnen benennt, eröffnet Nietzsche die Grundlagen einer alternativen Theorie der Moral für die Person. Während MacIntyre nach seinem anerkennenswerten philosophischen Ausflug über das Denken und die Handlungsgründe bei nichtmenschlichen Tieren eine Kehrtwendung um 180 Grad vollzieht und bei Nietzsche die „Treue zur Idee des für alle Guten" vermisst, ist es gerade Nietzsche, der konsequent weiter gedacht hat und „das Gute", aus seiner metaphysischen Verkleidung befreit, in der *Leiborientiertheit* sieht:

> „Einen neuen Stolz lehrte mich mein Ich, den lehre ich die Menschen: nicht mehr den Kopf in den Sand der himmlischen Dinge zu stecken, sondern frei ihn zu tragen, einen Erden-Kopf, der der Erde Sinn schafft!" (Nietzsche, Zarathustra 1950, 32).

- **Tugend entsteht aus Leidenschaft**

Den „Verächtern des Leibes", die die Rationalität wie ein Glaubensbekenntnis vertreten, ruft er zu: Nun gut! Sagt dem Leib Lebewohl – und werdet also stumm. Wer seinen Instinkt, seine Intuition, seinen Impuls und seine Leidenschaften als „körperlich" oder sogar „animalisch" abwertet, weiß gar nicht, wovon er redet, er muss stumm werden. Tugenden *entstehen* aus Leidenschaften, sie waren und sind Emotionen, die durch die sprachliche Reflexion eine Verwandlung erfahren haben. Tugenden als spontane Handlungsimpulse werden von Nietzsche akzeptiert. Idealisten, Stoikern, Kantianern und Christen, die den Ursprung der Tugenden aus den Leidenschaften leugnen und diese in einer Verkehrung der Zusammenhänge als böse und niederträchtig diffamieren, entgegnet er jedoch:

> „Einst hattest du Leidenschaften und nanntest sie böse. Aber jetzt hast du nur noch deine Tugenden: die wuchsen aus deinen Leidenschaften.
> Du legtest dein höchstes Ziel diesen Leidenschaften ans Herz: da wurden sie deine Tugenden und Freudenschaften" (Nietzsche, Zarathustra 1950, 37).

Tugenden wie Toleranz, Respekt, Solidarität und Gerechtigkeit sind in der Moderne richtungslose Werte geworden. Tolerant sein kann ich ebenso gegenüber einer Sekte wie Scientology wie gegenüber dem Teilnehmer einer Talkshow oder meinen Kindern und Schülern. Über den Inhalt und die Richtung sagt der Begriff „Toleranz" nichts aus. Wenn ich dagegen mich selbst prüfe und mich frage, was ich vorziehe und nachziehe, wem mein Herz gehört und wem nicht, dann werde ich mir bewusst, wo die Wurzeln der Tugend der Toleranz in meiner Selbstorganisation verankert sind. Ich werde tolerant sein gegenüber Menschen, die mein *Gefühl* der Toleranz ansprechen, zu anderen werde ich schweigen.

Nietzsche ist durchaus kein Gegner der Tugend. Der idealistischen Beschwörung von Tugenden kann er allerdings nichts abgewinnen. Vertreter der Tugend im althergebrachten Sinne wollen das Alte erhalten und lehnen Neues ab. Dem begegnet Nietzsche mit seiner Vorstellung des Edlen, der am Beginn des Neuen steht. Der Gute steht dagegen für die Erhaltung des Alten:

> „Neues will der Edle schaffen und eine neue Tugend. Altes will der Gute, und dass Altes erhalten bleibe." (Nietzsche, Zarathustra 1950, 45).

- **Die Moral des Privatnutzens**

In der pluralistischen Gesellschaft sind alle wichtigen moralischen Fragen gesetzlich geregelt. Es ist den Individuen nicht freigestellt, sich über die Grundfragen des Zusammenlebens, die bereits in den Zehn Geboten der Bibel festgehalten sind, hinwegzusetzen. Missbrauch von Kindern, Vergewaltigung in der Ehe, früher in die Verantwortung des Familienoberhaupts gestellt, ist strafbar. Nachbarschaftskonflikte landen vor dem Richter. Es gibt kaum noch eine moralische Frage, die frei ausgehandelt werden kann. Institutionelle Mechanismen haben die sozial-moralische Intentionalität der Bürger abgelöst. Die in gewaltigem Ausmaß gewachsene gesellschaftliche Arbeitsteilung hat das ihr eigene Gesetz des Privatnutzens als ersten Grundsatz der Moral durchgesetzt und ihn poetisch in das Ideal der „Würde" des Menschen eingekleidet. Dem klugen Nationalökonomen Adam Smith, der zu Zeiten von Karl Marx lebte und von diesem heftig wegen seiner Unternehmerfreundlichkeit kritisiert wurde, ist es gelungen, dem Profitstreben das Gesicht einer Wohltat zu geben. Wie von einer unsichtbaren Hand wird seiner Meinung nach das Wohl der Allgemeinheit in der Marktwirtschaft durch sein scheinbares Gegenteil, den *Privatnutzen*, gelenkt. Berühmt ist sein Ausspruch, er erwarte ja nicht vom *Wohlwollen* des Metzgers, Brauers oder Bäckers seine Lebensmittel, sondern dadurch, dass diese ihre Interessen wahrnähmen, d. h. dank ihres Gewinnstrebens, d. h. ihres *Eigennutzes*.

Dieser wundersame Marktmechanismus ist uns bestens vertraut. Die „Moral" des Eigennutzes akzeptieren wir – denn wir sind Teile des Systems. Damit nehmen wir Teil an einem moralischen Automatismus, der auf die guten Absichten der Akteure verzichten kann: Es ist alles geregelt. Der Gemeinsinn in der Form des Privatnutzens ist vorgegeben. Die der Aristokratie abgetrotzten Tugenden des Bürgertums – Freiheit und Gleichheit – sind in dem System der demokratisch-marktwirtschaftlichen Arbeitsteilung aufgegangen. In der pluralistischen Gesellschaft ist ein neues Paradigma entstanden: Jeder soll in der marktwirtschaftlichen Gesellschaftsordnung auf rationale Weise seinen wohlverstandenen *Eigeninteressen* nachgehen. Die Qualität der Personen spielt nur eine systemrelevante Rolle: Wer gut ist und die Chance bekommt, rückt auf, wer nicht angepasst ist oder keine Chance bekommen hat, steigt ab. Da es zu viele Gute gibt, bleibt die Verteilung der Stellen und Positionen der Gesellschaft allerdings immer ungerecht.

Die Freiheit der demokratischen Gesellschaft ist auch eine Freiheit der Werte. Zu der Pluralität von Sinn, Lebensformen, Lebensstilen und Normalitäten gesellt sich eine Pluralität der Moral. In dem Maße, wie durch die erstaunlichen Ergebnisse der biologischen Forschung die Gemeinsamkeiten mit nichtmenschlichen Tieren bewusst werden, gewinnt die biologische Ethik an Bedeutung (vgl. auch Wolf 2008 und Koechlin 2007). Diskussionen über die Polarität von Altruismus und/oder Egoismus erschöpfen sich dagegen bis zur Leerformel.

Der Wandel der Begründung von Moral spielt sich auf dem Hintergrund ab, dass seit vielen Jahren die Emotionalität als Handlungsorientierung an Beachtung zunimmt und die Rationalität des Ich als *Rationalisierung* emotional gesteuerter Handlungen zunehmend kritischer beurteilt wird. Damit setzt sich die biologische Erkenntnis durch, dass Empathie und Emotionalität die treibenden Kräfte der Gruppenbildung bereits im Bereich nichtmenschlicher Tiere sind und dass Tiere *aus der Not* Qualitäten hervorbringen, die uns immer wieder in Erstaunen versetzen und die Frage aufwerfen: Welche Perspektive hat die *menschliche* Moral, wenn sie in den institutionalisierten Mechanismen der marktwirtschaftlichen Gesellschaft keinen Boden mehr findet?

- **Die Tugend der Nivellierung**

Die säkularisierte Späte Moderne scheint in eine moralische Sackgasse zu geraten. Es gibt keine Schicksale mehr. Neue Tugend entsteht aus Leidenschaft. Aufregung, Enthusiasmus, Erregung und Begeisterung entwickeln sich unter schicksalhaften Bedingungen. In früheren Zeiten wurden Menschen wegen ihres Glaubens verfolgt. Andere mussten in weit entfernte Länder auswandern, weil unkontrollierbare Seuchen ihre Ernte vernichtet hatten. Es gab die Pest. Es gab Völkerwanderungen. Das römische Imperium dehnte sich tausend Jahre aus und zerbrach. Der Feudalismus des Mittelalters entrechtete die Masse der Menschen auf dem Lande. In der fortgeschrittenen Demokratie und im Wirtschafts-Wohlstand erfahren die Menschen immer weniger existenzielle Not. Der Wohlstand braucht keine Tugend außer der Garantie des Wachstums. Tugenden entstanden im Kampf gegen Entrechtung und Unterdrückung. Die fortgeschrittene Demokratie kennt nur die „Tugend" der Nivellierung und nennt sie Gerechtigkeit. Die Gerechtigkeit für jeden verschlingt ungeheure Energien, ohne persönliche Werte zu schaffen. In dem längsten Prozess der

Kriminalgeschichte nach 1945, dem Fall Ursula Herrmann, der 2010 zu Ende ging, wurden in einem Indizienprozess 400 Ordner mit insgesamt 20.000 Seiten Beweismaterial angelegt. In früheren Zeiten hätte ein vom Fürsten eingesetzter Richter in einer Gemeinde zu einem anberaumten Termin öffentlich Recht gesprochen und das Urteil hätte Bedeutung für die Anwesenden und für Entwicklung des Gemeinwesens gehabt. Der Vater des Amokläufers von Winnenden ist zu einer Bewährungsstrafe verurteilt worden, weil er seinen Revolver unverschlossen aufbewahrt hatte. Das Gericht verzichtete auf seine Anwesenheit bei den Verhandlungen, wohl um ihn vor den wütenden Angehörigen der Opfer zu schonen bzw. um Turbulenzen im Saal zu vermeiden. Genau das aber wäre im Sinne der Gerechtigkeit nötig gewesen: Selbst ein Leidtragender, denn sein Sohn war tot, hätte er den anderen Leidtragenden ins Gesicht schauen müssen. Er hätte die Trauer und gegebenenfalls die Beschimpfungen aushalten müssen. Sein Auftreten hätte Wert gehabt. So ist er mit einem „abstrakten" Urteil davongekommen. Der Rechtsprechung ist Genüge getan worden. Das Menschsein ist durch die Tat seines Sohnes und sein Schweigen belastet.

Die Suche nach einer neuen Bestimmung des Gemeinschaftshandelns durch die philosophische Rückbesinnung auf die Tugendethik Aristoteles zeigt, dass das christliche Ideal der Selbstlosigkeit in unserer pluralistischen Leistungsgesellschaft keine Basis hat. Tugenden sind nicht mehr Bestandteil unserer Lebenswirklichkeit.

- **Moral als *Kommunikation über* Moral**

Die moderne Gesellschaft ist gekennzeichnet durch Wertekollisionen zwischen Jung und Alt, Liberalen und Konservativen, Unternehmensverantwortung und Abhängigkeit, Gutverdiener und Prekariat, Lebenskünstlern und Brotverdienern. Die damit verbundenen Konflikte werden üblicherweise kommunikativ und mit Akzeptanz ausgetragen. Die Moral der pluralistischen Gesellschaft besteht in der *Kommunikation* über Moral – die nicht so sehr darauf angelegt ist, den anderen zu überzeugen, sondern die eigene – moralische – Position vorzuführen. Freundschaft, Liebe, Geld, Macht werden in der medialen Öffentlichkeit und in privaten Beziehungen fast lustvoll in alle Richtungen ausgedeutet. Sie sind ein *kommunikatives* Ereignis. Moral ist längst nicht mehr ein die Handlung leitender Wert, sondern eine Gesprächsposition, die ich beziehe, um mich selbst, meine Lebensauffassung und mein Leben ins rechte Licht zu rücken. Die moralische Auffassung, die ich vertrete, hat keine Konsequenzen. Es gibt niemand, der sie sanktioniert. Was im Leben zählt, sind Erfolg, Glück, Wachstum. Moralisch ist, was legal ist. Wenn ich mich als Banker innerhalb der Legalität bewege und meine Kunden durch meine Beratungen in Schwierigkeiten geraten, und wenn ich dabei bewusst die eigenen Vorteile (Bonus) im Auge hatte und vielleicht in den Augen der Betroffenen unmoralisch gehandelt habe: Es war legal. Rechtsgültigkeit ist die Moralität unserer Gesellschaft. Alles andere ist Privatsache.

Moral ist ein binärer Code, der wahr und falsch, gut oder böse unterscheidet. In früheren Zeiten war es fatal, auf der falschen Seite zu stehen. Das hat sich geändert. Die Instanzen von früher gibt es nicht mehr, die Urteile fällten über sozial oder religiös angemessenes Verhalten. Heute ist nicht nur alles eine Frage der Diskussion, sondern Autoritäten – Eltern, Lehrer, Politiker -, die sich anmaßen über Richtig oder Falsch zu urteilen, werden selber infrage gestellt: Wer gibt ihnen das Recht dazu? Hier ist es nützlich, auf die Unterscheidung von Subjekt und Person zurückzukommen, die in Nietzsches Philosophie eine wichtige Rolle spielt. In unserer Gesellschaft zählt das *Subjektive* – das subjektive Glück, die subjektive Wahrheit, die subjektive Leidenschaft. Es handelt sich um die Lobpreisung der Richtungslosigkeit. Die Subjekte der späten Moderne finden sich in einer allgemeinen Orientierungslosigkeit wieder. Jeder hat subjektiv Recht – also niemand.

Es gibt allerdings keinen Grund zum Pessimismus. Das Verhältnis zu Moral wandelt sich. Der Anspruch, sie als eine Errungenschaft des Geistes und der Rationalität zu einem Prinzip oder einem Gesetz in uns zu idealisieren, findet nicht mehr den Zuspruch, den er in revolutionären Zeiten hatte, als das Bürgertum für seine Ideale auf die Barrikaden ging. Das Bürgertum hatte seine Forderungen ohnehin nur für das die relativ kleine Gruppe der Handwerker, Kaufleute und Gewerbetreibenden als Vertragsfreiheit, Niederlassungsfreiheit und Rechtsgültigkeit gegenüber dem Adel gefordert.

6.3.2 Jugendliche Gemeinschaften – das Fantum

(Auszug aus dem Buch des Autors: „Jugendkultur und Schule")

Gibt es noch Gemeinschaften in unserer auf Konkurrenz basierenden Leistungsgesellschaft? Ja, es gibt das Fantum. Die Individualisierung hat bewirkt, dass eine Wechselwirkung zwischen den Zuwächsen an Freiheit sowie den Erschwernissen ihrer Verwirklichung und neuen Formen jugendlicher Gemeinschaft entstanden ist. In den neuen Gesellungsformen des Fantums und in den Jugendkulturen findet eine Selbstsozialisation von Jugendlichen statt, durch welche sie sich auf die Bewältigung der Aufgaben der Modernisierung vorbereiten – und gleichzeitig den Wert der Person, den Wert ihres Lebens ausloten.

Deutschland. Ein Sommermärchen. Fußballfans feiern die Fußball-Weltmeisterschaft in Deutschland 2006

Die heutige Jugend hat als erste Generation von Beginn an Kultur als Medien und Computerkultur kennengelernt. Jugendliche beherrschen mühelos Computer- und Videospiele. Ihnen steht ein großes Angebot an Fernsehkanälen zur Verfügung. Sie bilden Fangemeinschaften im Internet (Facebook, Chatrooms, virtuelle Räume) und entwickeln soziale Beziehungen und Identitäten in völlig neuen kulturellen Räumen (Vogelgesang 2002, 5). Ihre Gefühle und ihre Moral werden durch medial vermittelte Großereignisse und Filme geprägt (Zinnecker u. a. 2002, 15). Vor allem das Internet ist zu einem virtuellen Raum der Erlebnisse und Begegnungen geworden. Im Musikbereich konkurrieren Rapper, Black Metal-Fans, Techno-Anhänger und Hip-Hopper miteinander. Für Film und Fernsehen haben sich Fanclubs der Lindenstraße, zu Harry Potter sowie der Star Trek-Serie gebildet, in denen die Geschichten aufgegriffen, verändert, weitergesponnen werden. Spielfreaks, Programmierer, Hacker, Cyberpunks, Blogger und Online-Rollenspieler nutzen des Internet für ihre Interessen (Vogelgesang 2003b, 2).

Jugendliche Fankulturen werden durch die Medien vermittelt. Sie werden jedoch nicht von diesen hervorgebracht. Die Harry Potter Bücher trafen den Geschmack vieler jugendlicher Leser, weil darin die Selbstsozialisation der Gleichaltrigen als Empowerment-Strategie in der gewandelten Welt der heutigen Jugendlichen zum Ausdruck kommt (Dür 2003, 1). In den Büchern wird die einfach strukturierte Muggelwelt des an der Schwelle zum Jugendalter stehenden Kindes Harry Potter (H. P.) der komplizierten neuen Welt von Hogwarts gegenübergestellt, in die H. P. wechseln muss. In der Muggelwelt haben nur Erwachsene eine starke Macht, in der Welt der Fantasy kann dagegen jeder starke Kräfte haben. Hogwarts ist eine Schule. Das bedeutet: Jeder kann lernen und Macht haben. Hogwarts ist vor allem auch ein gefährlicher Ort. Übertragen auf die Welt des Kindes heißt das: Erwachsen werden ist schwierig. Man muss mit viel Ernst daran gehen und viele Proben bestehen. Die Eltern besitzen nicht das Monopol, die Gefahr zu besiegen. Sie sind als Muggel in derselben Lage und nicht Gegner der Kinder. Die wichtigste Erkenntnis aus Harry Potter ist: Lösungen sind nur in einem selber. Sie sind nicht im Kopf des Lehrers und haben mehr mit der eigenen Person zu tun als mit Wissen.

Verlassen kann man sich in den H. P.-Romanen nur auf Freunde, deren Verhältnis auf Gleichheit beruht, und nur selten auf ein Vorbild in der Erwachsenenwelt. Im Band 1 liegt die Lösung für H. P. im Spiegel. Nur wer den Stein der Weisen besitzt, kann den Angriff des Grafen Voldemort abwehren. Doch niemand kann sagen, wo der Stein zu finden ist. H. P. entdeckt ihn schließlich bei sich selbst (– in seiner Hosentasche). Die Lösung der Aufgaben der neuen Welt findet man also in der Reflexion auf sich selbst. Es gibt keine Vorbilder, welche die Lösung für einen haben und die er nachahmen kann. Im 4. Band besteht die zweite Aufgabe darin, herauszufinden, worin die Aufgabe besteht. Das kann als gelungene Beschreibung der Bestimmung des Erwachsenenwerdens in der heutigen Welt verstanden werden (Dür 2003, 5).

Dass sich Harry Potter Fangruppen bildeten, die regelmäßig im Internet miteinander chatten und allabendlich Geschichten weiter spinnen, entspringt ihrem eigenen Wunsch. Ihre Einbildungskraft ist geweckt. Sie finden einen Raum, in welchem sie sich betätigen konnten, den Chatroom. Das Medium Internet führt also nicht zwangsweise, wie vielfach befürchtet wurde, zur sozialen Vereinzelung. Vogelgesang und seine Mitarbeiter haben in ihren Jugendforschungen 1999 und 2001 für die von Soziologen und Psychologen befürchteten Rückzugs- und Isolierungstendenzen allgemein keine Anhaltspunkte gefunden. Sie stellten im Gegenteil fest, dass sich die Zahl der wählbaren Kommunikationsformen, Selbstdarstellungsmuster und Gruppenzugehörigkeiten durch die Ausdehnung der Medien erweitert hatte (Vogelgesang 2002, 6).

Der Konsum der Medien verbindet sich für Jugendliche häufig mit Produktion. Sie verleihen den Bildern und Tönen eigene Bedeutungen und verbinden mit ihnen lustvolle Erlebnisse (Winter 1997, 40). Beliebt sind bei Jugendlichen vor allem Clips. Dabei handelt es sich um kurze, 3-4 Minuten lange Filme, die in szenischer Darstellung Musikstücke (Hits) interpretieren und vorstellen. Ihren Siegeszug traten die Clips mit den Musiksendern MTV und VIVA an, die seit 1987 bzw. 1993 in Deutschland über Kabel oder Satellit zu empfangen sind. Die Sender präsentieren sich als Einrichtungen, die den Kulturkampf gegen die Erwachsenenwelt führen, weil sie ausschließlich jugendliche Rock- und Pop-

Kulturen im Programm haben. Die Rezeption der Clips durch Jugendliche ist vielschichtig. Einigen geht es nur um Entspannung, Sammlung und Tagträumen. Andere interessieren sich für Modetrends. Wieder andere interpretieren die Texte gemeinsam mit Freunden. Jugendliche sind daher nicht passive Konsumenten, wie ihnen häufig vorgeworfen wird, sondern durchaus aktive Konsumenten. Es geht ihnen darum, mediale Produkte zu verändern, zu ergänzen und diese weiterzuentwickeln. Die Vielzahl der Interpretations- und Gebrauchsmöglichkeiten regt ihre Fantasie an und beeinflusst ihre Gefühle und Wünsche. Sie gestalten ihren Tagesablauf und ihre Freizeit nach den Medien. Wenn sich ähnliche Vorlieben wie bei der Begeisterung für Harry Potter herausstellen, dann bilden sich Fangruppen. Sie entfalten eine rege Fantasie und ein Gemeinschaftsgefühl, das mit dem speziellen Objekt verbunden ist.

Fans haben kein gutes Image. Je nach dem Feld ihrer Betätigung werden sie als roh, kulturlos, fantasielos, vereinsamt oder als fanatisch beschrieben (Winter 1997, 41). Sie gelten als gefährdete Opfer der Konsumindustrie, von der sie verleitet wurden und der sie nichts entgegenzusetzen haben. Da ihr Verhalten nicht den gängigen Normvorstellungen entspricht, wird es als pathologisch oder abweichend angesehen. Teenager, die einen Popstar leidenschaftlich und ohne Kritik verehren, werden mit Begriffen, wie „Beatlemania" belegt oder als „Teenieboppers" verunglimpft. Diese Etikettierungen transportieren eindeutig negative Bedeutungen. Einen Goethe- oder Shakespeare-Verehrer würde man niemals auf diese Weise stigmatisieren. Auch nicht den Club of British Royalty aus dem Rheinland, einen ziemlich skurrilen Fanklub erwachsener Menschen, der Queen Elisabeth bei ihrem Staatsbesuch am 2. November 2004 in Berlin zujubelte. Es ist also das Kulturobjekt selbst, Pop bzw. Massenkultur, das eine negative Wahrnehmung erzeugt, die auf die Anhänger projiziert wird. Fan, das klingt nach Rabaukentum. Fans sind die Anderen, die man belächelt, die ihren Verstand nicht gebrauchen und sich stattdessen enthusiastisch mitreißen lassen. Man muss sich eigentlich um sie Sorgen machen, will aber andererseits auch nichts mit ihnen zu tun haben. Vor allem die Techno-Jugendkultur ist Gegenstand massiver Anfeindungen, die vollkommene Verständnislosigkeit signalisieren. Die empirische Jugendforschung der letzten Jahre beweist jedoch, dass sich die Sorge, Jugendliche könnten durch mediale Kommunikationsformen wie Chatten, Handy und SMS oder Email Kommunikationen ohne Inhalt führen und somit kommunikativ verarmen, als ein Erwachsenenvorurteil zu erweisen scheint. „Richtig ist vielmehr, dass diese Kommunikationsmedien sichtbare – und zugegeben manchmal etwas nervige – Indikatoren dafür sind, dass wir in einer medientechnischen Innovationsphase leben und die Jugendlichen ein weiteres Mal zur medialen Avantgarde gehören" (Vogelgesang 2003, 7).

Vorurteilen und Befürchtungen begegnen Jugendliche oft bei Lehrern, weil sie sich scheinbar nicht dem richtigen Kulturobjekt widmen. Davon abgesehen zeugen ihre Aneignungspraktiken jedoch von einem auffälligen Urteilsvermögen, einem fantasievollen Umgang und von kultureller Sachverständigkeit (Winter 1997, 42). Sie sind in der Lage, aus einer im Vergleich zu früheren Generationen riesigen Fülle von Angeboten an Kulturobjekten auszuwählen und sich entsprechend den eigenen Vorlieben zu spezialisieren. Während für ihre Elterngeneration Bildung in der Distanz zum Kunstwerk besteht, wählen Jugendliche heute Produkte der Medien- und Konsumindustrie so aus, dass sie zu ihrem Lebensstil passen. Es waren vor allem die Cultural Studies in England, die das Vorurteil hinterfragten, dass Kultur identisch mit der Hochkultur ist. Mit der Kritik an dieser elitären Auffassung verbanden sie die Einstellung, dass Kultur auch etwas Alltägliches und Gewöhnliches ist und konzentrierten sich auf die Erforschung von Arbeiterkulturen, Migrantenkulturen und Jugendkulturen (Winter 1997, 42).

Fans sind also keineswegs „kulturlos", wenn sie sich nicht mit den Kultobjekten der Eliten beschäftigen. Sie handeln auch nicht eklektizistisch oder „undiszipliniert", wenn sie mediale Texte, Bilder und Töne (Musik) für ihre Zwecke rezipieren, um sie für den spaßorientierten und lustbetonten eigenen Gebrauch zu nutzen. Fans betrachten die Medien als ein Rohmaterial für ihre eigenen kulturellen Produktionen und für die Events mit Gleichaltrigen. Das mag als Plagiat oder als Diebstahl fremden geistigen Eigentums betrachtet werden; für die jugendlichen Fans stellt sich die Angelegenheit anders dar. Sie besetzen bestimmte Objekte der Medienwelt mit starken Gefühlen und entwickeln ein leidenschaftliches Verhältnis zu ihnen.

> „Die Beziehung des Fans zu kulturellen Texten vollzieht sich im Bereich des Affekts bzw. der Stimmung. Der Affekt ist eng verbunden mit dem, was wir oft als Lebensgefühl beschreiben. Er verleiht unseren Erfahrungen >Farbe<, >Gestalt< und >Struktur<." (Grossberg 1992, zit. n. Winter 1997, 43)

Die Gemeinschaft der Fans besteht somit dem Kern nach aus einem emotionalen Zusammenschluss, in welchem sie außeralltäglichen Beschäftigungen nachgehen und in expressiven Verhaltensformen gemeinsame Identitäten entwickeln können (Winter 1997, 51). Jugendliche Fans entwickeln ein eigenes ästhetisches Verhältnis zu Produkten der medialen Welt. Während Erwachsene oft nicht begreifen, was Jugendliche an Schwarzenegger- oder Horrorfilmen finden, benutzen diese die Rezeption solcher Filmprodukte, die dem guten Geschmack landläufig nicht entsprechen, gerade, um sich von der offiziellen Kulturindustrie abzusetzen. Typisch für die Fankultur ist, dass Aktivitäten zu Stilen der Selbst- und Gruppenpräsentation verdichtet werden. Die Fans der Punkmusik schockierten z. B. die Erwachsenenwelt mit ihrem Cut-Up-Stil:

Gegenstände, wie Sicherheitsnadeln wurden aus ihrem gewöhnlichen Kontext genommen und durch Wangen, Ohren und Lippen gestochen. Billige und in den Augen Erwachsener kitschige Kleidungsgegenstände wurden demonstrativ getragen, um ein Gegenbild zu den dominanten Modevorstellungen zu bieten. Auf diese Weise entstand eine neue Ästhetik: Objekte und Symbole waren in ihrer Anwendung nicht festgelegt, sondern gewannen ihre Bedeutung erst durch die Logik des Gebrauchs (Winter 1997, 44).

7. Zusammenfassung und Perspektiven

Wenn man nach Moral und Werten in der Späten Moderne fragt, erscheinen die Diskussionen über Altruismus, Tugend (im Sinne Aristoteles), Lebenstüchtigkeit oder Reziproken Altruismus merkwürdig abgehoben. Die Forschungen über die biologischen Grundlagen der Moral, vor allem die Entdeckung der Spiegelneurone, sind dagegen bereits so fortgeschritten, dass von dieser Seite weitere Impulse für eine *materiale* Ethikdiskussion erwartet werden können. „Material" bedeutet in diesem Zusammenhang, dass Moral nicht ausschließlich ein Produkt menschlichen Geistes ist, sondern biologische Grundlagen hat. Ihren Ursprung hat Moral vermutlich in Gesellungsformen der nichtmenschlichen Tiere, in Emotionen von Fischen und Säugetieren und in deren vorsprachlichem Denken. In der Späten Moderne wird dieser Zusammenhang in der Aufwertung der Emotionen intuitiv hergestellt. Gefühle zu zeigen, sich leidenschaftlich geben, gilt als authentisch. Im Denken wird instinktives Wissen und Wollen reflektiert.

Moral ist durch eine ausufernde Gesetzgebung in der hochkomplexen Arbeitsteilung der Späten Moderne ein institutionalisierter Bestandteil des Zusammenlebens geworden: Wer sich gegen die *Institution* der Moral verhält, bewegt sich tendenziell außerhalb der Legalität und muss mit Bestrafung rechnen. Darüber hinaus werden hohe Werte wie Respekt, Redlichkeit, Toleranz oder Gerechtigkeit neben den Grundwerten der bürgerlichen Gesellschaft, Freiheit und Gleichheit, als Moral verstanden. Es handelt sich aber nicht um Handlung leitende Tugenden, sondern um subjektive Weisen der Bewertung: Ich kann für mich in Anspruch nehmen, anderen mit Respekt zu begegnen, tolerant gegenüber Kopftuch tragenden Ausländerinnen zu sein und meine eigene Form der Gerechtigkeit gefunden zu haben. Verbindlich sind diese Moralstandards für mich nicht. Ich *kommuniziere* lediglich mit anderen darüber – und mit mir selbst.

Wenn ein Wertewandel beklagt wird, schaut man vor allem auf die Jugend. Es ist ein Klischee der Wertediskussion, dass Jugendliche keinen Respekt vor Autoritäten haben, vor Gewalt nicht zurückschrecken, sich einer Fäkalsprache bedienen, jeglichen Anstand vermissen lassen und Ähnliches mehr. Abgesehen davon, dass hier Schablonen benutzt werden, stellt sich die Frage, welcher Maßstab angelegt wird. Die Wertbestimmung bei der Diskussion um den Wertewandel ist rückwärts gewandt und abstrakt. Sie beschwört zum einen Verhältnisse, die es angeblich in früheren Gesellschaftsformen gegeben hat: Respekt vor Autoritäten z. B. Erwachsenen allgemein, Lehrern, Eltern oder Ausbildern - der allerdings nur zustande kam durch die absolute Geltung von Autoritäten und das Niederhalten der jungen Generation. Zum anderen bemüht die Diskussion um den Wertewandel eine Moral des Bürgertums des 18. Jahrhunderts nach Freiheit und Gleichheit, die längst ihren revolutionären Charakter eingebüßt hat und vom Streben nach Privatnutzen in der hochkomplexen Leistungsgesellschaft abgelöst worden ist. Vor allem aber wird bei dieser Thematik nicht gesehen, worin der Wandel *material* besteht. Verächtlich wurde auf die Love-Paraden der 90 Jahre des vergangenen Jahrhunderts herabgeblickt, bei welchen sich scheinbar halb nackte wild gewordene Jugendliche beiderlei Geschlechts „geistlos" zu monotoner Technomusik rhythmisch bewegten. Immerhin waren es eine Million Jugendliche, die durch eine perfekte autonome Organisation von zahllosen lokalen Ebenen nach Berlin zusammenströmte. Die Love-Parade ist heute ein Modell für zahlreiche Länder geworden. Es handelte sich um eine neue Form der Gemeinschaft. Fans der Techno-Musik waren zuvor auf großen Events und in fantasievoll ausgewählten „Locations" immer wieder zusammengeströmt, um ihre auf Körperkultur basierende Gemeinschaft von Individualisten zu pflegen. Das hatte Stil. Fern von der stagnierenden Moraldiskussion über „Altruismus oder Egoismus" hatte sich hier, kaum beachtet von der Öffentlichkeit, ein neuer Zugang zu Moral etabliert, die „Electronic Vibration" Popkultur der Techno-Jugend (Klein 2004). Diese Jugendlichen wollten sich nicht von Erwachsenen „zutexten" lassen, wie es hieß. Sie hatten längst den subjektiv beliebigen Kommunikationscharakter der Moral erkannt und sich davon abgewandt. Die Loveparaden der 90er Jahre waren selbst organisiert und störungsfrei. Die Übernahme dieses „Modells" durch öffentliche Träger hat die Bewegung losgelöst von ihren Erschaffern und unter eine bürokratische Organisation gestellt – mit fatalen Folgen, wie im Fall Duisburg.

Die Leiborientiertheit der Techno-Jugendkultur kann als das Vorzeichen für ein neues Paradigma der Moral betrachtet werden. Es handelt sich um ein Massenphänomen, bei welchem Personen Gefallen daran finden, sich stilvoll zu kleiden, wobei sie Alltags- und Berufskleidung („Blaumann", Feuerwehr-Montur, Bikini usw.) umfunktionieren und als ihr persönliches Markenzeichen präsentieren. Die Techno-Musik ist rhythmisch körperbetont und verzichtet auf Melodien. Sie ist geeignet, bei Tanzenden Glücksgefühle hervorzurufen, die an Ekstase erinnern. Interpretationen durch Worte und lautmalerische Tonfolgen gelten dieser Bewegung nichts. 2006 strömten wie aus dem Nichts Millionen Fans auf öffentliche Plätze und in Fußballstadien, um anlässlich der Fußballweltmeisterschaft in Deutschland das berühmte Sommermärchen zu zelebrieren. Den Politikern, allen voran dem damaligen Innenminister Schäuble, denen solche Massenveranstaltungen stets Anlass zur Sorge vor Gewalt sind und die mit Bundeswehreinsätzen und Hubschraubern über den Stadien für Sicherheit sorgen wollten, blieb buchstäblich die Sprache weg. Sie mussten registrieren, dass die Selbstorganisation von Millionen Fans ein Klima der Heiterkeit und der Versöhnung mit den Fans unterlegener ausländische Mannschaften schuf, wie es tausend Moraldiskussionen nicht fertiggebracht hätten. Die Spontaneität und die einfache leibliche Teilhabe ließen in einer Momentaufnahme die Tugenden aufblühen, die der Jugend von Politikern seit Jahren beinahe flehentlich abgefordert wurden: Respekt (vor der stilistischen, geschmackvollen Leistung anderer) und Toleranz (z. B. gegenüber Fans unterlegener Mannschaften).

Sowohl die Techno-Jugendkultur der 90er Jahre, wie das „Sommermärchen" 2006, sind Begebenheiten, die aufflammten und vergingen. Aus ihnen gründete sich nicht eine neue Jugendbewegung, wie um die Wende zum 20. Jahrhundert der Wandervogel. Sie brachten keine großen Persönlichkeiten hervor. Die Personen, die daran teilnahmen, haben sich in die Gesellschaft integriert. Diese Menschen wollten nicht die Gesellschaft verändern. Sie wollten sich nicht selbst verändern. Sie feierten auch nicht sich selbst. Sie fluteten in die Stadien und auf öffentliche Plätze, um *teilzuhaben* an einem historischen Event, so wie Tausende beim Fall der Berliner Mauer dorthin strömten, um dabei zu sein. Für die Teilnehmer dieser Events wurde nichts organisiert. Es waren keine Veranstaltungen. Die Menschen hatten sich selbst organisiert. Sie wollten nichts bewirken. Sie waren da und feierten das gemeinsame Erlebnis an einem besonderen Ort, in einem vergänglichen historischen Moment und oft von weither angereist.

Theoretisch betrachtet bewegten sich die Menschen bei den genannten Events am Rande der Gesellschaft. Sie waren für einen Moment aus dem Verhältnis *Individuum und Gesellschaft* ausgebrochen und hatten sich auf rein menschlicher Grundlage zusammengefunden, um zu feiern. Es waren Momente der Unmittelbarkeit, ohne Ziel, ohne Zweck, ohne Haben wollen, ohne Geben. Mit etwas pathetischer Geste könnte man ihnen das Goethewort unterstellen: Hier bin ich Mensch, hier darf ich's sein. Anders ausgedrückt: Es gibt Anzeichen, dass angesichts zunehmender Pluralität und gleichzeitig ansteigendem Leistungsstress die Anteile der Person, die zentrifugale Kräfte entwickeln und das "Nur Mensch sein" anstreben, sich ebenfalls vergrößern. Im "Nur Mensch sein" werden Kräfte gebündelt, die das Bewusstsein der Einheit der Person stärken - den eigentlichen *Wert* der Person, in welchem sie sich als Ganzheit fühlt – und damit den Wert des Lebens. Es ist eine Reaktion auf die

Zeit der Frühzeit der Moderne, die durch das gegenteilige Streben gekennzeichnet war, der zentripetalen Neigung, teilzunehmen am Wohlstand, am Fortschritt und an den Statusmerkmalen einer aufstrebenden Gesellschaft. Wahrscheinlich überwiegt die Tendenz der Teilnahme am technischen und sozialen Fortschritt. Aber das „Sommermärchen" Deutschland vor vier Jahren war schon nicht mehr nur ein schwaches Signal dessen, was sich in den Personen der Späten Moderne tut, sondern ein Aufflammen des Wunsches nach personaler Einheit und dem Erlebnis der Gemeinschaft - beides Begehren, die in der durch Privatnutzen beherrschten Konkurrenzwirtschaft nicht verwirklicht werden können. Persönliche Eigenschaften, wie Spontaneität, instinktives Handeln und Intuition werden in der Leistungsgesellschaft als unkalkulierbar ausgeklammert. An dem höchsten Punkt ihrer Unterdrückung wird der Druck unerträglich und der Wunsch, „auszusteigen" nimmt leibliche Gestalt an. In welcher Form das in Zukunft geschehen wird, kann niemand voraussehen. Es ist gut möglich und sogar wahrscheinlich, dass Moral sich in Massenbewegungen zeigt, wie beim Fall der Berliner Mauer. Die praktische Solidarität der Massenbewegung vermittelte ein bewegendes Gefühl für alle Teilnehmer und auch noch für alle Fernsehzuschauer, welche die unglaublichen Ereignisse am Bildschirm mitverfolgten. Ähnlich sind wahrscheinlich die Demonstrationen der Opposition im Iran 2009 und in Kairo 2011 zu bewerten, die sich moderner Hilfsmittel wie Internet und Handy bedienten, um spontan an einem verabredeten Ort für Freiheit zu demonstrieren. Jugendliche in unserem Land und anderswo nutzen dieselbe Technik, um über Handy, Chatroom, Facebook, usw. verabredet an einem beliebigen Ort, im Wald oder an einer U-Bahn-Haltestelle zusammenzuströmen und ein Event zu veranstalten.

Wir können nicht wissen, welche Veränderungen das Moralgefühl nehmen wird. Der Drang nach Freiheit und Gleichheit wird heute von völlig anderen Motiven bestimmt, als im 18. Jahrhundert vom Bürgertum, das gegen die willkürlichen Beschränkungen von Handel und Handwerk aufbegehrte. Es gibt Anzeichen dafür, dass das Bestreben von Personen in der Späten Moderne dahin geht, den Wert des Lebens und die innere Einheit als vorrangige Intentionen zu verwirklichen. Die Anteile der Person, in welchen der Einzelne sich außerhalb der Gesellschaft bewegt, indem er das Menschsein ohne Nutzen und ohne Zweck in sich erlebt, könnte den Keim einer künftigen Leibethik bilden, die den Wert des Lebens höher schätzt als Technik, Wachstum, Leistung, Wohlstand und Anerkennung.

Literatur

Albert, Lothar: Jugendkultur und Schule. Bremen: Europäischer Hochschulverlag, November 2009.

Arzt, Volker: Kluge Pflanzen. 2. Aufl. München: Bertelsmann 2009. Buch und DVD.

Axelrod Robert and William D. Hamilton: The Evolution of Cooperation. In: Science, 211: 1390-96.

Axelrod, Robert: The Evolution of Cooperation. New York: Basic Books, 1984.

Bauer, Joachim (2008b): Das Gedächtnis des Körpers. Wie Beziehungen und Lebensstile unsere Gene steuern. München: Piper, 13. Aufl. 2008.

Bauer, Joachim (2008a): Das kooperative Gen. Abschied vom Darwinismus. Hamburg: Hoffmann und Campe, 2008.

Bauer, Joachim: Warum ich fühle, was du fühlst. Intuitive Kommunikation und das Geheimnis der Spiegelneurone. 3. Aufl. Hamburg: Hoffmann und Campe, 2005.

Billmann-Mahecha, Elfriede und Detlef Horster: Wie entwickelt sich moralisches Wollen? Eine empirische Annäherung. In: Horster/Oelkers (Hrsg.), Pädagogik und Ethik 2005, S. 193-211.

Blöchlinger, Brigitte: Zur Forschung von Benoist-Preisträger Ernst Fehr. www.uzh.ch/news/articles/2008/3175.html

Brezinka, Wolfgang: Glaube, Moral und Erziehung. München, Basel: Ernst Reinhardt Verlag, 1992. (Gesammelte Schriften – Band 8)

Brezinka, Wolfgang: Moralerziehung in einer pluralistischen Gesellschaft. In: Neumann/Schöppe/Treml, die Natur der Moral (1999), S. 129- 142.

Campe, Johann Heinrich: Theophron oder der Erfahrene Rathgeber für die unerfahrne Jugend. Ein Vermächtniß für seine gewesenen Pflegesöhne, und für alle erwachsnere junge Leute, welche Gebrauch davon machen wollen. Hamburg: Bohn, 1783

Coupland, Douglas: Generation X. Geschichten für eine immer schneller werdende Kultur. Goldmann-Taschenbuch, 1994.

Damasio, Antonio R.: Ich fühle, also bin ich. Die Entschlüsselung des Bewusstseins. München: Ullstein, 2002 (List Taschenbuch 60164).

Dawkins, Richard: Geschichten vom Ursprung des Lebens. Eine Zeitreise auf Darwins Spuren. Berlin: Ullstein, 2008.

Dawkins, Richard: The Selfish Gene. Oxford: Oxford University Press, 1976.

de Waal, Frans: Primaten und Philosophen. Wie die Evolution die Moral hervorbrachte. München: Hanser, 2008.

de Waal, Frans: Wilde Diplomaten. Versöhnung und Entspannungspolitik bei Affen und bei Menschen. München, Wien: Hanser, 1991.

de Waal. Frans: Der Affe und der Sushimeister. Das kulturelle Leben der Tiere. München, Wien: Hanser, 2002.

Dür, W.: Harry Potter, der Stein der Weisen und Hermine Granger. Österreichische Europeer Konferenz. Wien: 2003. (Pdf-Datei des Ludwig Boltzmann-Instituts für Medizin- und Gesundheitssoziologie).

Fehr, Ernst: Die Natur des menschlichen Altruismus. Rede zur Cogito Preisverleihung. www.cogitofoundation.ch/pdf/2004/ReferatFehr.pdf

Fischer, Bernd (Hrsg.): Studium Generale Bücherei Nr. 15: Spiegelneurone. Projekt. In: www.wissiomed.de

Follett, Ken: Die Tore der Welt. Augsburg: Weltbild 2009.

Frings, Manfred S.: Person und Dasein. Zur Frage der Ontologie des Wertseins. Den Haag: Martinus Nijhoff, 1969.

Frings, Manfred S.: Einleitung des Herausgebers, in: Max Scheler: Von der Ganzheit des Menschen: ausgewählte Schriften; Liebe, Ethik, Erkenntnis, Leiden, Zukunft, Realität, Soziologie, Philosophie. Bonn: Bouvier, 1991.

Habenicht, Donna J.: Wie man Kindern Werte vermittelt. Lüneburg: Advent Verlag, 2004.

Hamilton, William D.: The Genetical Evolution of Social Behavour I and II. In: Journal of Theoretical Biology, 7, 1-16; 17-32.

Handke, Peter: Gestern unterwegs. Aufzeichnungen November 1987 bis Juli 1990. Salzburg und Wien: Jung und Jung, 2. Aufl. 2005.

Hartmann, Nicolai: Ethik. Dritte Auflage Berlin: de Gruyter, 1949.

Hauff, Wilhelm: Ausgewählte Werke. Halle a. Saale: Verlag von Paalzow & Co., GmbH, o. J.

Heidegger, Martin: Sein und Zeit. Tübingen: Max Niemeyer, (15. Auflage) 1979.

Heidegger, Martin: Über den Humanismus. Frankfurt am Main: (10. erg. Auflage) Klostermann, 2000.

Hopf, Christel und Gertrud Nunner-Winkler (Hrsg.): Frühe Bindungen und moralische Entwicklung. Aktuelle Befunde zu psychischen und sozialen Bedingungen moralischer Eigenständigkeit. Weinheim und München: Juventa Verlag, 2007.

Hopf, Christel und Gertrud Nunner-Winkler. Einleitende Überlegungen zum Forschungsstand und zu aktuellen Kontroversen. In: Hopf/Nunner-Winkler 2007, S. 9-42.

Horleben, Manfred: Didaktik der Moralerziehung – eine Fundierung durch Pädagogische Anthropologie und praktische Philosophie. Markt Schwaben: EUSL-Verlagsgesellschaft mBH, 1998 (Wirtschaftspädagogisches Forum, Band 6)

Horster, Detlef und Jürgen Oelkers (Hrsg.): Pädagogik und Ethik. Wiesbaden: VS Verlag für Sozialwissenschaften/GWV Fachverlage GmbH, 2005.

Horster, Detlef und Jürgen Oelkers: Einleitung. In: Detlef Horster und Jürgen Oelkers (Hrsg.): Pädagogik und Ethik. S. 7-24.

Kallhoff, Angela: Prinzipien der Pflanzenethik. Die Bewertung pflanzlichen Lebens in Biologie und Philosophie. Campus Fachverlag, 2002.

Kitcher, Philipp: Ethik und Evolution. Wie kommt man von dort nach hier? In: de Waal 2008, S. 138-157.

Klein, Gabriele: Electronic Vibration. Pop Kultur Theorie. Wiesbaden: VS Verlag für Sozialwissenschaften/GWV Fachverlage GmbH, 2004 (Reihe Erlebniswelten, Band 8).

Koechlin, Florianne: Zellgeflüster. Streifzüge durch wissenschaftliches Neuland. Basel: Lenos-Verlag, 2007.

Koestler, Arthur: Die Nachtwandler. Bern, München, Wien: Alfred Scherz Verlag, 1963.

Korsgaard, Christine M.: Moral und das Besondere am menschlichen Handeln. In: de Waal 2008, S. 116-137.

Liu, Xiaofeng: Personwerdung. Eine theologische Untersuchung zu Max Schelers Phänomenologie der „Person-Gefühle" mit besonderer Berücksichtigung der Kritik an der Moderne. Bern: Peter Lang AG, Europäischer Verlag der Wissenschaften, 1996.

MacIntyre, Alasdair: Der Verlust der Tugend. Zur moralischen Krise der Gegenwart. 4. Aufl. Frankfurt am Main: Suhrkamp 2007.

MacIntyre, Alasdair: Die Anerkennung der Abhängigkeit. Über menschliche Tugenden. Hamburg: Rotbuch Verlag, 2001.

Márai, Sandor: Die Glut. München, Zürich: Piper, 2. Aufl., 2001.

Meister Eckart: Deutsche Predigten und Traktate. Herausgegeben und übersetzt von Josef Quint. Zürich: Diogenes 1979 (detebe Klassiker 20642).

Meister Eckart: Werke I. Frankfurt: Deutscher Klassiker Verlag, 1993 (Bibliothek des Mittelalters, Band 20).

Neumann Dieter, Arno Schöppe und Alfred A. Treml: Die Natur der Moral. Evolutionäre Ethik und Erziehung. Stuttgart und Leipzig: Hirzel,1999.

Nida-Rümelin, Julian: Gibt es ein Problem ethischer Begründung? In: Scarano/ Suárez (2006), S. 31-59.

Nietzsche, Friedrich (2009a): Jenseits von Gut und Böse. In: Nietzsche, KSA 5 (Kritische Studienausgabe. Herausgegeben von Giorgio Colli und Mazzino Montinari. München: Deutscher Taschenbuch Verlag de Gruyter, 10. Aufl. 2009).

Nietzsche, Friedrich (2009b): Zur Genealogie der Moral. In: Nietzsche, KSA 5 (Kritische Studienausgabe. Herausgegeben von Giorgio Colli und Mazzino Montinari. München: Deutscher Taschenbuch Verlag de Gruyter, 10. Aufl. 2009).

Nietzsche, Friedrich: Also sprach Zarathustra. Stuttgart: Alfred Kröner Verlag 1950 (Kröners Taschenbuchausgabe Band 75).

Nietzsche, Friedrich: Morgenröthe. http://gutenberg.spiegel.de

Nietzsche, Friedrich: Nachlaß 1887 - 1889, Kritische Studienausgabe. Herausgegeben von Giorgio Colli und Mazzino Montinari. München: Deutscher Taschenbuch Verlag de Gruyter, 1999 (http://gutenberg. spiegel.de)

Nunner-Winkler, Gertrud: Zum Verständnis von Moral – Entwicklungen in der Kindheit. In: Horster/Oelkers (Hrsg.), Pädagogik und Ethik 2005, S. 173-191.

Ober, Josiah und Stephen Macado: Einleitung. In: de Waal 2008, S. 7-18.

Parsons, Talcott and Edward A. Shils (Eds.): Toward a General Theory of Action. (Harvard University Press 1951) New York: Harper & Row, 1962.

Piaget, Jean: Das moralische Urteil beim Kinde. 4. Aufl., Frankfurt am Main: Suhrkamp, 1981.

Ritter, Werner H. und Margarete Pohlmann (Hg.): Gut oder böse. Urteilsbildung in Schule und Gemeinde. Göttingen: Vandenhoeck & Ruprecht, 2004.

Rizzolatti, Giacomo und Corrado Sinigaglia: Empathie und Spiegelneurone. Die biologische Basis des Mitgefühls. Frankfurt am Main: Suhrkamp 2008 (Edition Unseld 11).

Scarano, Nico und Mauricio Suárez: Ernst Tugendhats Ethik. Einwände und Erwiderungen. München: Beck, 2006.

Scheler, Max: Der Formalismus in der Ethik und die materiale Wertethik. Bern: Francke, 1954 (Gesammelte Werke, Band 2, 4. Auflage).

Scheler, Max: Vom Ewigen im Menschen. Gesammelte Werke, Band 5. Studienaus-gabe. München: Francke, 2008.

Scheler, Max: Zur Rehabilitierung der Tugend. In: Vom Umsturz der Werte. München: Francke, 1972 (Gesammelte Werke, Band 3, 5. Auflage)

Scherb, Armin: Werteerziehung und pluralistische Demokratie. Frankfurt am Main: Peter Lang GmbH (Europäischer Verlag der Wissenschaften), 2004.

Schmitt, Hanspeter: Gut oder böse. Über die Chance einer fundamentalen Differenz. In: Ritter, Werner H. und Margarete Pohlmann (Hg.): Gut oder böse, S. 58-76.

Schopenhauer, Arthur: Die Welt als Wille und Vorstellung. Zürich: Haffmanns Verlag bei Zweitausendeins, 1. Aufl. der Neuausgabe, 2006.

Simmel, Georg: Einleitung in die Moralwissenschaft. Eine Kritik der ethischen Grundbegriffe. Band 1. Stuttgart und Berlin: Cotta's Nachfolger, 1892/93. Zweites Kapitel: Egoismus und Altruismus (S. 85-210). Online unter http://www.socio.ch/sim/moral/ moral_2.htm, S. 1-70

Simmel, Georg: Grundfragen der Soziologie (1917). Frankfurt: Suhrkamp 1999.

Simmel, Georg: Nietzsche und Kant. Neue Frankfurter Zeitung, 50. Jg., No. 5 vom 6. Januar 1906, 1. Morgenblatt, Feuilleton-Teil, S. 1-12, Berlin. Online unter http://socio.ch/sim, S. 1-7.

Simmel, Georg: Nietzsches Moral. In: Der Tag. Moderne Illustrierte Zeitung Nr. 225, Morgenblatt vom 4. Mai 1911, Illustrierter Teil Nr. 104, S. 1-3, Berlin. Online: http://socio.ch/sim

Simmel, Georg: Schopenhauer und Nietzsche (1902). Sammlung Junius, 1990.

Singer, Peter: Moral, Vernunft und Tierrechte. In: de Waal 2008, S. 158-178.

Spiegelneuron - Wikipedia: http://wikipedia.org/wiki/spiegelneuron.

Theopold, Wilhelm: Über unser animalisches Erbe. In: Hessisches Ärzteblatt 12/2004, S. 692-696.

Thieme, Hartmut (Hrsg.): Die Schöninger Speere. Mensch und Jagd vor 400000 Jahren. Stuttgart: Konrad Theiss Verlag GmbH/ Niedersächsisches Landes-amt für Denkmalpflege, Hannover, 2007. Begleitbuch zur Niedersächsischen Landesausstellung im Niedersächsischen Landesmuseum vom 28.3.-27.7.2008.

Thimm, Andrea: Die Bildung der Moral. Zum Verhältnis von Ethik und Pädagogik, Erziehung und Moral. Paderborn u. a.: Schöningh, 2007.

Trivers, R. L.: The Evolution of Reciprocal Altruism. In: Quarterly Review of Biology, 46: 35-57.

Tsang-Long Liu: Der Wanderweg der Selbsterkenntnis. Nietzsches Selbstbegriff und seine Leibphilosophie im Kontext der Ethik. eine Studie aus östlicher Sicht. Diss. am Institut für Philosophie der Philosophischen Fakultät ! der Humboldt Universität zu Berlin. 2004.

Tugendhat, Ernst: Das Problem einer autonomen Moral. In: Scarano/ Suárez (2006), S. 13-30.

Viering, Kerstin und Roland Knauer: Evolution. Köln: Naumann & Göbel Verlagsgesellschaft mbH, o. J. (Reihe Wissen auf einen Blick).

Vogelgesang, Waldemar: Jugendkulturen und Medien. Aktuelle Ergebnisse der Jugendmedienforschung. Vortrag Oktober 2002, abgedruckt in: www.waldemar-vogelgesang.de

Vogelgesang, Waldemar (2003): Jungsein vor dem Hintergrund gesellschaftlicher Veränderungen. Vortrag im November 2003, abgedruckt in: www.waldemar-vogelgesang.de

Vohwinckel, Gerhard: Moral zwischen Gefühl und Kalkül. In: Neumann/ Schöppe/Treml (Hrsg.), die Natur der Moral (1999), S. 79-98.

Werner, Hans-Joachim: Moral und Erziehung in der pluralistischen Gesellschaft. Darmstadt: Wissenschaftliche Buchgesellschaft, 2002.

Winter, Rainer (1997): Medien und Fans. Zur Konstitution von Fan Kulturen. In: SPoKK (Hrsg.) Kursbuch Jugendkultur, S. 40-53.

Wolf, Ursula: Texte zur Tierethik. Stuttgart: Philipp Reclam jun., 2008 (Reclams Universalbibliothek Nr. 18535).

Zinnecker, Jürgen, Imbke Behnken und Sabine Maschke: Null zoff & voll busy: Die erste Jugendgeneration des neuen Jahrhunderts; ein Selbstbild. Opladen: Leske + Budrich, 2002.

Über den Autor

Lothar Albert, 1931 in Plauen geboren; nach Ende des Zweiten Weltkrieges zweijährige Landwirtschaftsausbildung; anschließend sechs Semester Landbaustudium, Abschluss: Diplomingenieur (FH); Reifeprüfung in Leipzig; Studium der Grundschul- und Sonderpädagogik; an Schulen bis zum Ruhestand mit 65 Jahren tätig;

1970/75 nebenberufliches Studium der Erziehungswissenschaft, Psychologie und Psychiatrie an der Universität Tübingen, Abschluss: Dipolm;

1972/89 nebenberuflicher Gutachter an der Zentralstelle für den Fernunterricht der Bundesländer;

1975/79 Mentorentätigkeit für Legasthenie;

1979-1994 Studium der Behindertenpädagogik, Sozialpädagogik, Soziologie und Politikwissenschaft an der Universität Bremen, Abschlüsse: Diplome und Promotion (Dr. phil.);

1991/2005 nebenberuflicher Gutachter für das Fach Deutsch beim Kultusministerium Stuttgart;

1997 nach dem Eintritt in den Ruhestand Promotionsstudium an der Universität Tübingen, Abschluss: II. Promotion (Dr. rer.soc.);

2006 Abschluss der Habilitation an der Fakultät für Sozial- und Verhaltenswissenschaften der Universität Tübingen mit der Venia legendi im Fach Schulpädagogik. Als Privatdozent, Übernahme von Lehraufträgen in Konfliktbewältigung, Lern- und Verhaltensstörungen und Legasthenie;